示范性职业教育
"十四五"重点建设教材

设备吊装工艺学

主　编◎张　龙　范锦平

副主编◎唐海霞　赵崇科

西南交通大学出版社
·成　都·

图书在版编目（CIP）数据

设备吊装工艺学 / 张龙，范锦平主编. —成都：
西南交通大学出版社，2021.2
ISBN 978-7-5643-7957-5

Ⅰ．①设… Ⅱ．①张… ②范… Ⅲ．①机电设备－起
重机械 Ⅳ．①V351.35

中国版本图书馆 CIP 数据核字（2020）第 271192 号

Shebei Diaozhuang Gongyixue
设备吊装工艺学

主编　张　龙　范锦平

责任编辑　李华宇
封面设计　GT 工作室

出版发行　西南交通大学出版社
　　　　　（四川省成都市金牛区二环路北一段 111 号
　　　　　西南交通大学创新大厦 21 楼）
邮政编码　610031
发行部电话　028-87600564　028-87600533
网址　http://www.xnjdcbs.com
印刷　四川煤田地质制图印刷厂

成品尺寸　185 mm×260 mm
印张　14
字数　348 千
版次　2021 年 2 月第 1 版
印次　2021 年 2 月第 1 次
定价　39.00 元
书号　ISBN 978-7-5643-7957-5

吊装是一种空间运输，主要利用各种起重机械完成重物的位移，它可以减轻人们的劳动强度，提高劳动生产率，在工业生产中，起重机械是现代化生产不可缺少的组成部分。设备吊装作业风险性高、实践性强，涉及的知识面广。

本书结合职业教育的特点，着重锻炼学生的实践动手能力，内容实用、够用，由浅入深，循序渐进，能使学生尽快掌握设备搬运与吊装的作业技术。全书共分十章，主要介绍了起重作业基础知识、吊装施工组织设计、常用起重索具与吊装工具、常用起重机械、起重作业技术、一般设备的搬运与吊装、核电建造设备吊装案例、复杂环境下的设备吊装、起重安全标志、吊装工程施工管理等内容。

本书由四川核工业工程学校张龙、范锦平担任主编，由四川核工业工程学校唐海霞、赵崇科担任副主编，其中第一章、第二章、第三章由张龙编写，第五章、第六章、第七章由范锦平编写，第四章、第八章由张龙、范锦平共同编写，第九章、第十章由唐海霞、赵崇科共同编写。本书在编写过程中，参考了相关图书并借鉴和引用了部分资料，在此一并表示感谢。

由于时间仓促，水平有限，书中难免有错漏之处，敬请读者批评指正，编者不胜感激。

编 者

2020 年 9 月

目录 CONTENTS

第一章　起重作业基础知识 ……………………………………001

　第一节　钢　材 …………………………………………002

　第二节　机械传动及零件连接 ……………………004

　第三节　起重作业常用数学公式 ………………006

　第四节　常用力学知识 …………………………………008

第二章　吊装施工组织设计 ……………………………011

　第一节　施工准备 ………………………………………012

　第二节　施工组织设计 ………………………………012

　第三节　吊装方案的主要内容 ……………………019

第三章　常用起重索具与吊装工具 ……………024

　第一节　索具、吊具的使用原则 ………………025

　第二节　常用索具 ………………………………………026

　第三节　常用吊装工具 ………………………………052

第四章　常用起重机械 ……………………………………069

　第一节　起重机械的选用原则 ……………………070

　第二节　常用的起重机械 …………………………071

　第三节　流动式起重机 ………………………………090

第五章　起重作业技术 ……………………………………095

　第一节　设备吊点的选择 …………………………096

第二节　吊装物体的绑扎 ………………………………………… 099

第三节　常用吊装方法及选择 …………………………………… 103

第四节　起重工"五步"作业法 ………………………………… 106

第五节　起重工"十字"操作法 ………………………………… 107

第六节　喊号与指挥信号 ………………………………………… 114

第七节　起重作业安全操作技术 ………………………………… 119

第八节　起重作业安全操作注意事项 …………………………… 125

第六章　一般设备的搬运与吊装 ………………………………… 129

第一节　装卸运输的基本概念 …………………………………… 130

第二节　常用的装卸车方法 ……………………………………… 131

第三节　设备过坑（沟）的搬运 ………………………………… 134

第四节　装卸运输的基本要求及注意事项 ……………………… 136

第五节　设备、构件常用的吊装方法 …………………………… 138

第六节　一般设备、构件吊装的作业程序 ……………………… 139

第七节　中小型物件的吊装 ……………………………………… 140

第八节　设备厂房内运输 ………………………………………… 143

第七章　核电建造设备吊装案例 ………………………………… 150

第一节　EM1 环形吊车的吊装 ………………………………… 151

第二节　应急柴油发电机组的吊装 ……………………………… 155

第三节　CPR1000 核电项目 APG001/002RF

热交换器吊装 …………………………………………………… 161

第四节　TEU003BA004BA 运输方案 ………………………… 168

第五节　EM7 大罐安装与吊装 ………………………………… 172

第八章　复杂环境下的设备吊装 ………………………………… 180

第一节　窄小空间与设备拥挤的起吊运输 ……………………… 181

第二节　低空间设备的吊装 ……………………………………… 186

第三节　大坡度及地形特殊场所的起重运输 …………………… 188

第四节　道路路面、基础不正常情况下的起重运输 …………… 190

第九章　起重安全标志 ………………………………………… 191

　　第一节　起重安全标志 …………………………………… 192

　　第二节　起重安全标志的制作 …………………………… 196

第十章　吊装工程施工管理 ……………………………… 198

　　第一节　班组管理与成本核算 …………………………… 199

　　第二节　起重安全 ………………………………………… 201

附　录　经验反馈 …………………………………………… 207

参考文献 ……………………………………………………… 216

第一章

起重作业基础知识

- 第一节　钢　材
- 第二节　机械传动及零件连接
- 第三节　起重作业常用数学公式
- 第四节　常用力学知识

第一节　钢　材

钢材是现代化建设和人们日常生活中使用最普遍的材料。在起重作业中，人们使用的起重机具和起重作业对象——设备和构件大多是钢材制造的。要真正做好起重作业这种带有危险性的工作，要求起重作业者了解钢材的基本知识。

一、常用钢材类型

1．钢号表示方法简述

钢的牌号简称钢号，是对每一种具体钢产品所取的名称，是人们了解钢的一种共同语言。根据国家标准 GB/T 221—2008《钢铁产品牌号表示方法》规定，我国的钢号采用汉语拼音字母、化学元素符号和阿拉伯数字相结合的原则表示钢铁的牌号，即：

（1）钢号中化学元素采用国际化学符号表示，如 Si、Mn、Cr 等。

（2）产品名称、用途、冶炼和浇注方法等，一般采用汉语拼音的缩写字母表示。

（3）钢中主要化学元素的质量分数（含量）（%）采用阿拉伯数字表示。

2．钢材分类及表示方法说明

（1）碳素结构钢——碳素结构钢由 Q + 数字 + 质量等级符号 + 脱氧方法符号组成。它的钢号冠以"Q"，代表钢材的屈服点，后面的数字表示屈服点数值，单位为 MPa。例如 Q235 表示屈服点为 235 MPa 的碳素结构钢。必要时钢号后面可标出表示质量等级和脱氧方法的符号。质量等级符号分别为 A、B、C、D。脱氧方法符号：F 表示沸腾钢；b 表示半镇定钢；Z 表示镇静钢；TZ 表示特殊镇静钢，镇静钢可不标符号，即 Z 和 TZ 都可不标。例如 Q235-AF 表示 A 级沸腾钢。专门用途的碳素钢，例如桥梁钢、船用钢等，基本上采用碳素结构钢的表示方法，但在钢号最后附加表示用途的字母。碳素结钢的牌号有 Q195、Q215、Q235、Q255、Q275。

（2）优质碳素结构钢——优质碳素结构钢牌号开头的两位数字表示钢中碳的质量分数 $[w(c)]$（含量），以平均碳含量的万分之几表示，例如钢中平均碳的质量分数 $w(c)$ 为 0.45% 的钢，牌号为"45"，它不是顺序号，所以不能读成 45 号钢。对锰含量较高的优质碳钢结构钢，应将锰元素标出，例如 50Mn。沸腾钢、半镇静钢及专门用途的优质碳素结构钢应在牌号最后特别标出，例如钢中平均的质量分数为 0.1% 的半镇静钢，其牌号为 10b。

（3）合金结构钢——合金结构钢牌号开头的两位数字表示钢的含碳量，以量的万分之几表示，如 40Cr 钢的 $w(c)$ 为 0.4%。钢中主要合金元素，除个别微合金元素外，一般以百分之几表示。当平均合金的质量分数小于 1.5% 时，牌号中一般只标出元素符号，而不标明含量，但在特殊情况下易致混淆者，在元素符号后也可标以数字"1"，例如钢号"12CrMoV"和"12Cr1MoV"，前者铬的质量分数 $w(Cr)$ 为 0.4% ~ 0.6%，后者为 0.9% ~ 1.2%，其余成分全部相同。当合金元素平均质量分数 ≥1.5%、≥2.5%、≥3.5%、…时，在元素符号后面应标明含量，可相应表示为 2、3、…。例如 18Cr2Ni4WA。钢中的钒 V、钛 Ti、铝 Al、硼 B、稀土

RE 等合金元素，均属于微合金元素，虽然含量很低，但仍应在钢号中标出。例如 20MnVB 钢中，钒的质量分数 $w(V)$ 为 0.07% ~ 0.12%，硼的质量分数 $w(B)$ 为 0.001% ~ 0.005%。高级优质钢应在钢号最后加 "A"，以区别于一般优质钢。专门用途的合金结构钢，牌号冠以（或后缀）代表该钢种用途的符号。例如铆螺钉专用的 30CrMnSi 钢，牌号表示为 ML30CrMnSi。

（4）低合金高强度钢——低合金高强度钢钢号的表示方法：由代表屈服点的汉语拼音字母（Q）、屈服点数值、质量等级符号（A、B、C、D、E）三部分按顺序排列。例如 Q390A，其中：Q 表示钢材的屈服点的 "屈" 字汉语拼音的首位字母；390 表示屈服点数值，单位 MPa；A、B、C、D、E 分别表示为质量等级符号。低合金高强度钢的牌号有 Q295、Q345、Q390、Q420、Q460。

二、构件力学性能

1. 构件的承载能力

材料力学从根本上讲重点要解决的是构件在不同状态下的承载能力，满足由各种各样材料组成的构件在载荷作用下能正常工作，即每一个构件均应有足够的承受载荷的能力，简称为承载能力。承载能力的形式、大小主要由以下三方面来衡量：

（1）足够的刚度——在生产实际中有时构件受到载荷后虽不致断裂，但是如果构件的变形超过一定的限度，也会影响机构或结构的正常使用，有时甚至造成零、部件的损坏。所谓刚度就是指构件抵抗弹性变形的能力。如果构件的变形被限制在允许的范围之内，则认为其满足了材料的刚度要求。

（2）足够的强度——强度是指金属材料能在静载荷的作用下，抵抗永久变形和断裂的能力。如构件能够承受载荷而不破坏，则认为其满足了强度要求。

（3）足够的稳定性——稳定性是指构件保持原有平衡形式的能力。

综上所述，为了保证构件安全、可靠地工作，构件必须具有足够的承载能力，即具有足够的刚度、强度和稳定性，这是保证构件安全的三个基本要求。

2. 杆件变形的基本形式

所谓杆件是指纵向的尺寸远远大于横向的尺寸的构件。如果杆件的轴线是直线，且各截面都相等，这种杆件称为等截面直杆，简称为等直杆，是材料力学研究的基本对象。

在实践中杆件会受到各种各样形式的拉力或压缩力、剪切、扭矩、弯矩的作用，从而引起杆件的变形形式也是各式各样的。杆件的基本变形形式主要有以下四种：

（1）拉伸和压缩——拉伸或压缩是指杆件受轴线的拉力或压力作用，杆件沿轴线产生伸长或缩短的变形。

（2）剪切——剪切是指杆件受大小相等、指向相反且相距很近的两个垂直于杆件轴线方向的外力作用，杆件在二力间的各横截面产生相对错动的变形。

（3）扭转——杆件受到一对大小相等、转向相反、作用面与杆件轴线垂直的力偶作用，两力偶作用面之间各横截面将绕轴线产生相对转动，这种现象称为扭转。

（4）弯曲——杆件受垂直于轴线的横向力作用，杆件轴线由直线弯曲成曲线，这种变形称为弯曲。

工程实际中杆件的受力和变形往往是复杂的、相互并存的，比较复杂的构件变形形式一般是由上述四种基本变形的组合。

第二节　机械传动及零件连接

一、常用机械的连接

1．螺纹连接

利用螺栓、螺母等零件，把需要相对固定在一起的零件连接在一起，称为螺纹连接。

1）螺纹连接的种类

（1）螺栓连接。它的特点是被连接件上都不用切制螺纹，只需制成光孔。螺栓连接主要用于被连接件都不太厚并能在连接两边进行装配的场合。

（2）螺栓连接分普通螺栓连接、铰制孔用螺栓连接和高强螺栓连接三种。普通螺栓连接：被连接的通孔与螺栓杆间有一定间隙，这种情况螺栓受到拉伸作用，普通螺栓连接加工精度较低，结构简单，装拆方便，应用广泛。铰制孔螺栓连接：螺栓的光杆和通孔间采用基孔制过渡配合，这种连接的螺杆工作时受到剪切和挤压作用，主要承受横向载荷，它用于载荷大、冲击严重和要求良好对中的场合，但加工精度高，装配难度大。高强螺栓的栓体和螺母均用高强度钢材制造，被连接件的螺孔直径一般比螺杆直径大 2 mm，安装时，要用力矩扳手对螺栓施以很大的预紧力从而在被连接面间产生很大的摩擦力来传递载荷，可承受拉压和剪切载荷，装配工艺简单。

（3）双头螺柱连接：双头螺柱连接常用于被连接件之一较厚或为了使结构紧凑必须采用不通孔的场合。双头螺柱螺纹较短的一端旋入被连接件，它不适宜常拆卸。而无螺纹孔的被连接件、螺母及垫圈均可多次拆卸。

（4）螺钉连接：螺钉连接不用螺母，它适用于一个被连接件较厚而不常拆装的场合。

（5）紧定螺钉连接：紧定螺钉连接是用紧定螺钉旋入被连接件之一的螺纹孔中，它是用末端顶紧另一个被连接件，使两零件位置固定，并可传递不太大的力或力矩。

2）螺纹连接的防松装置

受静载荷作用而又是采用标准螺纹连接的螺纹连接，由于自锁而不会松动。而在变载荷、振动和受连续冲击载荷或温度较高的情况下，螺纹连接会松动。连接发生松动的危害很大，轻者使工作不正常，重者会引起严重事故。因此，用于变载荷的螺纹连接必须采取防松措施。

螺纹连接的防松装置的类型很多，按防松原理可分为靠摩擦力防松、机械方法防松和永久止动三类。

（1）靠摩擦力防松：靠摩擦力防松的原理是使相互旋合的内外螺纹中存在压力，靠螺纹间的摩擦力和支撑面与螺母间的摩擦力来防松，常用双螺母防松、弹簧垫圈防松。

（2）机械方法防松：机械方法防松最可靠，常应用于高速动载的螺纹连接，如运输车辆、工程机械等都常采用。常用形式有槽形螺母与开口销防松、止动垫圈防松。

（3）永久止动：当螺纹连接不需要再拆卸的情况下，可应用永久止动，如铁塔地脚螺栓防松。永久止动常用冲点法、黏结法或焊接法。

2．销连接

1）销的类型

销主要用于零件之间的连接与定位。常用的销有圆锥销、圆柱销和开口销。

2）销连接的作用

圆柱销和圆锥销的作用：一是定位作用；二是连接并传递转矩；三是安全保护。

二、常用机械传动的种类

1．带传动

1）带传动的工作原理

带传动是一种应用很广的机械传动，它一般多用于减速传动。带传动由主动带轮、从动带轮和传动带组成。其工作原理是：传动带紧套在两带轮上，使带与带轮接触面之间产生压力。当主动带轮回转时，带与带轮接触面便产生摩擦力，摩擦力使传动带运动，而传动带又靠它与从动带轮之间的摩擦力，使从动带轮运动。

2）带传动的类型

按传动带的横截面形状，带传动分为平带传动、V带传动、圆带传动和同步齿形带传动。

2．链传动

1）链传动的组成

链传动是具有挠性件（链条）的啮合传动，链传动主要是由主动链轮、从动链轮和链条所组成，工作时依靠链条和链轮的啮合而传递动力。

2）链传动的应用范围

链传动既可用于减速传动，也可用于增速传动。它最适合用于两轴相距较远，又不适合用带传动的场合。

3．齿轮传动

齿轮传动的特点：

优点：齿轮传动比较准确，传动的功率范围大；适用范围比较广；结构紧凑，工作可靠，使用寿命长。缺点：制造和安装要求高，需要专门的机床和专用刀具加工制造，成本较高，不适合中心距较大的传动。

4．蜗杆传动

蜗杆传动是特殊的齿轮传动，由蜗杆和蜗轮组成，主要用于传递空间交错轴的运动和动力，两轴间的交错角一般为90°，通常以蜗杆为主动件。

蜗杆传动具有以下特点：

（1）传动比大，结构紧凑。

（2）传动平稳，噪声小。

（3）具有自锁性能。

（4）传动效率低。

（5）适用功率范围小。

（6）要用贵重材料制造蜗轮。

5．液压传动

液压传动除工作介质油液外，主要由四部分组成，它们是：

动力装置——液压泵；

执行装置——液压缸或液压马达；

控制装置——各种控制阀；

辅助装置——油箱、油管、压力表、过滤器等。

6．主要机械部件

主要机械部件有轴、轴承和联轴器。其中轴承按摩擦性质分为滑动轴承和滚动轴承。联轴器分为刚性联轴器和挠性联轴器。

第三节　起重作业常用数学公式

一、常用计算公式

1．常见面积计算公式

正方形：
$$s = a^2 \text{（} a \text{ 为正方形边长）}$$

长方形（矩形）：
$$s = ab \text{（} a \text{、} b \text{ 分别为长方形的长和宽）}$$

平行四边形：
$$s = ah \text{（} a \text{ 为平行四边形的底，} h \text{ 为底边上的高）}$$

梯形：
$$s = (a+b) \times h \div 2 \text{（} a \text{ 为梯形上底，} b \text{ 为梯形下底，} h \text{ 为梯形高）}$$

三角形：
$$s = bh/2 \text{（} b \text{ 为三角形的底，} h \text{ 为底边上的高）}$$

圆：
$$s = 2\pi r^2 = \frac{1}{2}\pi d^2 \text{（} r \text{ 为圆的半径，} d \text{ 为圆的直径）}$$

2．常见体积计算公式

立方体：
$$v = abc$$

圆柱体：

$$v = \pi r^2 h$$

球台：

$$v = \frac{1}{6}\pi h[3(r_1^2 + r_2^2) + h^2]$$

空心圆柱：

$$v = \frac{1}{4}\pi h(d^2 - d_1^2)$$

圆台：

$$v = \frac{1}{3}\pi h(r_1^2 + r_2^2 + r_1 r_2)$$

正圆锥体：

$$v = \frac{1}{3}\pi r^2 h$$

3. 质量计算公式

$$m = vp$$

4. 重量计算公式

$$G = mg$$

二、常见的单位及换算

长度：

$$1\ m = 10\ dm = 10^2\ cm = 10^3\ mm = 10^6\ \mu m = 10^{-3}\ km$$

面积：

$$1\ m^2 = 100\ dm^2 = 10^4\ cm^2 = 10^6\ mm^2$$

体积：

$$1\ m^3 = 10^3\ dm^3 = 10^6\ cm^3 = 10^9\ mm^3$$

质量：

$$1\ kg = 1\ 000\ g = 10^{-3}\ t$$

压强：

$$1\ MPa = 10^6\ Pa = 10\ bar$$

三、常用几何知识

1. 勾股定理

在直角三角形中，存在以下关系：

$$c^2 = a^2 + b^2$$

2．正弦定理

任意三角形中：

$$a / \sin A = b / \sin B = c / \sin C$$

3．余弦定理

在任意三角形中：

$$\cos A = (b^2 + c^2 - a^2) / 2cb$$
$$\cos B = (a^2 + c^2 - b^2) / 2ac$$
$$\cos C = (a^2 + b^2 - c^2) / 2ab$$

4．任意三角形的面积公式

$$S = bc \sin A / 2 = ca \sin B / 2 = ab \sin C / 2$$

第四节　常用力学知识

一、质量、重量和重心

1．质　量

质量就是物体中含有物质的多少。质量是物体的固有属性，它不随其形状、位置和状态的变化而变化。

2．重　量

物体受到地球的吸引力，我们称之为重力，其方向垂直向下（指向地心）。通常将重力的大小称为该物体的重量。重量不是物体的固有属性，它随其形状、位置和状态的变化而变化。

3．重心和重心计算

物体的重心就是物体上各个部分重力的合力作用点。不论物体怎样放置，物体重心的位置是固定不变的。

在起重作业中，了解和掌握设备的重心是很重要的。重心的位置不仅关系到设备的平衡，而且关系到物体的稳定性。要使起重机械和物体处于平衡位置，必须使其重心处在适当位置。在起重作业中只有保持物体的稳定性，使物体在起吊、运输过程中不倾斜、不运动、不翻转，才能保证安全作业。如吊点未通过物体重心，起吊中或起吊后将发生翻转，发生翻转是很危险的，会酿成事故。质量均匀、形状规则的吊件的重心与它的几何中心重合。例如：

（1）粗细均匀的棒重心在其全长的 1/2 处。

（2）薄圆板和圆环的重心在圆心处。

（3）正多边形薄板的重心在它的内切圆或外接圆的圆心处。

（4）正方形、长方形、平行四边形薄板的重心在它们的对角线交点处。

（5）球的重心在它的球心处。

（6）三角形薄板的重心在其各边三条中线的交点上。

对形状复杂、材质均匀分布的物体，可以把它分解为若干个简单几何体，确定各个部分重量及其重心位置坐标，然后用下式计算整个物体的重心坐标值：

$$X_c = \sum G_i X_i / G$$

$$Y_c = \sum G_i Y_i / G$$

式中　X_c——整个物体重心在坐标系中的横坐标；

　　　Y_c——整个物体重心在坐标系中的纵坐标；

　　　G——整个物体的总重量；

　　　G_i——某单元物体的重量；

　　　X_i——某单元物体在坐标系中的横坐标；

　　　Y_i——某单元物体在坐标系中的纵坐标。

二、力的基本概念

力的物理定义：力是一个物体对另一个物体的作用。

力的三要素：力的大小、方向、作用点。三要素中任何一个要素的改变都将会改变力对物体的作用效果。

三、杠杆原理与应用

支点：杠杆绕着转动的点。

动力：使杠杆转动的力。

阻力：阻碍杠杆转动的力。

动力臂：从支点到动力作用线的垂直距离。

阻力臂：从支点到阻力作用线的垂直距离。

$$动力 \times 动力臂 = 阻力 \times 阻力臂$$

这个平衡条件也就是阿基米德发现的杠杆原理（见图1-1）。

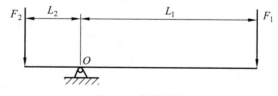

图 1-1　杠杆原理

（1）动力臂大于阻力臂——平衡时动力小于阻力，用较小的动力就可以克服较大的阻力，这是省力杠杆。

（2）动力臂小于阻力臂——平衡时动力大于阻力，需用较大的动力来克服阻力，一般用于动作缓慢的机构，这是费力杠杆。

（3）动力臂等于阻力臂——平衡时阻力等于动力，这样的杠杆既不费力也不省力。

杠杆原理运用实例如图 1-2 所示。

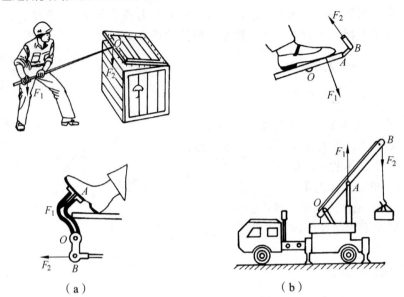

（a）　　　　　　　　　（b）

图 1-2　杠杆原理运用实例

第二章

吊装施工组织设计

- 第一节　施工准备
- 第二节　施工组织设计
- 第三节　吊装方案的主要内容

第一节　施工准备

一、熟悉图纸

1．较复杂设备安装图的识图要求

识读较复杂设备安装图时，应按照总体了解，顺序识读，前后对照，按重点阅读的原则进行。

2．设备安装图

制造厂或设计单位根据设备工作要求画出设备安装图。在设备安装施工时，必须按图样要求进行安装和验收。看图时应注意以下几项：

（1）看说明书、图例和图纸总目录，了解设备的总体情况和各设备在工艺流程中的作用。

（2）看基础平面图，了解设备基础的尺寸和地脚螺栓的位置、数量以及尺寸距离；还应看土建图，了解设备基础结构、标高等情况。

（3）看设备安装图（包括剖面图及剖视图），图中标明了安装的总体要求以及各零部件的装配技术要求、尺寸要求和最后的试运转要求，这些都是设备安装工作中的主要依据。

（4）对于复杂的设备安装图，要从整体到各零部件，按安装顺序逐一仔细识图，边看边分析，了解设备安装的要领。

二、收集资料、现场调查

在编制方案前，应收集所吊运设备或构件的有关图纸及技术文件；有关工程平面图及土建施工图；了解装、卸车及运输的件数、吊件吨位以及运输距离和施工工期的计划安排，所依据的技术规程和规范；了解施工场地的有关地质资料和自然资料；了解本单位或本地区起重机具情况及相关的技术数据。

到起重吊运现场实地了解有关地质、道路、周围建（构）筑物、附近障碍物等各方面情况。

第二节　施工组织设计

一、施工组织设计概述

施工组织设计是为完成具体吊运施工任务，制定先进合理的施工工艺，对施工要素在时间、空间上所做的一系列规划设计，是指导一项工程准备工作和施工活动的技术经济文件。

在施工吊运安装时需要大批的不同工种的技术工人和各种各样的施工机械及设备，因此必须预先制订出周密和先进的施工作业计划，合理组织安排施工，以保证高效、优质、低耗、安全地完成施工任务。在施工前对施工的一系列问题，应进行认真的研究、分析和准备，并做出施工组织设计。施工组织设计的任务就是保证整个企业或其中部分项目，按照上级规定的竣工期限，提前或按期完成建设任务，并保证施工中所用的劳动力和技术物质资源不超过原计划指标和国家规定的投资。

施工组织设计按编制对象可分为施工组织总设计、单位工程施工设计和专项工程施工设计三种类型。

二、施工组织设计内容

下面仅将单位施工组织设计的主要内容作一简要介绍。

（1）工程概况和施工特点。

（2）施工方案的选择。施工方案一般包括确定施工程序和顺序、主要分部分项工程的施工方法和所用施工机械等内容。

① 确定施工程序。单位工程施工中，一般应遵循的施工程序是：先地下，后地上；先主体，后围护；先结构，后装饰；先土建，后安装。

② 确定施工顺序。施工顺序是指分部分项工程的先后次序。对于起重吊装工程来说，吊装顺序往往由设备或结构安装的顺序决定。如塔类设备采取正装法，则施工顺序由下而上；采取倒装法，则施工顺序由上而下进行安装。

③ 选择施工方法。对于设备或结构安装来说，常选择散装法、整体吊装法或地面组合后分片吊装的方法。

④ 选择施工机械。选择运输吊装机械和施工方法有着紧密的联系，既要保证施工的效率和安全，又要兼顾到施工成本，合理地选择施工机械。

（3）施工进度计划及各施工阶段的安全措施。

（4）资源需要量计划。资源需要量计划包括劳动力、主要材料、施工机械以及配件和半成品的需要量计划。

（5）施工平面图。包含的主要内容有：已建和拟建的建（构）筑物、道路和种种其他设施的位置，各种施工、生活及辅助设施的位置，场内临时道路、铁路的位置，主要起重机械的位置，临时供电及管道线路等。

（6）做好一切准备工作、供应工作和服务工作的措施。

工程设计书是编制施工组织设计的依据，因此工程施工组织设计的各个阶段是与工程设计的各阶段相对应的，其对应关系见图 2-1。

施工技术设计又称为施工组织设计，通常应根据施工图由施工单位在现场进行编制。

施工组织设计的三个阶段不是永远不变的或缺一不可的，根据工程任务的情况和施工条件可取消施工条件设计，也可把施工技术设计与施工组织总设计合并，变为施工组织总设计，直接用来指导施工。

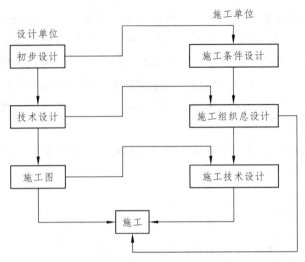

图 2-1 设计与施工各阶段关系示意

三、施工组织设计的编制

施工组织设计是各单位工程施工过程的设计，是直接用来指导施工的技术文件，施工组织设计一般是随工程的进展程度而编制的，但必须在工程进行施工前做出。

1．单位工程施工组织设计的组成

（1）工程项目施工进度计划总表。在工程项目中有数个单位工程时，必须编制此表。

（2）单位工程施工进度计划表。从该单位工程的准备工作开始，到交工为止的全部施工期间内，各部分工程的进度和情况，包括各施工顺序、工期长短。

（3）劳动力需用量计划表。标明各工种所需人数、各类人员进退施工场地的时间。

（4）工程材料需用量计划表。

（5）施工用机械设备需要量计划表。包括数量、用途及计划进退施工场地的时间。

（6）半成品及配件的需要量计划表。

（7）单位工程施工平面布置图。

（8）施工自备材料需要量计划表。

（9）辅助工具需用表。

（10）列出所选起重机械的所选索具的型号、规格及数量的明细表。

（11）说明书。在说明书中要有必要的计算、图表和说明。一般包括以下几个方面：

① 工程情况介绍、工程量及工程施工特点的说明，包括对吊装工程的平面、剖面及结构情况的说明；

② 施工程序及各工种施工过程之间相互配合关系等；

③ 施工组织机构、劳动组织形式等；

④ 采用的施工方法、使用的施工机械设备、设备的吊装方案及设备的水平运输方法和必要的核算；

⑤ 制定确保工程质量方面的措施；

⑥ 制定有关安全生产操作规程；

⑦ 制定降低工程成本的措施；

⑧ 编制吊装现场平面图，其中包括设备物件存放区、现场仓库位置、起重机械行驶通道等；

⑨ 非标设备制作数量及制作图；

⑩ 与参加施工的兄弟单位、甲乙方的联系原则。

2．施工组织设计应该考虑的几个问题

（1）设备和材料的验收、保管和储存方法。

（2）水、电、蒸汽、压缩空气等需要量及供应办法。

（3）施工安装工作中的质量检查。

（4）施工中的某些措施。如在施工中对不良天气的预防措施，冬季施工、雨季施工的措施和夜间施工的措施等。

（5）制订综合施工进度计划表。在吊运安装工程中，在现场可能有几个单位同时进行施工，如土建、土建安装、钢结构安装、设备安装、给排水安装、工艺管道安装、电器安装、仪表安装等，这些工作都是穿插进行的，应互相配合好，否则会影响整个工程的进度，所以必须制订综合施工进度计划表。

（6）其他。移交工作所需的技术文件，如设备验收、设备安装、设备试验和试运转等技术文件。

四、施工组织设计的编制顺序

（1）计算工程量：工程量计算是根据施工图纸、工程量表及预算书等确定和计算。根据各种工程的工程量，确定技术物质资源和人力的需要量及施工期限。

（2）选择施工方法及所使用的施工机具：施工方法的好与坏，直接影响到工程质量和进度，因此施工方法是极其重要的。施工方法的选择与施工机械化程度紧密相关，它决定着施工机械的种类和数量，以及劳动力的需要量。一般施工方法分为四类，简单介绍如下：

① 循序渐进法，即流水作业法，要求严格地按照各个工序顺序相继完成作业，只有前一个工序完成后，才可进行下一个工序的机械、设备零件的装配工作。

② 平行作业法。吊运安装工作中的分部、分项工程与各种有条件作业的工序同时进行施工的方法。

③ 流水作业与平行作业交错施工法，是①和②两种施工方法的结合。凡有施工条件的分部、分项工程，在不影响循序渐进的施工工序原则下，开展全面施工。

④ 综合施工法，即立体施工作业法。就是上下左右，厂房建筑、设备、工艺管道、电器、仪表等安装同时进行施工，这是一种新的快速施工方法。

以上各种施工方法，应根据工程情况及各施工单位的条件进行选择。

（3）计算施工需要的人力和物力，就是计算工人的劳动量（工日）、施工机械的工作量（台班），以及建筑材料、半成品和配件的需要量。

（4）决定各工程的施工程序。决定施工程序时，尽量采用流水作业与平行交错施工方法或综合施工法。

（5）确定工作面的范围及各工作面应配置的工人和机械设备的数量。

（6）计算各个施工过程的施工日数，以及需要的工人和机械设备的数量。

（7）将施工进度计划进行最后确定，并编制劳动力、施工机械、材料、半成品及配件的需要量计划表。

五、施工方案的编制

由于起重吊装专业对施工安全有着特殊的要求，所以在施工组织设计的指导下，需要针对某些单项工程编制专门的施工方案或施工技术措施。它比施工组织设计更具体、更详尽，其主要内容见本章第三节所述。

六、施工进度计划的制订

制订施工进度计划是一项系统性的工作，既要服从于工程总进度的要求，又要从现场的人力、物力、技术条件、施工机具配置、施工场地面积、设备到货情况等资源条件来综合考虑。

在制订施工进度计划时，首先确定几个起主导作用的控制点和控制时间，然后按图纸要求计算出两控制点之间的实物工程量，在此基础上，确定需要配置的人力、物力、机具等资源。例如锅炉施工，大体上有以下几个主要控制点：锅炉房开始挖土、主要吊装及组合机具开始投入工作、土建开始吊装、第一个组合件焊口开始焊接、锅炉大件开始吊装、锅炉大件基本吊完、锅炉水压试验开始、辅机开始试运转、点火冲管开始、整套机组开始试运行。根据这些主要控制点要求完成时间，分解到每个工种、每个班组需要完成的实际工程量和相应的完成时间，再制订每个班组的施工进度计划。

在制订进度计划时，应注意安排好主要矛盾线和次要矛盾线之间的关系。所谓"主要矛盾线"是指工作量较大，而且占主导地位的工艺过程。例如锅炉安装工程中，锅炉本体安装是主要矛盾线，但要达到锅炉试压的控制点，相关的辅机、管道、供电、仪表也必须具备相应的条件。

七、施工机械的选择与布置

科学合理地选择和布置施工机械的目的是：提高机械化施工程度，提高劳动生产率，加快施工进度，保证施工安全，降低工程成本。

1. 选择施工机械的原则

选择施工机械应兼顾适用性和经济性，从工程实际需要、现有资源、施工方法等方面综合考虑，应遵循以下几项主要原则。

（1）考虑工程特点、工程规模（设备的大小、安装台数）和施工工期方面的要求。

（2）考虑土建构件吊装和设备吊装综合使用，提高大型机械的利用率。

（3）起重机械技术性能（起重量、起吊主高度和幅度）应能满足构件或设备的运输和吊装要求。

（4）施工机械应与工序之间的生产能力配套，避免出现薄弱环节，例如预制场地与安装现场之间的吊装能力应互相平衡。

（5）针对某项工程的特殊性选择吊装机械，例如为了便于构件竖直，有的工程宜选择配有主副钩的起重机；同时，还应考虑机具便于安装、移动和拆除。

（6）充分利用本单位现有的施工机械。

2．大型施工机械布置的要求

（1）施工机械的布置尽可能达到最大使用范围，并能与主要水平运输机械衔接。

（2）使用期间搬移次数要少，拆除方便。

（3）不影响地下设备的施工。

（4）正常工作时，不碰建筑物和设备。

3．施工机械布置实例

某高炉改造性大修工程需拆除原 2000RI13 旧高炉辅助系统，在原址上新建 2500TI13 高炉及其辅助系统，新高炉炉体高 104 m，建筑安装的拆除工程量和安装工程量都很大。

现场机械布置如图 2-2 所示。在炉体西侧设置一台 80 t 塔吊和一台 CC-2000 型履带吊，作为主要吊装机械，可使炉体大部分工作在地面组合后整体吊装就位，从而加快了工程进度。

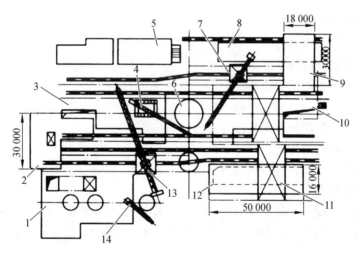

1—热风炉；2—西预装台及 50 t 液压吊；3—西出铁场；4—CC-2000 型履带吊；5—主控楼；
6—炉体；7—40 t 塔吊；8—39 变电所；9—39 号变电所上预装台；10—东出铁场；
11—水渣池上 20 t 桥式吊车；12—水渣池上预装台；13—80 t 塔吊；
14—800 kN·m 塔吊型履带吊（最大起重量 300 t，最大
起重力矩 20 000 kN·m，主臂起升高度为 93 m，
幅度范围 6～70 m）。

图 2-2　高炉大修现场机械布置

在炉体北侧设置一台 40 t 塔吊，能承担部分预组装工作，并能配合实施预组装后的三吊联合作业。在西预装台设置一台 50 t 液压吊，水渣池上有 20 t 桥式吊车，均可用于预组装工作。现场南侧设置一台 800 kN·m 塔吊，用于热风炉的安装。

4．施工预算的编制

根据施工图计算出的分项工程量和施工定额规定的分项工程单位消耗定额，计算和编制单位工程或分部、分项工程所需的材料、人工、机械台班数量和费用的文件，称为施工预算。它是编制施工作业计划的主要依据，是向施工班组签发工程任务单、控制材料消耗和分配奖金的依据，可以起到有效地控制人力和物力消耗，降低工程成本的作用。施工预算主要有以下内容。

（1）工程量。根据施工图要求和施工定额分项要求计算工程量，并按分部、分项工程逐项汇总。设备运输和吊装的工程量用 t/台 计量，运输还应用距离（m）表示工程量的多少。

（2）人工费。按分项工程量及时间定额计算出用工量及人工费用。

（3）材料费。按分项工程量及材料消耗定额，计算出材料需用量，再根据材料单价，计算出材料费。

（4）机械台班费。根据施工方案的要求和分项工程量及机械台班使用定额，计算出台班数，再根据机械台班单价，计算出机械台班费。

以上人工费、材料费、机械台班费构成了施工的直接费用。

在套用定额时，应注意定额是在某种施工条件下编制的，如果实际施工条件有变化，应给予修正。

5．施工前的检查

施工前的主要检查内容有：

（1）施工机具及辅助设备的自检记录；

（2）设备基础尺寸质量的检查；

（3）施工场地地面质量的检查；

（4）待吊装设备是否符合吊装方案中所定的施工要求；

（5）人员分工情况的检查；

（6）电源供应的检查，包括供电连续时间等；

（7）天气预报情况。

准备工作就绪，检查合格，即可进行试吊工作。开始试吊时，应将设备吊离地面 0.5～1 m，此时进行起重设备、缆风绳、地锚等各部位受力情况等方面的检查，待各方面情况正常后进行正式起吊。

6．实施方案的总结

起吊运输方案、施工组织计划等经实施后应即时进行总结，总结的内容主要有以下几个方面。

（1）本方案是否保证了整个工程质量。在总结整个工程质量的同时，也应总结该方案是否也保证了局部工程的质量。找出该方案在保证质量方面的优缺点。

（2）整个工程是提前或是滞后，并找出原因。

（3）安全技术方面存在的问题及改进措施。

（4）调度、指挥实施方案过程中好的工作经验。

第三节　吊装方案的主要内容

一、工程概况

工程概况包括以下主要内容：

（1）建设项目名称、吊装地点、设备名称等。

（2）工程特点：包括设备自身的特点、吊装工艺方法的特点、吊装难度、技术关键、工期要求和吊装作业场地情况等。

（3）设备的各项技术参数：被吊设备或结构的工艺作用和要求，包括设备的重量、外形尺寸、重心位置、超长超高件分件供货情况、施工要求和安装部位等。

（4）工期、人数、主要吊装设备等。

（5）现场自然条件、施工条件：季节、风力、雨雪及土质，电、水、道路、场地平整及土建情况等。

二、施工布置图

平面布置图是施工图中最基本的一种图样，它通常由设计单位提供，一般包括平面布置图、分部分项平面布置图以及设备安装平面布置图等。这些图样主要表示工程的坐标位置、水平标高、总体布置情况、总体施工要求以及建筑物和设备等布置的相对位置、尺寸等。施工时，施工单位为了科学、合理地组织施工，需在施工组织设计中绘制施工平面布置图，以统筹、指导整个施工过程。包含的内容主要有：按比例画出已有建（构）建筑物的位置，包括设备基础、地沟、电线电缆等；当采用桅杆时，应标出桅杆的搬运路线、组装位置和竖立方法、移动路线等；当采用移动式起重机时，应标出站位和吊装顺序；当采用塔吊时，应画出轨道位置。此外，在图上还可标明卷扬机、地锚的位置，指挥人员位置及吊装警戒区域等。吊装立面图上要按比例画出在吊装过程中几个关键位置的立面图。

三、施工部署及施工方法

设备吊装方案是采用的吊装方法和所用起重机械以及选择的依据，用以说明吊装的程序、步骤和每一工序中的具体工作内容和技术要求。编制设备吊装方案时，吊装工艺方法的选择是一个核心问题，它将决定方案的其余内容。而大型吊装机械的种类、数量和性能又是选择吊装工艺方法的基础。选择吊装方法应确保计划工期的前提下，兼顾工艺方法的先进性和经济的合理性。一般选择吊装工艺方法时应综合考虑以下诸因素：① 设备的结构、尺寸、形状、特点、数量和重量；② 吊装机械的种类、数量、性能和完好状态，其他机索具的规格和数量；③ 工程性质是新建、扩建、续建还是改建；④ 吊装作业现场的实际条件；⑤ 工程技术人员、吊装指挥人员、技术工人的素质情况，已有的技能水平和对新的吊装工艺的适应能力；⑥ 工期要求；⑦ 设计文件、设备本身、施工组织设计中规定的有关要求。

（一）起重吊运方案

起重吊运方案由三个方面组成：

（1）起重物体的重量是根据什么条件确定的，物体重心位置在简图上标示，并说明采用什么方法确定的；说明所吊物体的几何形状。

（2）作业现场的布置：包括起重机的位置、重物吊运路线及吊运指定位置和重物降落点，标出司索指挥人员的安全位置。

（3）吊点和绑扎方法，以及起重设备的配备。说明吊点是依据什么选择的，为什么要采用此种绑扎方法，起重设备的额定起重量与吊运物重量有多少余量，并说明起升高度和运行的范围。

起重吊运方案由专业技术人员和有经验的工人提出初步方案，根据实际情况可提出几个方案；再由技术负责人组织相关专业的技术人员和工人进行讨论，通过分析、对比、论证、确定一个切实可行的最佳方案。

对于复杂的设备或结构，起重吊运方案应结合安装方案共同制定，组件吊装的次序应配合安装程序进行安排。要考虑到起重机能否承受地面组合件的重量，否则需要在选择更大的起重机和减小组合件重量两者之间权衡利弊。

（二）技术方法及措施

1．吊装受力分析

根据平面图和立面图，把吊装过程中的情况简化为力学模型，进行受力分析计算，并对机索吊具的规格型号作选择计算。若用桅杆吊装时，还要对桅杆的强度和稳定性进行核算，并要对桅杆竖立时的受力进行计算，必要时，对被吊设备的关键部位也要进行强度和稳定性验算。受力较大的地锚，也应通过计算确定其结构形式和尺寸，并绘制出地锚结构图。

2．具体实施方法

（1）被吊重物的重量：一般情况下可依据重物的说明书、标牌、货物单来确定或根据材质和物体几何形状及尺寸用计算的方法确定。

（2）被吊运物的重心位置及绑扎：重物的形状和内部结构是各种各样的，不但要了解外部形状尺寸，也要了解其内部结构。例如：压力机和机床头重脚轻，重心偏向床头一端；大型电器箱，其重量轻，体积大，薄板箱体结构，吊运时经不起挤压等。了解重物的形状、体积和结构，目的是要确定其重心位置，正确地选择吊点及绑扎方法、安装高度、安装位置和安装精度，以保证重物不受损坏和吊运安全。

（3）强度：即设备、构件被吊时本身具备的抗拉、抗弯、抗压的能力。它与吊点位置的选择和绑点的多少有直接关系。如水冷壁组件，一般采用八点起吊，如采用六点起吊，就有可能弯曲变形，甚至损坏。

（4）设备精密度：有的设备制造精密，易碎、怕碰、怕振，有特殊要求。如吊装汽机或发电机转子，扣大盖时绝对不能碰撞，因此，对某些精密仪器及施工工艺要求比较高的吊装作业必须认真对待和采取特殊措施。

（5）起重作业现场环境：现场环境对确定起重作业方案和吊运作业安全有直接影响。现场环境是指作业地点进出道路是否畅通，地面土质坚硬程度，吊装设备、厂房的高低宽窄尺寸，地面和空间是否有障碍物，吊运、司索指挥人员是否有安全的工作位置，现场是否达到规定的照度。

（6）列出所选起重机械和所选索具的型号、规格及数量的明细表。

3．技术措施

（1）为实施某种吊装工艺方法所采取的措施。
（2）提供吊装机械起重能力的措施。
（3）防止被吊设备因受力变形或造成损伤的措施。
（4）为满足某种吊装机具使用要求而采取的措施。
（5）保护与设备吊装有关的建筑物的措施。
（6）为直观地测量一些重要吊装参数而采取的措施。
（7）为快速、准确传递指挥人员的指令而采取的措施等。

四、资源需求计划

劳动力组织：明确各岗位的人员数量、任务和职责，并明确指挥系统和指令传递的方式。劳动组织和劳动分工之后，按吊装进度的工期和工序划分项目，计算每个工序所需要的劳动量，继而定出各工序的起重工、钳工、电工、气电焊工、吊装机械司机和劳动工力的数量。

对吊装工期较长，耗工较多的吊装工程可视需要把劳动力需用计划绘成图表的形式，这样可形象地表示劳动力需要情况和高峰值。

材料：在有些吊装工程中应编制材料需用计划，主要是钢材和木材，如设备组装用的钢平台材料（钢板、型钢和枕木等）；设备运输需要的枕木、无缝钢管、钢排材料；制作吊具、铰链用的钢材等。

机械设备：吊装机具需用计划一般可设以下栏目：序号、名称、规格型号、单位、数量、重量和备注等。对吊装工期较长的还应列出使用日期。

起吊设备应根据以下原则进行配备。

（1）根据吊运物体重量配备起重机设备，其额定起重能力必须大于物件的重量，并有一定的余量，变幅功能的起重机在吊运物件时，此幅度的起重能力必须大于物件的重量。

（2）根据吊运物件的高度及物件越过障碍物总高度（如安全规程要求的高度），合理配备起重设备最大起升高度，以满足吊运高度的要求。

（3）根据作业环境的综合情况，配备不同种类的起重机，例如：根据地面松软程度配备履带起重机或轮胎起重机（特殊情况下地面需铺设路基箱或枕木）。

（4）根据吊运物体结构及特殊要求进行配备，并严格遵守安全技术操作规程。例如：两台或多台起重机吊运同一重物时，钢丝绳应保持垂直，各台起重机的升降运行保持同步，各起重机所受的载荷均不得超过各自额定起重能力的 80%。

机索吊具和施工手段及用料计划：编制机索吊具计划时应考虑到尽量利用已有资源。施工手段及用料包括吊具制作、设备加固和地锚等所用材料。

五、施工进度计划

施工进度计划往往要配合设备安装计划进行安排，既要先进科学、切实可行，同时应留有余地。吊装进度计划用横道图和网络图方式表示均可，吊装进度计划编制的方法和步骤：

（1）依据相关资料和设备实际到货情况，初步规划三个阶段的控制工期，即准备阶段、安装和吊装阶段、收尾和试运转阶段的阶段工期，在规划工期时应留有余地。

（2）按吊装方案中的吊装工艺方法，划分吊装工序和安装工序。大型设备各部件的组装顺序常由设备的结构特点而定，一般不能变更，如设备均须从其底座开始安装起等。虽然吊装工序应服从安装工序，有时也会因吊装工艺方法的差异和使用吊装机械的不同而改变安装顺序。安装工序的划分应适度，项目过少则难以控制工程进度，项目过多又不便于记忆和检查。

（3）计算工程量。按已规划的工序计算工程量，其计量单位应与人工、机械和材料定额相一致，以便于直接套用。

（4）计算施工机械台班需要量。可按机械台班定额计算，并根据已有的实践经验综合考虑。

（5）计算劳动工日需要量。可按劳动定额计算，然后根据具体情况进行必要的调整，使其达到平均先进水平，这样会使所排定的进度计划更符合实际。

（6）确定吊装和安装的持续时间。每个工序持续时间的长短取决于投入的人力和机械数量，若工期紧迫，也可采用两班制甚至多班制。

（7）绘制吊装和安装进度计划表。绘制时应周密地考虑各种可能影响进度的因素，还应注意各工序的衔接，实行平行、流水作业的可能性等。

六、安全措施

针对工程的特点，编制详尽的有针对性的安全技术措施。

安全技术措施是吊装方案中的一项重要内容。实际上，从构件运输、拼装、倒运到安装就位的整个过程中，每一个环节都有发生事故的可能。因此，在编写施工方案时，必须结合每一具体的吊装环节以及每一环节中的操作方法，考虑相应的安全技术措施，如吊装某一构件时应注意哪些安全事项，采取什么措施防止可能发生的事故等。此外，有些安全措施，如施工环境的影响、自然条件变化的影响、各个吊装环节交接部分的配合及安全保证、施工中总的注意事项、安全技术操作规程中的有关内容等，需要在吊装方案中专门加以说明。

起重吊装作业中，高处坠落、物体打击、触电、起重机倾翻等事故所占的比例较大，有时在焊接构件时还发生氧气瓶和乙炔发生器爆炸的恶性事故，对此均需严加防范。

在设备吊装过程中，必须采取的安全措施内容多而广，现只将其中几项较为重大的安全技术措施强调如下：

（1）因吊装工艺需要而自行设计和制作的起重机具，如吊梁、吊耳、特形吊具、回转铰链等应经过正规的设计，进行强度计算，按加工工艺要求制作，并达到有关的质量标准，完成后必须进行超载荷试验，合格后才能使用。

（2）对新设计制造的或长期闲置未使用的起重机具，应通过试验以确定其容许使用载荷，其试验项目、方法和标准应符合相关规定。

（3）对保证设备吊装安全的一些重要数据和状况必须进行监测，如桅杆的垂直度和挠度、主缆风绳的受力值、锚桩的稳定性、电动卷扬机的电流值、流动式起重机吊钩的受力值及整机的稳定状态等。

（4）结合该项设备吊装的特点，重点突出地提出一些安全措施。

（5）认真贯彻执行有关的安全法规、安全管理制度和起重施工规范。

七、施工现场布置

起吊作业的施工现场与使用的起重设备、起重作业的方法和起重作业的安全性均有密切的关系。布置施工现场时应考虑以下内容。

（1）施工现场的布置应尽量减少吊运距离与装卸次数。

（2）应考虑设备的运输、拼装、吊运位置。

（3）根据扒杆垂直起吊特点，合理选择扒杆竖立、移动、拆除位置和卷扬机的安装位置。

（4）选定流动式起重机的合适吊装位置，使其能变幅、旋转、升高，顺利完成吊装作业。

（5）整个作业现场的布置必须考虑施工的安全和司索、指挥人员的安全位置及周围物体的安全距离。

（6）在易燃易爆区内作业，应遵守有关安全规定。

第三章

常用起重索具与吊装工具

● 第一节　索具、吊具的使用原则

● 第二节　常用索具

● 第三节　常用吊装工具

第一节　索具、吊具的使用原则

一、索具、吊具的采购、复验

1. 索具、吊具的购置

凡新购置的吊具、索具必须是由专业厂家按国家标准生产、检验，具有合格证和维护、保养说明书的产品。在产品明显处必须有不易磨损的额定起重量、生产编号、制造日期、生产厂名等标志。使用单位应根据说明书和使用环境特点编制安全使用规程和维护保养制度。如果供应商无法提供材质单、生产制造厂合格证等技术证文件，则应进行检验，查明性能后方可使用。

2. 吊具、索具的标识、检查与报废

用于工程施工的索具、吊具，必须根据《起重吊具的标识、检查、维护程序》（MP-GL-0209）的规定和要求标识，没有通过标识不能在现场使用，相关人员应该熟知各种器具标识号代表的含义。其检查保养、复验要求、报废标准均根据程序执行。

标识号的组成如下：

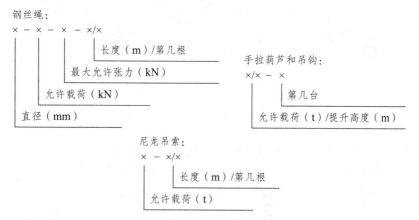

一般情况下，不允许自制、改造、修复用于核岛安装施工。特殊情况下，应根据相关程序在空载运行、试验合格的基础上，按规定的试验载荷、试验方法试验合格，获得业主及质检部认可，方可投入使用。

二、吊具与索具使用原则

（1）吊具与索具应与所吊运物品的种类、环境条件及具体要求相适应。
（2）作业前应对吊具与索具进行检查，当确认各功能正常、完好时，再投入使用。
（3）吊挂前，应确认重物上设置的起重吊挂连接处是否牢固可靠；提升作业前应确认绑扎、吊挂是否可靠；在吊运有棱角、尖锐物件时应使用保护物隔离。
（4）吊具不得超过其额定起重量，吊索不得超过其最大安全工作载荷。

（5）作业中不得损坏吊重物品与吊具、索具，严禁与火及电火花接触。

（6）不要长时间负重，避免出现疲劳断裂。

（7）使用完后要正确捆绑、悬挂，避免受到腐蚀、死角扭拧，做好各项日常保养工作。

第二节　常用索具

一、麻　绳

1．麻绳的种类与用途

麻绳是起重吊运作业中常用的一种绳索，具有轻便、柔软、易捆绑等优点。它一般用于重量较小的重物的捆扎，也可以作为起重绳、缆风绳或平衡绳使用。

麻绳按拧成的股数可分为三股、四股和九股3种，如图3-1所示。其中四股绳和九股绳使用较普遍。

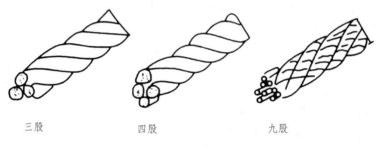

三股　　　　　　四股　　　　　　九股

图 3-1　麻绳

麻绳按制造材料不同，可分为白棕绳、混合麻绳和线麻绳3种。其中，白棕绳的强度较高，在起重作业中使用较多。有的麻绳为了防潮和防腐，需要浸油，称为浸油麻绳。浸油麻绳比不浸油麻绳强度低20%左右，因此起重作业中尽量不使用浸油麻绳。

2．麻绳绳结

起重作业中，常常需要将麻绳结成各种各样的绳结，常用的方法参见表3-1。每个绳结，都应符合使用牢靠、打结容易、解开方便的要求。

表 3-1　绳结的用途及特点

序号	绳结名称	简　图	用途及特点
1	直结（又称平结、交叉结、果子结）		用于白棕绳两端的连接，连接牢固，中间放一短木棒易解
2	活结		用于白棕绳需要迅速解开时

序号	绳结名称	简 图	用途及特点
3	组合结(又称单帆索结、三角扣及帆索结)		用于白棕绳或钢丝绳的连接,比直结容易结、易解,也可用于不同粗细索两端的连接
4	双重组合结(又称双帆结、多绕式双插结)		用于白棕绳或钢丝绳两端有拉力时的连接,以及钢丝绳端与套环的连接,绳结牢靠
5	套连环结		将钢丝绳(或白棕绳)与吊环连接在一起时用
6	海员结(又称琵琶结、航海结、滑子扣)		用于白棕绳绳头的固定,系结杆件或拖拉物件,绳结牢靠,易解,拉紧后不出死结
7	双套结(又称锁圈结)		用途同上,也可作吊索用。结绳牢固可靠,结绳迅速,解开方便,可用于钢丝绳中段打结
8	梯形结(又称八字扣、猪蹄扣、环扣)		在人字及三角桅杆拴拖拉绳,可在绳中段打结,也可抬吊重物。绳圈易扩大和缩小。绳结牢靠又易解
9	拴住结(锚桩结)		可用于缆风绳固定端绳结;也可用于溜松绳结,可以在受力后慢慢放松,且活头应放在下面
10	双梯形结(又称鲁班结)		主要用于拔桩及桅杆绑扎缆风绳等,绳结紧且不易松脱
11	单套结(又称十字结)		用于连接吊索或钢丝绳的两端或固定绳索用
12	双套结(又称双十字结、对结)		用于连接吊索或钢丝绳的两端,也可用于绳端固定
13	抬扣(又称杠棒结)		以白棕绳搬运较轻物件时用,抬起重物时绳自然缩紧。结绳、解绳迅速
14	死结(又称死圈扣)		用于重物吊装捆绑,方便牢固安全

序号	绳结名称	简 图	用途及特点
15	水手结	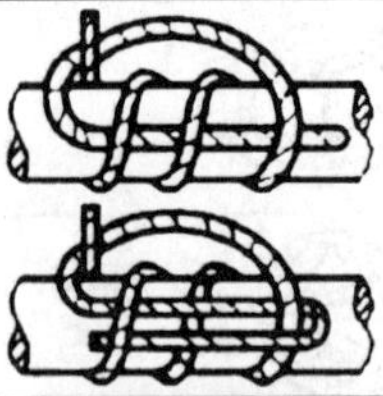	用于吊索直接系结杆件起吊。可自动勒紧,容易解开绳索
16	瓶口结	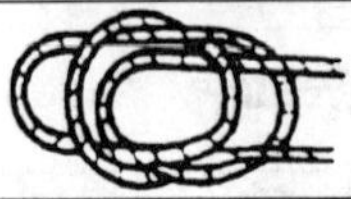	用于拴绑起吊圆柱形杆件,特点是越拉越紧
17	桅杆结	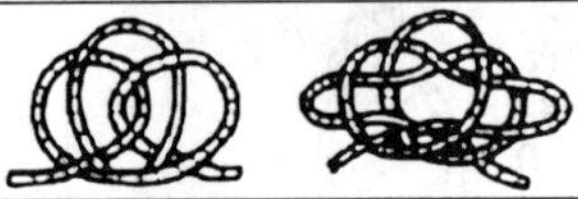	用于竖立桅杆,牢固可靠
18	挂钩结	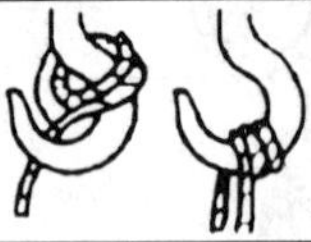	用于起重机挂钩上,特点是结法方便、牢靠、绳套不易滑脱
19	拾缸结	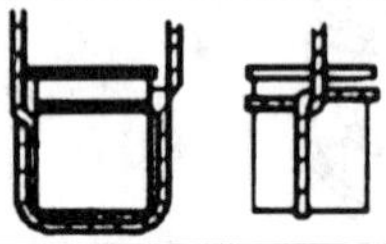	用于抬缸或吊运圆桶物件

3．绳的许用拉力

麻绳在起重吊装作业中主要受拉伸作用,因此选用麻绳时要进行抗拉能力计算。由于麻绳可能存在制造缺陷,容易磨损并考虑动力冲击因素的影响,麻绳许用应力(最大工作拉力)比其试验时的破断拉力小。其计算公式如下:

$$F = s_b / k$$

式中　　F——麻绳许用拉力(N);

　　　　S_b——麻绳的破断拉力(N);

　　　　k——麻绳的安全系数,见表3-2。

表 3-2　麻绳的安全系数

使用情况	安全系数 K
地面水平运输设备	3
高空系挂式吊装设备	5
慢速机械操作,环境温度在 40～50 ℃ 和载人情况下	10

为施工方便,麻绳的许用拉力也可以估算,其近似的破断拉力为

$$s_b = 50 d_b^2$$

式中　　d——麻绳直径(mm)。

4．绳的使用与注意事项

由于麻绳的拉力强度出入很大，使用前应做载荷试验（比需要拉力大 25% 的重量做静载试验和比需要拉力大 10% 的重量做动载试验），符合要求方准使用。

（1）成卷麻绳拉开使用前，应先把绳卷平放在地上，将有绳头的一面放在底下，从绳内拉出绳头（如从卷外拉绳头，易于扭结），然后根据需要的长度切断。切断前，应用细铁丝或麻绳将切断口两侧的麻绳扎紧，以防绳头松散。绳头的扎法如图 3-2 所示，将绳头 2 穿入细圈 3 内，拉紧绳头 1。

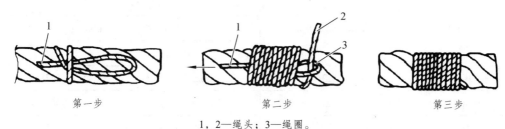

第一步　　　　　　　　　　第二步　　　　　　　　　　第三步

1，2—绳头；3—绳圈。

图 3-2　绳头的扎法

（2）麻绳只能用于重量较轻物件吊装时作捆绑使用。机动起重机械及受力较大的重要起重物不宜使用麻绳，在迫不得已使用时，安全系数必须比一般规定大一倍。

（3）浸油麻绳可耐蚀和防潮，但质地较硬，不易弯曲，拉力比未浸油麻绳低 10%~20%，所以，一般不要选用浸油麻绳。

（4）用于卷筒或滑车的麻绳，其环绕的卷筒或滑车的直径应大于麻绳直径的 10 倍以上，防止麻绳弯曲过度增加磨损。

（5）麻绳应避免绳结通过滑车槽等狭窄地方。

（6）使用麻绳发现有连续环圈扭结时，要设法抖直。

（7）麻绳打结后强度将降低 50% 以上，所以麻绳的连接最好用编结法。局部损坏的麻绳，应切去损坏部分，用编结法连接。

（8）切断的绳头要打绳头结，以免松散。

（9）长期穿在滑车上的麻绳，要定期卸下来，变换穿的方向，使麻绳各部分磨损均匀。

（10）使用中的麻绳，应注意避免受潮、淋雨或纤维中夹杂泥沙和受油污等化学介质侵蚀。

（11）捆绑构件时，应在构件的棱角处用衬垫垫好。不准在粗糙的或有锋棱的物体上拖拉，防止磨断麻丝和绳股。

（12）当麻绳表面均匀磨损超过绳径的 30% 或局部损伤深度超过绳径的 10% 时，应降级使用，有断股时禁止使用。

（13）麻绳用完，立即收回晾干，清除表面泥污，卷成圆盘平放在干燥库房内的木板上。

二、化学纤维绳

1．化学纤维绳的特性

化学纤维绳（简称化纤绳），主要有尼龙绳和涤纶绳两种，具有重量轻、柔软、耐腐蚀、弹性好等优点，其缺点是不耐高温。通常用于吊挂表面光洁或表面不允许磨损的机件和设备。

尼龙绳和涤纶绳都有较大的弹性，当吊物刚刚起吊时，绳子会有明显的伸长，达到许用拉力时，其最大伸长率可达 40% 左右。因而化纤绳对吊物起到缓冲作用，但却增加了吊运时的不稳定程度。

常用尼龙绳的规格性能见表3-3。

表3-3　尼龙（锦纶）绳规格性能

直径/mm	质量/kg·(220 m)$^{-1}$	强　度	
		最低破断拉力/kN(kgf)	
		73-B	73-C
6	5.2	7.65(780)	7.65(780)
8	9.3	15.00(1530)	13.63(1390)
10	14.5	19.02(1940)	17.16(1750)
12	21.0	23.83(2430)	21.57(2200)
14	28.4	34.91(3560)	31.38(3200)
16	37.1	37.66(3840)	33.93(3460)
18	47.0	48.44(4940)	43.54(4440)
20	58.1	58.64(5980)	52.75(5380)
22	70.4	68.84(7020)	61.78(6300)
24	83.6	78.64(8020)	70.22(7160)
26	98.0	95.12(9700)	84.82(8650)
28	114.0	107.87(11000)	96.11(9800)
30	130.7	116.70(11900)	103.95(10600)
32	149.0	135.33(13800)	119.64(12200)
34	167.6	150.04(15300)	133.37(13600)
36	188.1	164.75(16800)	145.14(14800)
38	210.0	191.23(19500)	160.83(16400)
40	232.1	198.09(20200)	175.54(17900)

注：产品代号73-B为白色（其中加入抗老化剂，易变色，但不影响性能）；产品代号73-C为红棕色，采用原料分别为浸胶和不浸胶两种。

2．化纤绳的使用注意事项

（1）化纤绳遇高温时易熔化，因此要防止曝晒，远离火源。

（2）化纤绳弹性较大，起吊时不稳定，应防止吊物摆动伤人。另外，一旦断绳，其回弹幅度较大，应采取防止回弹伤人的措施。

（3）化纤绳摩擦力小，当带载从缆桩上放出时，要防止绳子全部滑出伤人。

三、钢丝绳

1．钢丝绳的种类

钢丝绳是由高强度钢丝搓捻而成的。它具有自重轻、强度高、耐磨损、弹性大、寿命长、在高速下运转平稳、没有噪声、安全可靠等优点，是起重装吊作业中最常用的绳索。

（1）按搓绕次数分类。

① 单绕绳：它只有一股，用于缆索起重机与架空索道的支撑绳。

② 双绕绳：由丝捻成股，然后由股捻成绳。因挠性较好，故在起重机上和吊装作业中主要使用这种钢丝绳。

（2）按捻制的方向或外形分类。

① 顺绕钢丝绳：特征是钢丝绕成股和股捻成绳的方向相同。具有较大的挠性，且表面平滑，钢丝磨损小，但有自行扭转和松散易于压扁等缺点，如图3-3（a）所示。

② 交绕钢丝绳：特征是钢丝绳绕成股和捻成绳的方向相反。这种钢丝绳的特性与顺绕钢丝绳相反，不易松散和压扁，在起重机械中用得最广，如图3-3（b）所示。

③ 混绕钢丝绳：相邻层股的挠捻方向相反的钢丝绳。它具有前两种钢丝绳的优点，如图3-3（c）所示。

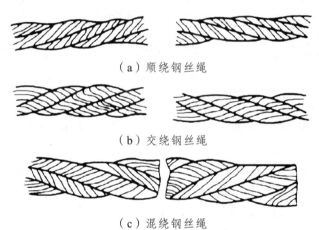

（a）顺绕钢丝绳

（b）交绕钢丝绳

（c）混绕钢丝绳

图3-3　按捻制的方向或外形分类

（3）按绳芯的不同分有麻芯、棉纱芯、石棉芯和软钢芯等多种。其中带浸油麻芯及棉纱芯的钢丝绳，比较柔软，容易弯曲，芯中含油可经常润滑钢丝，但不耐高温高压；带石棉芯的钢丝绳能耐高温；带软钢芯的钢丝绳能耐高温高压，但芯硬不易弯曲。

（4）按股的构造分类。

① 点接触型，也称普通型。如图3-4（a）所示，绳股中各层钢丝绳的直径相同，而内外各层钢丝节距不同，故互相呈点接触状。其中6×19型钢丝绳由于钢丝较粗，比较耐磨，在装卸作业中使用较多。但这种钢丝绳反复弯曲时易于折断，不适用反复弯曲受力的工作场合。

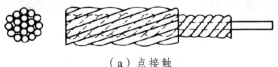

（a）点接触

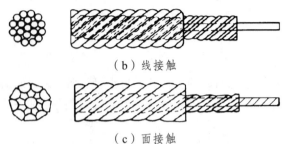

（b）线接触

（c）面接触

图 3-4　按股的构造分类

② 线接触型，也称复式结构钢丝绳。如图 3-4（b）所示，绳股中各层钢丝的节距相同，外层钢丝位于里层钢丝之间的沟缝里，故内外层钢丝互相接触在一螺旋线上。这种钢丝绳具有接触应力低、使用寿命较长、结构紧凑、承载能力强等优点，普遍用在起重机上。

③ 线接触钢丝绳又分为外粗式、粗细式和填充式 3 种类型，如图 3-5 所示。

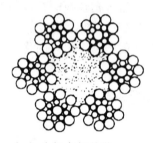
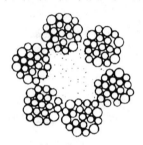
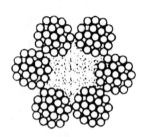

（a）外粗式钢丝绳　　　　　（b）粗细式钢丝绳　　　　　（c）填充式钢丝绳

图 3-5　线接触钢丝绳

a. 外粗式，又称西尔型［见图 3-5（a）］，用符号"X"表示。外层钢丝的直径较内层粗，适用于磨损比较严重的地方。

b. 粗细式，又称瓦林吞型［见图 3-5（b）］，用符号"W"表示。这种钢丝绳断面的充填系数较高，挠性较好，起重机上常用。

c. 填充式［见图 3-5（c）］，用符号"T"表示。目前国内应用不多。

④ 面接触型，也称密闭式钢丝绳。如图 3-4（c）所示，绳股中的钢丝呈面状接触，能承受较大的横向力，多用于缆索起重机和架空索道的支撑索。

⑤ 扁股钢丝绳，由扁平钢丝股做成，它的外形接近圆形，如图 3-6 所示。

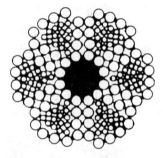

图 3-6　扁平结构钢丝绳

（5）按绳股的形状分类。

钢丝绳按绳股的形状可分为圆股钢丝绳、三角股钢丝绳和椭圆股钢丝绳等。圆股钢丝绳是起重机械和起重吊运作业中常用的钢丝绳。

钢丝绳按绳股数和每股中钢丝的数量不同分类，常以股数和丝数来表示，例如常用普通结构钢丝绳中分为 6×7、7×7、6×19、6×37、6×61 等种类（前者数字表示股数，后者数字表示每股丝数）。

钢丝绳中钢丝越细越不耐磨，但比较柔软，弹性较好；钢丝越粗越耐磨，但比较硬不易弯曲，故应视用途不同而选用。在滚筒直径较大而磨损厉害处（如索道牵引、斜井卷扬）可用钢丝较粗的 6×7、6×19 钢丝绳；在弯曲较多，滚筒直径较小处（如穿挂滑车组、绞车绞磨、悬吊构件、绑扎扒杆等）应用较细的 6×37 以及 6×61 钢丝绳。

2．钢丝绳的用途

钢丝绳普遍用于起重机的起升、变幅和牵引机构，还可用作桅杆起重机的张紧绳、缆索起重机与架空索道的支撑绳等。在起重吊运作业中选择钢丝绳的原则如下：

6×19 钢丝绳：用作拉索、缆风绳，抗拉、抗磨损。

6×37 钢丝绳：用作滑车组及其他易弯曲时的绳索（现场吊装常用这种钢丝绳）。

6×61 钢丝绳：用于滑车组、制作吊绳和重型起重机械。

3．钢丝绳标记代号

钢丝绳标记代号按现行国家标准 GB 8707—88《钢丝绳标记代号》制定。

全称标记示例：

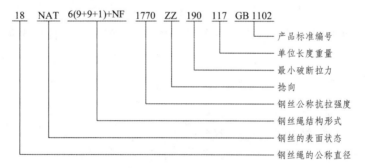

钢丝绳标记示例：

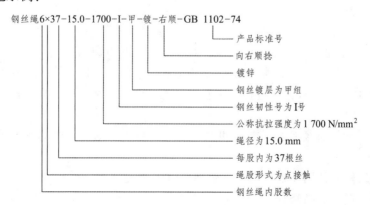

6X（37）表示绳股接触形式为西尔型。

6W（19）表示绳股接触形式为瓦林吞型。

6T（25）表示绳股接触形式为填充型。

6△（18）表示绳股形式为三角形。

6○（21）表示绳股形式为椭圆形。

钢丝韧性号分为：特、Ⅰ、Ⅱ号。

钢丝镀层组别为：甲组和乙组。

4．钢丝绳的选用

（1）普通起升、变幅缠绕绳应优先选用6股线接触交绕绳。

（2）起重机用张紧绳、牵引绳应选用顺绕绳。

（3）缆索起重机或架空索道用的支撑绳应选用单绕绳。

（4）在有腐蚀性的环境中工作时，应选用镀锌钢丝绳。

（5）需要有耐酸要求的场合，应选用镀锌钢丝绳。

（6）在高温环境中工作的起重机应选用具有特级韧性的石棉芯钢丝绳或具有钢芯的钢丝绳。

（7）电梯起升绳应选用8股、韧性为特级的钢丝绳。

（8）起升倍率为1/1的港口起重机或塔式起重机应选用18股不旋转钢丝绳。

（9）电动葫芦起升绳多选用点接触的每股37丝的钢丝绳。

（10）捆绑绳多选用韧性较低的Ⅱ级绳。

5．钢丝绳的受力验算

根据钢丝绳所承受力的大小，按照钢丝绳许用拉力，选择合适直径的钢丝绳。选择后钢丝绳按下式验算：

$$S \leqslant F_0 / n$$

式中　S——钢丝绳的最大工作静拉力（N）；

　　　F_0——所选钢丝绳的破断拉力（N）；

　　　n——钢丝绳的安全系数。

6．钢丝绳破断原因与使用注意事项

（1）钢丝绳破断原因。

钢丝绳破断的主要原因是超载和磨损。具体有以下几点原因：

① 与在滑车、卷筒上穿绕次数有关。钢丝绳在滑车、卷筒上每穿绕一次，钢丝绳就会由直变弯，再由弯变直，在这个过程中钢丝绳必然会受到损坏，所以穿绕次数越多，超载越严重，则越容易磨损破断。

② 与滑车、卷筒直径有关。滑车和卷筒的直径越小，则钢丝绳的弯曲越严重，也就越容易损坏。

③ 与工作级别和使用环境（温度、腐蚀气体）有关。

④ 与使用、保管、维修有关。

⑤ 捆绑时与钢丝绳弯曲的曲率半径有关。

最主要是由于钢丝绳绕过滑车吊物时，钢丝绳在强大推应力下，反复弯曲与反复挤压摩擦，引起金属疲劳与磨损，表面的钢丝逐渐折断。

（2）钢丝绳使用注意事项：

① 钢丝绳在开卷时应防止扭结、松散，正确的开卷方法如图3-7所示。

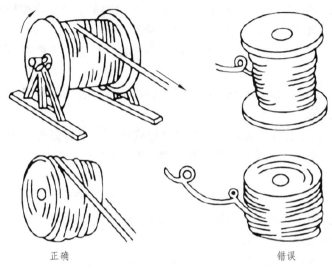

正确　　　　　　　　　　　　错误

图3-7　钢丝绳松开法

② 钢丝绳的长度，应能满足当吊钩处于最低工作位置时，钢丝绳在卷筒上还缠绕有2～3圈的减载圈，避免绳尾压板直接承受拉力。

③ 钢丝绳在使用前需切断时，应用持制铡刀、钢锯或气体火焰切割。切断前，在割口的两边用细铁丝扎结牢固，以防钢丝松散，扎结要求如图3-8所示。

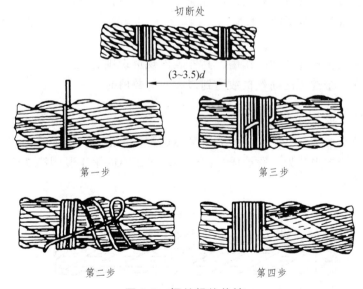

切断处

$(3～3.5)d$

第一步　　　　　　　　　　　　第三步

第二步　　　　　　　　　　　　第四步

图3-8　钢丝绳的扎结

④ 新钢丝绳在使用之前，应认真检查其合格证，确认钢丝绳的性能规格符合设计要求。

⑤ 新钢丝绳的直径较规定直径稍大些且不应少于规定直径，直径小的钢丝绳大 1 mm 左右，直径在 50 mm 左右的钢丝绳则大 3 mm 左右。钢丝绳的直径测量见图 3-9。

⑥ 穿绕钢丝绳的滑车，其滑车边缘不应有破裂现象。所采用的滑车轮槽应大于钢丝绳的直径，避免磨损钢丝绳。

⑦ 钢丝绳在使用中不要超负荷，不应受冲击力，在吊物棱角处要加包垫，不准直接接触，捆绑时如多点或多圈受力一定要均匀，违背以上原则虽不一定立即使钢丝绳破断，但会使钢丝绳拉伸、变形而造成损伤，缩短钢丝绳的使用寿命。

⑧ 在用钢丝绳，应防止划、磨、碾压和过度弯曲，且应每天检查一次绳端固定和磨损断丝等情况。

⑨ 钢丝绳在吊重时，如发现绳股间有较多的油挤出，表明钢丝绳载荷已相当大，必须加强检查，防止事故发生。

⑩ 钢丝绳禁止与带电的金属接触，尤其是电焊线，以免烧断或受伤后降低抗拉强度。如在带电地区工作时应采取绝缘措施，在接近高温的物件上使用钢丝绳捆绑时，必须采取隔绝措施。

⑪ 为减缓钢丝绳的腐蚀与磨损，应定期（一般为 3~4 月一次）加油润滑。对不易看到或不易接近的部位，如平衡滑车处的钢丝绳，应特别注意。所用的润滑油要符合该钢丝绳的要求，并且不应影响钢丝绳的外观检查。

⑫ 使用后的钢丝绳应立即盘绕好，存放在干燥的木板上，并定期检查上油和保养。

⑬ 钢丝绳在使用及储存过程中，应防止受高温、电弧、锐棱、腐蚀等损害。

7．钢丝绳报废标准

在任何时候，发现下列情况者应立即报废，不准使用：

（1）钢丝绳被电火花烧坏或断了一股，钢丝绳直径显著减小（断纤维芯或内层绳股断裂）。

（2）钢丝绳受过死角扭拧、松散，部分受压变形和弹性明显降低。

（3）钢丝绳表面钢丝被腐蚀、磨损达到钢丝直径的 40% 时，钢丝绳直径相对公称直径减小 7% 或更多时。

（4）钢丝绳经受了特殊热力的作用，其外表出现可识别的颜色时。

（5）钢丝绳在一个捻距内断丝根数达到最大允许数值时。

8．钢丝绳的测量

（1）钢丝绳节距的测量。钢丝绳的节距又称捻距，是指钢丝绳中的任何一股缠绕一周的轴向长度。例如，钢丝绳若为 6 股捻成，则由钢丝绳表面的第 1 股到第 7 股之间的长度就是一个节距，如图 3-9 所示。

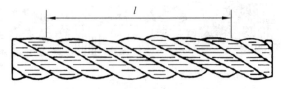

图 3-9　钢丝绳节距的测量

（2）钢丝绳直径的测量。为测量钢丝绳表面的磨损量和腐蚀量，应先清除钢丝绳表面上的污垢及铁锈，然后用千分尺测量磨损后的钢丝绳直径，并与新绳直径进行比较。钢丝绳直径的正确测量方法如图 3-10（a）所示，图 3-10（b）所示的测量方法是错误的。

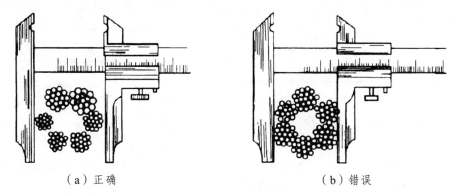

（a）正确　　　　　　　　　　　　（b）错误

图 3-10　钢丝绳直径测量法

9．钢丝绳端部的固定连接

钢丝绳除用作起重机和卷扬机的起重绳索外，还常常把它与吊钩、卡环等连接起来，做成各种样式的吊索。例如，将钢丝绳的两端连接起来，做成一个环，或将钢丝绳的两端各弯成一个环，都需将绳端固定连接。钢丝绳的固定连接方法一般有以下几种。

（1）卡接法：卡接法是将钢丝绳的一端或两端弯成环，再用绳卡（也称卡头、轧头、绳夹）将带环的绳端紧固。这种方法主要用于钢丝吊绳的临时连接、捆绑绳的固定、起升绳或变幅绳的终端连接等。

① 绳卡的类型。钢丝绳绳卡有骑马式（见图 3-11）、压板（U 形）式（见图 3-12）、拳握（L 形）式（见图 3-13）3 种。其中骑马式连接的强度最高，应用最广，拳握式连接的强度较低，应用较少。

② 绳卡连接时的注意事项。钢丝绳用绳卡连接时，应注意以下几点：

a．选用绳卡时，应使其 U 形环的内侧净距比钢丝绳的直径大 1 ~ 3 mm。

b．上绳卡时，必须将螺栓拧紧，直至将钢丝绳压扁 1/3 ~ 1/4 直径时为止，并应在绳受力后，再将绳卡螺栓拧紧一次，以保证连接牢固。

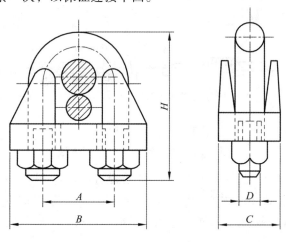

图 3-11　骑马式绳卡

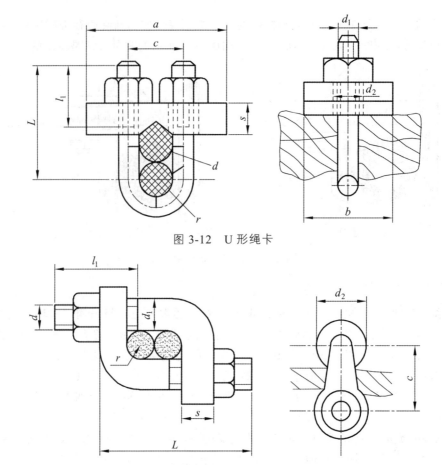

图 3-12　U 形绳卡

图 3-13　L 形绳卡

c. 同一根钢丝绳上几个绳卡的方向要排列一致，使 U 形部分与绳头接触，压板与主绳（直接受力端）接触，如图 3-14 所示。不允许反向排列或一反一正排列。如果 U 形部分与主绳接触，则钢丝绳被压扁后，受力时容易断丝。

d. 用绳卡固定时，其数量和间距与钢丝绳直径成正比。一般绳卡的最小间距为钢丝绳直径的 6 倍。绳卡的数量不得小于 2 个。

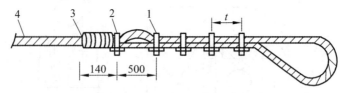

1—绳卡；2—保险绳卡；3—绳头；4—主绳。

图 3-14　钢丝绳绳卡的排列方法

e. 为了便于检查接头是否牢靠和钢丝绳是否有滑动，可在最后一个绳卡后面大约 500 mm 处再安一个保险绳卡，并将绳头放出一个"安全弯"（见图 3-14）。使用过程中，若"安全弯"被拉得变直，证明接头处的钢丝绳有滑动，必须立即采取措施，如对绳卡进行二次拧紧，防止事故发生。

（2）压套法：如图 3-15 所示，将绳端套入一个长圆形铝合金套管中，用压力机压紧即可，当绳径 $d = 10$ mm 时，约需压力 550 kN；当绳径 $d = 40$ mm 时，压力约为 720 kN。

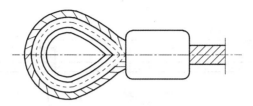

图 3-15　钢丝绳压套固定法

（3）楔形套筒固定法：如图 3-16 所示，先把钢丝绳绕在一个有槽的钢楔子上，然后把它装入一个与楔形相适应的夹板内，并使主绳与衬套挂钩孔成直线，受力后钢丝绳即被压紧。

（4）灌铅固定法：如图 3-17 所示，将绳端钢丝拆散洗净，穿入锥形套筒中，把钢丝末端弯成钩状，然后灌满熔铅。这种方法操作复杂，仅用于大直径钢丝绳，如缆索起重机的支撑绳。

（5）编结法：钢丝绳的编结又称插接，其类型很多，各地采用形式和名称也不一样。钢丝绳的编结常用于两绳头之间的编结和绳扣插接（有的叫"8"字股头）。两绳头间的编结有长度接法（又称大接法）和短接法（又称小接法）之分。

① 短接法（小接法）。

a. 编结工具主要有锥子和带把卡子，如图 3-18 所示。

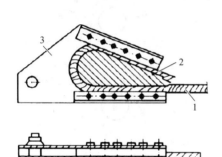

1—钢丝绳；2—楔子；3—夹板。

图 3-16　钢丝绳楔形套筒固定法

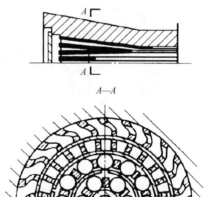

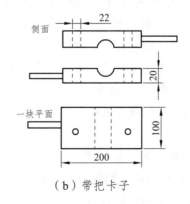

图 3-17　钢丝绳灌铅固定法

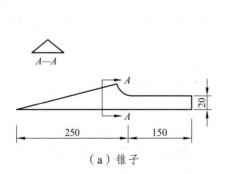

（a）锥子　　　　　　　（b）带把卡子

图 3-18　编结工具

b. 在距绳头端部约为绳径 40 倍处，用细铁丝扎一个绳头结，在绳头结后 10 倍绳径处，安上带把卡子，如图 3-19 所示，然后将绳头按股拆开，并在每股头分别扎一个绳头结。

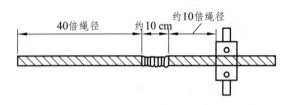

图 3-19 编结时绳头的处理

c. 将两根麻芯在绳头附近剁断，再将两绳的各股互相交叉地排列（见图 3-20），拉紧各股，并用带把卡子使两绳对齐顶紧，解开绳头结，以便插接。

d. 插接是以"压一股，插二股"的方法将绳股穿插到对方绳干（即未拆部分）的绳股中间去。图 3-21 所示为绳股穿插的顺序和方向，将乙绳的 1′ 逆着甲绳的捻绳方向，压过甲绳的 1 股，并以甲绳的 6、5 两股的下面穿过。穿插用锥子，绳股应收紧，并用硬木棒敲击，使绳股平顺。然后，用同样的方法依次将乙绳的 2′、3′、4′、5′、6′ 绳股分别插入甲绳的 1、6、2、1、3、2、4、3、5、4 绳股之下，至此完成一次穿插。

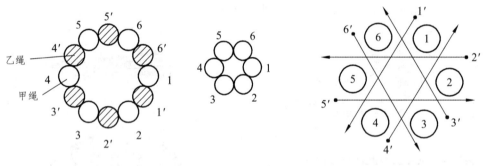

图 3-20 绳头排列　　　　　　　图 3-21 绳股压插方向

e. 插至倒数第二次时，应先将各股的钢丝剁断一半，在插最后一次前，将各股剩下的一半钢丝再剁断一半；也可用剁绳股的方法逐渐缩小绳径。

f. 用同样的方法将甲绳插入乙绳内。

g. 用硬木棒敲打平顺，并将多余的各股钢丝剁去，最后用镀锌丝将接头尾部捆扎好。钢丝绳编结后，应达到以下质量要求：绳径不得比原绳径大 10%；各股之间应紧密结合，不得松动；整根绳应成直线，不得有弯曲或歪扭现象。

② 长接法（大接法）。

长接法的插接长度一般为绳径的 800 ~ 1 000 倍，插接处的绳径要求与原绳一样，以便于绕滑车槽。

a. 编结工具。长接法专用工具如图 3-22 所示。扁头锥子用来插入绳股之间的缝隙，并旋转 90°，用以扩大间隙后便于插入绳头。扁钩锥子用于钩绳芯。圆锥子用于插扣、撑扣等操作。弯锥子用于抠出绳芯。小刀用于割绳芯。

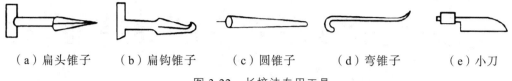

（a）扁头锥子　　（b）扁钩锥子　　（c）圆锥子　　（d）弯锥子　　（e）小刀

图 3-22　长接法专用工具

b. 绳头准备。如图 3-23 所示，在距甲、乙两绳头一端 400 倍绳径处，用细铁丝扎紧，再在绳头结后 10 倍绳径处用卡子卡牢，如图 3-24（a）所示，将两绳绳头破开，绳端用布包好，按顺序编号割去绳芯，并把两绳头从末端各割去 3 股，甲绳割去 1、3、5，乙绳割去 2′、4′、6′，再将两绳的长股交叉穿插，拉紧长股，使两绳短头对齐顶紧。

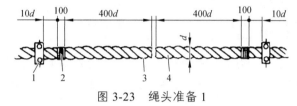

图 3-23　绳头准备 1

c. 编结绳股。编结前，先将短股抽出，放于相邻的另一绳头的长股上，此时，短股压着长股，如先编乙绳绳股，将甲绳的长股用卡子卡在乙绳上，使其不松动，然后，拆掉甲绳的绳头结并将卡具移装至接口后面 400 倍绳径处。

d. 编结时，将甲绳的短股 1 向后掀起，同时将乙绳的长股 1′ 压入甲绳短股 1 退出的空槽内，直压至离接口约 360 倍绳径处。此时长股剩下长度为 40 倍绳径，短股反而变长，将它也保留 40 倍绳径长度，其余割去，并把 1、1′ 两股绳头整直。在绳股的端部 100 mm 处开始用麻绳缠绕扎紧，使其粗细与绳芯相同，以便压入绳芯，而代替原来的绳芯。

e. 用同样的方法将乙绳长股 3′ 取代甲绳短股 3，且压入至接口 240 倍绳径处，乙绳长股 5′ 取代甲绳短股 5，压入至接口约 120 倍绳径处，留下绳头长度约为 40 倍绳径，也用麻绳缠绕扎紧。

f. 乙绳绳股缠绕完毕后，用同样的方法在乙绳上缠绕甲绳绳股。绳股缠绕的位置如图 3-24（b）所示，编完后的分布情况如图 3-25 所示。

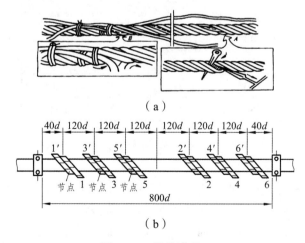

（a）

（b）

图 3-24　绳头准备 2

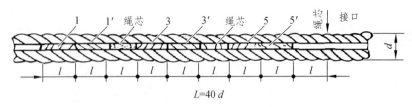

$$L = 40d$$

图 3-25 压芯后绳股和绳芯分布

10. 钢丝绳绳扣的编结

确定绳索各部分尺寸：将钢丝绳制成两头带有环套的绳扣，又称为吊索或千斤绳"8"字股头，绳索各部分的尺寸关系见图 3-26。绳扣的长度（应根据实际需要确定），其展开总长 L 可由下式求出：

$$L = l + 2l' + 2m$$

式中，各部分尺寸可根据绳径查表 3-4 选择，也可确定好绳头长度 1 和绳扣长度 l' 后，按绳径的 20 ~ 24 倍确定插接长度，而破头长度则按插接长度的 1.5 ~ 2 倍确定。特殊用途的绳索尺寸应进行专门设计。

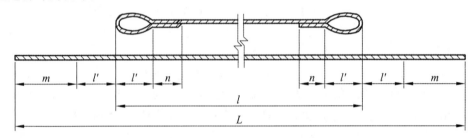

L—绳索展开总长；l—绳索长度；l'—绳扣（套）长度；
m—破头长度；n—插接长度。

图 3-26 绳索各部分的尺寸关系

表 3-4 绳索各部分尺寸 单位：mm

绳索直径	破头长度 m	绳扣长度 l'	插接长度 n	绳索直径	破头长度 m	绳扣长度 l'	插接长度 n
8.7	400	200	200	21.5	800	400	450
11.13	450	250	250	24、26	900	450	500
75、17.5	500	300	300	28、30	1 000	650	750
19.5	600	350	400	34.5、36.5	1 100	650	850

插绳扣一般采用 6×37 交互捻钢丝绳，它的丝数较多，柔性好，插接时省力，使用时可减少应力集中。

绳扣插接（又叫编结）方法有一进一插接法、一进二插接法、一进三插接法、一进四插接法和一进五插接法 5 种。一进一插接法美观牢固，但操作费力；一进二插接法次之；一进三插接法和一进五插接法操作省力、简易，也比较牢固，采用较多，现作一介绍。

（1）一进三插接法，是指在被插接的钢丝绳起头的第一道缝（或称扣），分别插入1、2、3三股"破头"的插接方法。如果在起头的第一道缝分别插入1、2、3、4四股"破头"或1、2、3、4、5五股"破头"，则称之为"一进四插接法"或"一进五插接法"。

编结前应根据要求量好"破头"长度（一般为插接长度的1.5～2倍），并做好记号。然后用铁丝绑牢，再将钢丝绳的各股抖开，为防止钢丝散开，每股绳头上用布或铁丝扎紧并编号（见图3-27）。为便于说明，将插接部分的绳缝也编上号码（见图3-28）。

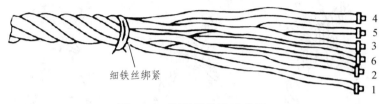

图 3-27　钢丝绳的破头编号

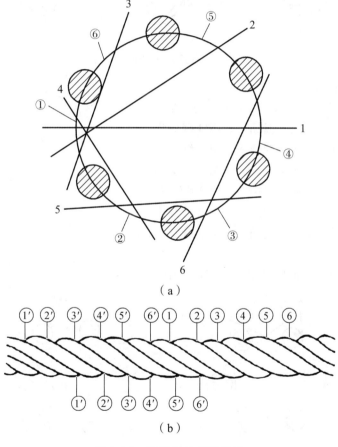

（a）

（b）

图 3-28　钢丝绳的绳缝编号

插接程序可以分为起头插接、中间插接和收尾插接三个步骤。

第一步：起头插接。

起头插接需要穿插六锥，如图3-28和图3-29所示，其插接次序为：

第一锥，"破头"1从①缝插入，由④缝穿出；

第二锥，"破头" 2 从①缝插入，由⑤缝穿出；

第三锥，"破头" 3 从①缝插入，由⑥缝穿出；

第四锥，"破头" 4 从②缝插入，由①缝穿出；

第五锥，"破头" 5 从③缝插入，由②缝穿出；

第六锥，"破头" 6 从④缝插入，由③缝穿出。

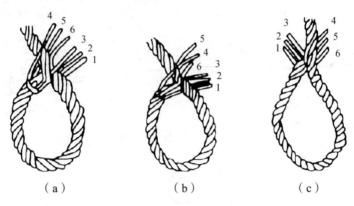

（a） （b） （c）

图 3-29 一进三编结法的起头插接

第二步：中间插接。

起头插接完成后，即进行中间插接，如图 3-30 所示，其插接次序为：

第一锥，"破头" 1 从⑤缝插入，由④缝穿出；

第二锥，"破头" 2 从⑥缝插入，由⑤缝穿出；

第三锥，"破头" 3 从①缝插入，由⑥缝穿出；

第四锥，"破头" 4 从②缝插入，由①缝穿出；

第五锥，"破头" 5 从③缝插入，由②缝穿出；

第六锥，"破头" 6 从④缝插入，由③缝穿出；

……

按照这样的次序共穿插 18 锥，即完成了中间插接。

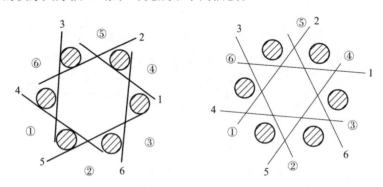

图 3-30 一进三编结法的中间插接

第三步：收尾插接。

收尾插接只需穿插三次，1、3、5 股"破头"不穿插（俗称摔头），只穿插 2、4、6 股"破头"，其穿插次序为：

第一次从⑥缝插入⑤缝，穿出"破头"2；

第二次从②缝插入①缝，穿出"破头"4；

第三次从④缝插入③缝，穿出"破头"6。

一进三插法的整个插接过程（起头插接、中间插接和收尾插接），共需进行 27 次穿插。

（2）一进五插接法。一进五插接法的"破头"穿插次序为：

第一锥，"破头"1 从①缝插入，由④缝穿出；

第二锥，"破头"2 从①缝插入，由③缝穿出；

第三锥，"破头"3 从①缝插入，由②缝穿出；

第四锥，"破头"4 从①缝插入，由⑤缝穿出；

第五锥，"破头"5 从①缝插入，由⑥缝穿出；

第六锥，"破头"6 从⑥缝插入，由②缝穿出；

第七锥，"破头"1 从⑤缝插入，由①缝穿出；

……

从第七锥到第十八锥，都是每隔一缝插进二股，穿出一个"破头"。

插完十八锥后，即可进行摔头。

以上介绍的钢丝绳绳扣插接方法都属于"小接"法，其特点是接头处的直径比原来的钢丝绳直径粗，不能用于通过滑车轮槽的场合，只能用于将两段钢丝绳连接起来，增加长度，或插接成绳环，作为吊索使用。

钢丝绳绳扣插接部分的有效长度不应少于钢丝绳直径的 20 倍，且不得短于 300 mm，插接尾部要留 15 mm 的"毛头"，以备吊索受拉后回缩。

四、吊索（千斤绳）

1. 千斤绳的用途与种类

千斤绳又称吊索，是绑扎和起吊构件、设备的一种常用索具，也可用于固定滑车和卷扬机。

千斤绳有链条、钢丝绳或白棕绳 3 种。吊装较重的物件时多用钢丝绳千斤绳。作千斤绳用的钢丝绳要求挠性大，易弯曲，故用 6（37）＋1（即 6 股 37 丝加一麻芯）或 6（61）＋1（即 6 股 61 丝加一麻芯）钢丝绳为合适。

千斤绳以编结形式不同分为：万能千斤（也称封闭式千斤）和 8 股头千斤（也称开式千斤）两种，如图 3-31 所示。

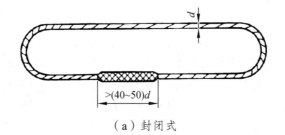

（a）封闭式

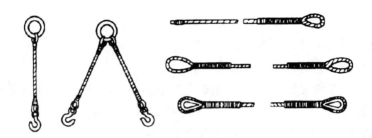

（b）开口式

图 3-31　千斤绳

2. 千斤绳的用法

千斤绳的用法很多，常用的有下列几种。

（1）万能千斤绳。

① 兜拴法，也称兜法，如图 3-32（a）所示。如重心平衡时，拴拆均方便，此法适于起吊包装物或块状物体。

② 套拴法，也称套捆法，如图 3-32（b）所示。此法可紧捆吊起物件，适用于一次起吊几个块体，可避免在起吊途中散落。但在起吊时，千斤绳会收紧，不易一次使重心平衡，把物体吊平。故应试吊一次，如不平衡，应移动一下千斤绳。

③ 八字拴法，也称绕空道法，如图 3-32（c）所示。此法适用于吊起长形物件，如起吊桁梁上下弦杆等。空绕一道是防止千斤绳滑动。

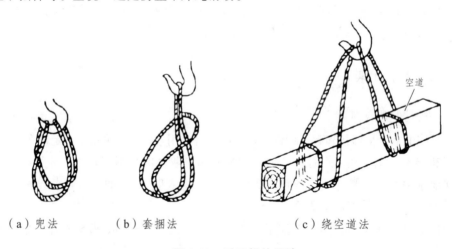

（a）兜法　　　（b）套捆法　　　（c）绕空道法

图 3-32　千斤绳的用法

（2）8 股头千斤绳。

多与卡环（卸扣）配合使用，如图 3-33 所示，用卡环将千斤绳端头套接，可以增加千斤绳的拴解灵活性。也可与万能千斤绳基本类似，用来"兜"和"套捆"，如图 3-34 所示。

图 3-35 所示为易拆千斤绳，常用于起吊钢梁等笨重物体。它是用双头来双头去的办法缠绕，这种千斤绳只要拆除卡环，就可将千斤绳拿走，很方便，且受力均匀。其缠绕圈数根据物体的重量而定。

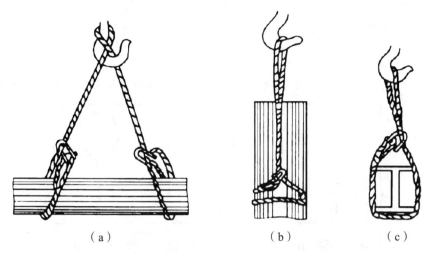

图 3-33　8 股头千斤绳与卡环配合

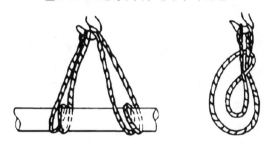

图 3-34　8 股头千斤绳与万能千斤绳"套捆"

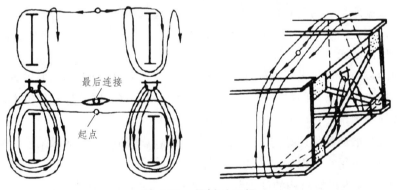

图 3-35　易拆千斤绳

3．使用千斤绳的注意事项

（1）拴千斤绳时需考虑拆除应简单，并防止把千斤绳压坏；

（2）千斤绳与物体棱角之间应垫以特制铁瓦、木板、草袋、麻袋或废轮胎块等以防止损伤钢丝绳及物体棱角；

（3）千斤绳应吊正、吊平、捆牢；

（4）不得用单股千斤绳悬吊重物，以防止物体旋转扭伤千斤绳；

（5）使用两根以上千斤绳起吊重物时，应有适当的夹角，应避免并列使用，并应注意受力均匀。

五、钢丝绳吊索

1．基本结构方式

钢丝绳吊索是以钢丝绳配以端部件或用绳端直接插索扣构成，其形式如图 3-36 所示。

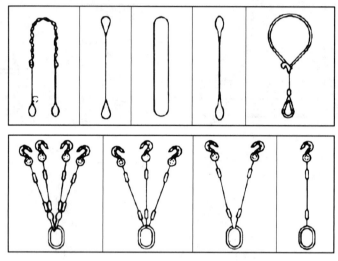

图 3-36　吊索

2．钢丝绳吊索的安全使用

（1）制作吊索的钢丝绳应是符合 GB 1102—74《圆股钢丝绳》中规定的多股钢丝绳。其长度和直径应根据所吊重物的几何尺寸和质量，并考虑采用的吊装工具和吊装工艺方法而定。

（2）多肢吊索任何肢间有效长度在无载荷测量时，误差不得超过钢丝绳直径的 ±2 倍或不大于规定长度的 ±0.5%。

（3）吊索两端插接连接索眼之间最小净长度，不得小于该吊索钢丝绳公称直径的 40 倍。

（4）环形插接连接吊索的最小周长，应不小于该吊索钢丝绳公称直径的 96 倍。

（5）索眼绳端固定连接应避免一端相对另一端扭转。

（6）当索眼与端部配件连接时，宜镶嵌相应的索具套环。否则端部配件与软索眼接触连接部位的曲率半径不得小于钢丝绳的公称直径。

（7）直接挂入起重机械吊钩的硬索眼应与吊钩尺寸相适应，两者之间必须有足够的间隙，以确保硬索眼能挂入钩底。

（8）吊索必须由整根绳索制成，中间不得有接头，环形吊索只允许有一处接头。

（9）吊索的安全系数：当利用吊索上的吊钩、卡环来钩挂重物上的吊环时，安全系数 $K \geq 6$；当吊索直接捆绑重物，且吊索与重物棱角间采取了妥善保护措施，安全系数 $K = 6 \sim 8$；当吊装特重、精密或几何尺寸特大的重物时，为保证安全，除应采取妥善保护措施外，安全系数 $K \geq 10$。

（10）吊索与所吊钩件间的水平夹角 $\alpha = 45° \sim 60°$。

3．钢丝绳吊索的报废

钢丝绳吊索，当出现下列情况之一时，应停止使用、维修、更换或报废。

（1）无规律分布损坏，在6倍钢丝绳直径的长度范围内。

（2）断丝总数超过钢丝总数的5%。

（3）钢丝绳局部可见断丝损坏，有三根以上断丝聚集在一起。

（4）索眼表面出现集中断丝或断丝集中在金属套管、插接处附近，插接连接绳股中。

（5）钢丝绳严重锈蚀：柔性降低，表面粗糙，在锈蚀部位实测钢丝绳直径已不到原公称直径的93%。

（6）因打结、扭曲、挤压造成钢丝绳畸变、压破、芯损坏或钢丝绳压偏超过原公称直径的20%。

（7）钢丝绳热损坏：由于电弧、熔化金属液浸烫或长时间暴露于高温环境中引起的强度下降。

（8）插接处严重受挤压、磨损或绳径缩小到原公称直径的95%。

（9）绳端固定连接的金属套管或插接连接部分滑出。

（10）端部配件按各报废标准执行。

六、合成纤维吊带

合成纤维吊带是以聚酰胺、聚酯、聚丙烯长丝为原料制成的绳带作为挠性件，配以端部件构成的一种吊索。它比同类金属绳、链制成的吊索相对轻便，更柔软，并减少了吊索对人身的反向碰撞伤害。同时在使用过程中有减振、不导电、对吊装件表面无磨损、在易燃易爆环境中无火花等特点，是近年来使用越来越多的产品。

1. 吊带常见的结构形式

合成纤维吊带的结构可分为单吊带、复式吊带和多层吊带。单、复式吊带是指并列吊带的数量，两条以上称为复式吊带。多层吊带是以两层多个相同带子重叠缝制成一体的吊带。吊带端部回叠缝制环（相当于钢丝绳索扣），称作软环，宽度小一些的吊带软环，可直接与吊钩等取物装置吊挂使用，或同其他吊索一样配有末端件使用。

吊带结构是由无极环绕平行排列的丝束组成承载环套（承载芯），配以特制的耐磨套管。外套管不承重，只对平绕丝束起保护作用。使吊带具有更长的使用寿命，见图3-37。吊带上标签颜色代表着吊带使用的材料，绿色为聚酰胺，蓝色为聚酯，棕色为聚丙烯。制作吊带的安全系数通常不小于6。

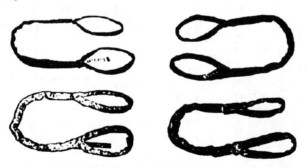

图 3-37　合成纤维吊带

2. 合成纤维吊带的选用

合成纤维吊带应由专业厂生产制造。产品技术参数表中均给出了吊带的极限工作载荷和规定角度内允许的最大安全工作载荷，可直接选取某一型号吊带。FA 型吊装带技术参数见表 3-5，FD 型管道吊装专用带技术参数见表 3-6，BC 型扁平吊装带技术参数见表 3-7。

表 3-5　FA 型吊装带技术参数

实际承载能力：方式系数 P×额定载荷						
产品编号	破断载荷/kgf	额定载荷 W_{II}/kgf	栓结吊升 (P=0.8)/kgf	45° 吊升 (P=1.8)/kgf	90° 吊升 (P=1.4)/kgf	近似直径/mm
FA01	6 000	1 000	800	1 800	1 400	18
FA02	12 000	2 000	1 600	3 600	2 800	20
FA03	18 000	3 000	2 400	5 400	4 200	22
FA05	30 000	5 000	4 000	9 000	7 000	27
FA08	48 000	8 000	6 400	1 4400	11 200	38
FA10	60 000	10 000	8 000	1 8000	14 000	45

注：1 kgf≈10 N。

表 3-6　FD 型管道吊装专用带技术参数

实际承载能力：方式系数 P×额定载荷						
产品编号	破断载荷/kgf	额定载荷 W_{II}/kgf	45° 吊升 (P=1.8)/kgf	90° 吊升 (P=1.4)/kgf	宽度/mm	每米质量/(kg·m⁻¹)
FD01	6 000	1 000	1 800	1 400	70	0.55
FD02	12 000	2 000	3 600	2 800	90	0.85
FD03	18 000	3 000	5 400	4 200	110	1.2
FD05	30 000	5 000	9 000	7 000	130	1.6
FD08	48 000	8 000	14 400	11 200	160	2.9
FD10	60 000	10 000	18 000	14 000	180	3.2

表 3-7　BC 型扁平吊装带技术参数

实际承载能力：方式系数 $P×$ 额定载荷						
产品编号	破断载荷/kgf	额定载荷 W_{II}/kgf	45° 吊升 $(P=1.8)$/kgf	90° 吊升 $(P=1.4)$/kgf	宽度×厚度/mm	每米质量/$(kg·m^{-1})$
BC01	6 000	1 000	1 800	1 400	25×6	0.16
BC02	12 000	2 000	3 600	2 800	50×6	0.33
BC03	18 000	3 000	5 400	4 200	75×6	0.51
BC04	24 000	4 000	7 200	5 600	100×6	0.66
BC05	30 000	5 000	9 000	7 000	125×6	0.82
BC06	36 000	6 000	10 800	8 400	150×6	0.99
BC08	48 000	8 000	14 400	11 200	200×6	1.32

　　为防止吊带极限工作载荷标记磨损不清，发生错用，吊带本身以颜色区分：紫色为 1 000 kg；绿色为 2 000 kg；黄色为 3 000 kg；银灰色为 4 000 kg；红色为 5 000 kg；蓝色为 8 000 kg；10 000 kg 以上为橘黄色。

3．吊带的使用安全要求

（1）末端件应遵守相应的使用要求。

（2）遵守吊装方式系数。

（3）不允许集中使用不带保护的拴结吊升方式。

（4）不允许将软环同任何可能对它造成损坏的装置连接起来，软环连接的吊升装置应是平滑的、无任何尖锐的边缘，其尺寸和形状不应撕开缝合处。

（5）在移动吊带和货物时，不要拖拽。

（6）不要使吊带打结。

（7）在承载时，不允许使之打拧。

（8）不允许使用没有护套的吊带承载有尖角、棱边的货物，特别是当带子有部分擦伤或磨损时。

（9）不允许吊带悬挂货物时间过长。

（10）当货物停留在吊带上时，不得将吊带从承载状态下抽出来。

（11）避免软环张开角度超过 20°。

（12）吊运过程中应保证载荷不变，如需几支吊带同时使用时，尽可能使载荷均匀分布在每支吊带上。

（13）如果在高温场合使用或吊运化学物质等非正常环境下使用吊带时，应按照制造商的指导、建议使用。吊带弄脏或在有酸、碱倾向环境中使用后，应立即用凉水冲洗干净。

（14）吊带应在避光和无紫外线辐射的条件下存放，不应把吊带存放在明火旁或其他热源附近。

4．吊带的报废标准

当吊带出现下列情况之一时，应报废：

（1）织带（含保护套）严重磨损、穿孔、切口、撕断；

（2）承载接缝绽开、缝线磨断；

（3）吊带纤维软化、老化、弹性变小、强度减弱；

（4）纤维表面粗糙易于剥落；

（5）吊带出现死结；

（6）吊带表面有过多的点状疏松、腐蚀、酸碱烧损以及热熔化或烧焦；

（7）带有红色警戒线吊带的警戒线裸露。

第三节　常用吊装工具

一、钢板夹钳

夹钳按夹紧力产生方式不同，可分为杠杆夹钳、偏心夹钳、他动夹钳三大类。在杠杆夹钳中，夹紧力是由物体自重通过杠杆原理产生的，因此，当钳口距离保持不变时，夹紧力与货物的自重成正比，从而能可靠地夹持住货物。偏心夹钳的夹紧力是由物体自重通过偏心块和物体间的自锁作用产生的。他动夹钳的夹紧力是依靠外部的力，通过螺旋机构产生的，因此，与物体的重量和尺寸无关。

1．钢板水平吊装起重钳

根据钢板的长宽尺寸、叠层情况，采用不同的起重钳，可使工作安全、方便、快捷。

以下介绍常用钢板起重钳产品的形式、参数和使用方法。

（1）DHQ 型钢板起重钳。DHQ 型起重钳是用于钢板水平吊运的典型产品，它可以防止柔性的钢板在吊运中滑脱，起重钳形式见图 3-38，其技术参数见表 3-8。

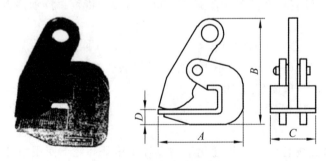

图 3-38　钢板起重钳

表 3-8　钢板起重钳技术参数

型号	额定载荷/ (tf/对)	钢板厚度/mm	A/mm	B/mm	C/mm	D/mm	质量/kg
DHQ2	2	0 ~ 20	127	152	58	24	2.0
DHQ3	3	0 ~ 30	152	185	64	25	2.2
DHQ5	5	20 ~ 60	221	282	70	45	7.2
DHQ8	8	50 ~ 100	280	365	86	50	17
DHQ10	10	60 ~ 125	310	420	86	54	

注：1 tf = 10 kN。

　　DHQ 型钢板起重钳技术参数表中给出的额定起重量适用于如图 3-39 所示的使用方式。DHQ 钢板起重钳的额定起重量是以一对钳给出的，使用时应采用两对钳，实际载荷除以 2 不超过额定起重量即满足要求。

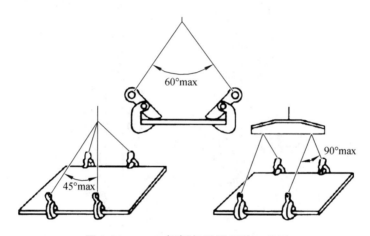

图 3-39　DHQ 钢板起重钳吊装示意图

　　（2）DCQ 型层叠钢板起重钳。DCQ 型钢板起重钳主要用于多层钢板和厚钢板水平吊运。DCQ 型钢板起重钳，未设钳舌，对钢板无夹持力，因此要求必须与平衡梁配套使用，每套 4 只钢板钳，平衡梁两端吊点的有效长度不应小于钢板长度的 1/3，以保证吊运时钢板的稳定性。其形式、参数、使用范围见图 3-40、图 3-41 及表 3-9。

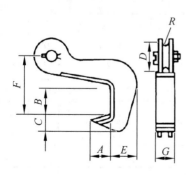

图 3-40　DCQ 型钢板起重钳

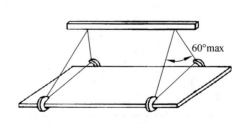

图 3-41　吊装方式

表 3-9　DCQ 型钢板起重钳技术参数

型号	额定载荷/（t/对）	钢板厚度/mm	质量/kg	尺寸参数/mm							
				A	B	C	D	E	F	G	R
DCQ4	4	40～100		75	100	70	74	86	182	50	8
DCQ6	6	50～150		106	150	93	106	110	260	72	10
DCQ8	8	65～200		125	200	104	116	125	326	80	12
DCQ10	10	80～250	32.5	135	250	115	132	150	395	85	13

2．竖吊钢板起重钳

在金属结构的制造和安装吊运过程中，采用竖吊钢板起重钳可以带来更大的方便和提高工作效率。DSQ 型竖吊钢板起重钳是专门用于钢板垂直吊运和翻转的一种夹持吊。其形式参数见图 3-42、表 3-10。

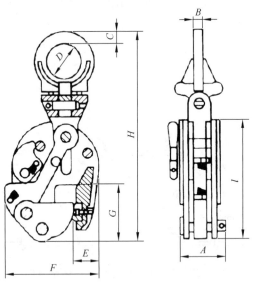

图 3-42　DSQ 型竖吊钢板起重钳

表 3-10　竖吊钢板起重钳技术参数

型号	额定载荷 W_{II}/tf	钢板厚度/mm	质量/kg	尺寸参数/mm								
				A	B	C	D	E	F	G	H	I
DCQ1	1	0～16	4.5	59	12	16	45	30	120	72		155
DCQ2	2	0～22	6.3	61	16	23	55	45	165	90	340	190
DCQ3	3	0～35	11.5	72	16	28	60	55	195	110	374	227
DCQ5	5	16～50	19.3	82	20	33	250	70	250	135	458	275
DCQ8	8	40～80	39	100	25	40	80	80	345	175	568	370
DCQ12	12	50～90		107	28	45	90	105	430	182	635	380
DCQ16	16	60～100	45	107	41	50	100	115	455	200	650	410

注：1 tf = 10 kN。

竖吊钢板起重钳可单只使用，单只使用时，实际载荷只要不超过标记在钳体上的额定载荷即满足使用要求，两只以上使用方法如图3-43所示。

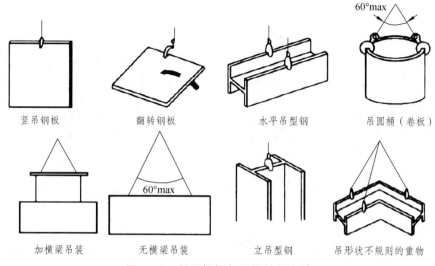

竖吊钢板　　　　　翻转钢板　　　　　水平吊型钢　　　　吊圆桶（卷板）

加横梁吊装　　　　无横梁吊装　　　　立吊型钢　　　　吊形状不规则的重物

图 3-43　竖吊钢板起重钳使用方法

3．钢板起重钳使用注意事项

（1）吊运过程中不得与其他物体碰撞。

（2）除竖吊钢板起重钳外，不得单边起吊钢板，钢板厚度应在起重钳吊装厚度范围内。

（3）竖吊钢板起重钳，钳口内一次只能夹持一块钢板，禁止叠层吊运。

（4）不论何种起重钳，必须按说明、规程装夹到位，避免一侧装夹不牢而起吊时弹出伤人。

（5）钢板起重钳应按其功能使用，禁止移作他用。

4．钢板起重钳主要受力构件更换或报废条件

（1）出现裂纹。

（2）力构件断面磨损，腐蚀达原尺寸的10%。

（3）体开口度比原尺寸增加10%。

二、卸　扣

卸扣又叫卡环、卸甲、开口销环，是起重作业中的重要工具之一，较为安全可靠。卸扣是用圆钢锻制而成的，用来连接钢丝绳和吊钩及用千斤绳捆绑物件时固定绳套（8股头）之用，装卸方便。

1．卸扣的种类及技术参数

卸扣的种类甚多，按其弯环的形状分有直环形（D形，见图3-44）和马蹄形（弓形，见图3-45）两种；按销子和弯环连接形式分有螺旋式（见图3-45）和活络销子式（见图3-44）

两种。螺旋式卸扣的销子和弯环采用螺纹连接。活络销子式卸扣的销子有圆形和椭圆形两种，它和弯环孔是光面接触，可以直接抽出。

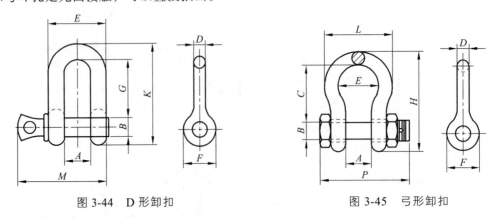

图 3-44　D 形卸扣　　　　　　　　　　　图 3-45　弓形卸扣

2．卸扣的选用

卸扣产品规格较多，根据实际使用情况，可按产品额定载荷直接选用。表 3-11、表 3-12 给出 D 形卸扣 G210 型和弓形卸扣 G2130 型的技术参数。

表 3-11　D 型卸扣 G210 技术参数

型号	额定载荷/tf	参数/mm								质量/kg
		A	B	D	E	F	G	K	M	
1/4	0.5	12.0	7.9	6.4	23.9	15.5	22.4	40.4	35.1	0.05
5/16	0.75	13.5	9.7	7.9	29.5	19.1	26.2	48.5	42.2	0.08
3/8	1	16.8	11.2	9.7	35.8	23.1	31.8	58.4	51.6	0.13
7/16	1.5	19.1	12.7	11.2	41.4	26.9	36.6	67.6	60.5	0.20
1/2	2	20.6	16.0	12.7	45.0	30.2	41.4	77.0	68.3	0.27
5/8	3.25	27.0	14.3	16.0	58.7	38.1	50.8	95.3	84.8	0.57
3/4	4.75	31.8	22.4	19.1	69.9	46.0	60.5	115.1	100.8	1.19
7/8	6.5	36.6	25.4	22.4	81.0	53.1	71.4	135.4	114.3	1.43
1	8.5	43.0	28.7	25.4	93.7	60.5	81.0	150.9	128.8	2.15
$1\frac{1}{8}$	9.5	46.0	31.8	28.7	103.1	68.3	90.9	172.2	142.0	3.06
$1\frac{1}{4}$	12	51.6	35.1	31.8	115.1	76.2	100.1	190.5	156.5	4.11
$1\frac{3}{8}$	13.5	57.2	38.1	35.1	127	94.1	111.3	210.3	173.7	5.28
$1\frac{1}{2}$	17	60.5	41.4	38.1	136.6	91.9	122.2	230.1	186.7	7.23
$1\frac{3}{4}$	25	73.2	50.8	44.5	162.1	106.4	146.1	78.6	230.6	12.13
2	35	82.6	57.2	50.8	184.2	122.2	171.5	311.9	262.6	19.19
$2\frac{1}{2}$	55	105.0	69.9	66.5	238.3	144.5	203.2	376.9	330.2	32.55

注：1 tf＝10 kN。

表 3-12 弓形卸扣 G2130 技术参数

型号	额定载荷/tf	参数/mm									质量/kg
		A	B	C	D	E	F	H	L	P	
3/16	0.33	9.7	6.4	22.4	4.8	15.2	14.2	37.3	24.9	32.8	0.03
1/4	0.5	11.9	7.9	28.7	6.74	19.8	15.5	46.7	32.5	39.6	0.05
5/16	0.75	13.5	9.7	31.0	7.9	21.3	19.1	53.1	37.3	46.2	0.10
3/8	1	16.8	11.2	36.6	9.7	26.2	23.1	53.2	45.2	55.1	0.15
7/16	1.5	19.1	12.7	42.9	11.2	29.5	26.9	73.9	51.6	63.8	0.22
1/2	2	20.6	16.0	47.8	12.7	33.3	30.2	83.3	58.7	71.1	0.36
5/8	3.25	26.9	19.1	60.5	16.0	42.9	38.1	106.4	74.7	89.7	0.76
3/4	4.75	31.8	22.4	71.4	19.1	50.8	45.0	126.2	88.9	103.4	1.23
7/8	6.5	36.6	25.4	84.1	22.4	57.9	53.1	148.1	102.4	119.6	1.79
1	8.5	42.9	28.7	95.3	25.4	68.3	60.5	166.6	119.1	134.9	2.57
$1\frac{1}{8}$	9.5	46.0	31.8	108.0	28.7	73.9	68.3	189.7	131.1	149.9	3.75
$1\frac{1}{4}$	12	51.6	35.1	119.1	31.8	82.6	76.2	209.6	146.1	165.4	5.31
$1\frac{3}{4}$	13.5	57.2	38.1	133.4	35.1	92.2	84.1	232.7	162.1	183.1	7.18
$1\frac{1}{2}$	17	60.5	41.4	146.1	38.1	98.6	92.2	254	174.8	196.3	9.43
$1\frac{3}{4}$	25	73.2	50.8	177.8	44.5	127	106.4	313.4	255.0	229.8	15.38
2	35	82.6	57.2	196.9	50.8	146.1	122.2	347.5	253.2	264.4	23.70
$2\frac{1}{2}$	55	104.9	70.0	266.7	66.5	184.2	144.5	453.1	326.9	344.4	44.57
3	85	127	82.6	330.2	76.2	200.2	165.1	546.1	364.7	419.1	69.85
$3\frac{1}{2}$	120	133.4	95.3	371.6	91.9	228.6	203.2	625.6	419.1	482.6	120.20
4	150	139.7	108.0	368.3	104.1	254.0	228.6	652.5	467.9	501.7	153.32

注：1 tf = 10 kN。

现场施工中，如果查不到卸扣的性能参数，也可根据销子的直径按下式估算出卸扣的允许载荷：

$$Q = 0.035d^2$$

式中　Q——卸扣的估算允许载荷，kN；

　　　d——卸扣的销子直径，mm。

3．卸扣的使用方法及注意事项

活络卸扣常用于建筑工地吊装柱子，如图 3-46 所示。柱子就位后，吊点距地面很高，如果使用螺旋式卸扣,需要高空作业才能解开吊索,这样既不安全,效率又低。而使用活络卸扣,由于销子可以直接抽出,故只需在地面用白棕绳拉出销子(此时销子尾部必须朝下),即可很方便地解开吊索。

使用活络卸扣绑扎柱子时,必须使销子尾部朝下,才能拉出销子,卸下吊索。起吊时务必使吊索压紧销子,才能保证吊索在起吊过程中不松开,安全可靠。否则吊索容易滑到弯环边上,使弯环直接受力,导致销子脱落,造成重大事故。为预防此类事故,可将活络卸扣的尾部加长并配以弹簧,使销子在工作时自动压进弯环孔内,需要卸下时,只要在地面用白棕绳拉出(克服弹簧力)销子即可。

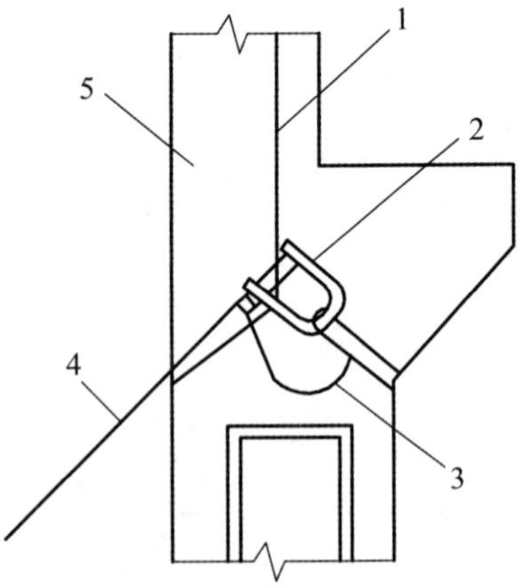

卸扣使用时的安全注意事项如下:

(1)卸扣必须是锻造的,并应经过热处理,禁止使用铸造卸扣。

1—吊索;2—活络卡环;
3,4—白棕绳;
5—柱子。

图 3-46 用活络卡环绑扎柱子

(2)卸扣表面应该光洁,不许有毛刺、疤痕、切纹、尖角、裂纹、夹层等缺陷。不许利用焊接或补强法修补卸扣的缺陷,在不降低卸扣强度的条件下,可以清理局部的缺陷。

(3)无制造标记或合格证明的卸扣,需进行拉伸强度试验,合格后才能使用。

(4)卸扣在使用时,必须注意作用在卸扣上的受力方向,即一般只准承受拉力,如果不符合受力要求使用时,会使卸扣允许承受载荷大为降低,卸扣正确和错误使用示意图如图 3-47 所示。

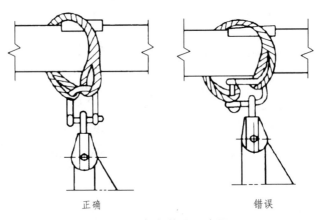

正确   错误

图 3-47 卸扣使用示意图

(5)卸扣不应超负荷使用。

(6)卸扣在使用时螺母必须拧紧,然后回半圈;螺纹应事先稍加润滑油,固定销子必须插上。

(7)使用时,应考虑轴销拆卸方便,以防拉出落下伤人。

(8)不允许在高空将拆除的卸扣向下抛摔,以防伤人以及卸扣碰撞变形和内部产生不易发觉的损伤和裂纹。

（9）工作完毕后，要将卸扣收回擦干净，并将横销插入弯环内上满螺纹，存放在干燥处，以防表面生锈影响使用。

（10）当卸扣任何部位产生裂纹、塑性变形、螺纹脱扣、销轴和扣体断面磨损达原尺寸的 3%～5% 时应报废。

三、吊　钩

吊钩是吊装作业中最常用的取物装置，是各类起重机上的重要组成部分，也是常用吊索、起重工具（滑车）、专用吊具上的重要组成部分。

1．吊钩的种类和规格

（1）吊钩的种类。根据制造方式，吊钩可分为锻造钩和板式钩。锻造钩一般应用 GB/T 699-2015《优质碳素结构钢》中规定的 20 钢，经过锻造和冲压、退火处理，再进行机械加工而成。锻造钩可以制成单钩和双钩。板式钩一般用在起重量较大的起重机上，板式钩由厚度为 30 mm 的成型板片重叠铆合而成。板式钩上装有护板，板式钩一般应用 GB/T 700—2006《碳素结构钢》中规定的 Q235A、Q235B 或 GB 1519—88《低合金结构钢技术条件》中规定的 16Mn，轧制钢板制成。板式钩由于其板片不可能同时断裂，所以可靠性高，修理方便。但是板式钩的断面形状只能制成矩形断面，因此钩体的材料不能被充分利用。板式钩也分单钩和双钩两种（见图 3-48），单钩多用于铸造起重机上。

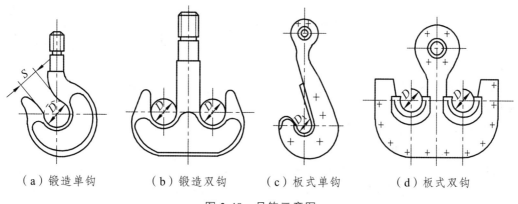

（a）锻造单钩　　　（b）锻造双钩　　　（c）板式单钩　　　（d）板式双钩

图 3-48　吊钩示意图

（2）吊钩断面形状有矩形、梯形、丁字形等。

（3）吊钩的主要尺寸之间有一定的关系，如开口度 S 与钩孔直径 D 之间，$S \approx 0.75D$。

2．吊钩安全使用注意事项

（1）新吊钩在投入使用前要进行检查，应有制造厂的技术证明文件，否则不可盲目投入使用，对新吊钩的开口度要进行测量，应符合规定。

（2）新钩应做负荷试验。吊钩的检验载荷见表 3-13。

（3）吊钩在使用前，应检查吊钩上标注的额定起重量，不得小于实际起重量。如没有标注或起重量标记模糊不清，应重新计算和通过负荷试验来确定其额定起重量。

（4）对吊钩三个危险断面应用火油清洗，用放大镜看有无裂纹。对板式钩应检查衬套、销子磨损情况。

表 3-13　吊钩的检验载荷

额定起重量 Q_n	检验载荷	
t	kN	tf
≤25	200%Q_n	
32	600	60
40	700	70
50	850	85
63	1 000	100
80	1 200	120
100	1 430	143
112	1 580	158
125	1 725	172.5
140	1 890	189
≥160	133%Q_n	

（5）起重吊装作业使用的吊钩，其表面要光滑，不能有剥裂、刻痕、锐角、接缝和裂纹等缺陷。

（6）对吊钩的连接部分要经常进行检查，确认连接是否可靠，润滑是否良好。

（7）吊钩在使用过程中，应进行定期检查，主要内容有变形、裂纹、磨损、腐蚀等方面，并应做好记录。

（8）挂吊索时要将吊索挂至吊钩底部。如需将吊钩直接钩挂在构件的吊环中，不能硬别，以免使钩身受侧向力，产生扭曲变形。

（9）吊钩不准进行超负荷作业。

（10）吊钩不得补焊。

（11）吊钩上应装有防止脱钩的安全装置，图3-49所示为吊钩防止脱钩的安全装置。

（12）吊钩在停止使用时，应进行仔细清洗、除锈，上好防锈油，放在通风、干燥的地方。

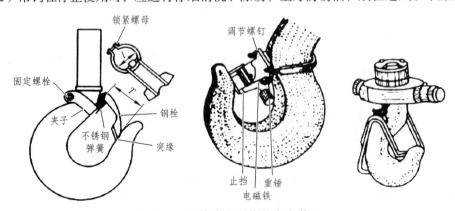

图 3-49　吊钩防止脱钩的安全装置

3．吊钩的报废标准

吊钩出现下列情况之一时，应报废：

（1）钩身特别是危险断面部分有疲劳裂纹；

（2）危险断面损失量达原尺寸的10%；

（3）钩身扭转变形超过10%；

（4）危险断面和吊钩颈部产生塑性变形；

（5）板式钩衬套磨损达原尺寸的50%时应报废衬套，销子磨损量超过名义直径的3%～5%时应更新；

（6）板式钩心轴磨损达原尺寸的5%时，应报废心轴，予以更新；

（7）钩尾螺纹外径比原标准尺寸减少5%以上；

（8）钩尾螺纹部分有裂纹；

（9）吊钩钩腔的开口度比原尺寸超过15%。

四、吊　耳

在吊装设备时，特别是大型静置设备，常在器身上焊有吊耳，以作为吊装时的吊点。

有些设备的吊耳是在制造时就已做好，有的吊耳则是根据现场吊装需要后加装的。吊耳一般有以下三种形式：顶部板式吊耳、侧壁板式吊耳和轴式吊耳（见表3-14）。以下以HG/T 21574—2018《化工设备吊耳设计选用规范》为版本，给出设备吊耳选择及计算。

表 3-14　吊耳分类、代号及公称吊重范围

类 型	代 号	简　图	类型代号	公称吊重范围/t	标准号
顶部板式吊耳	TP	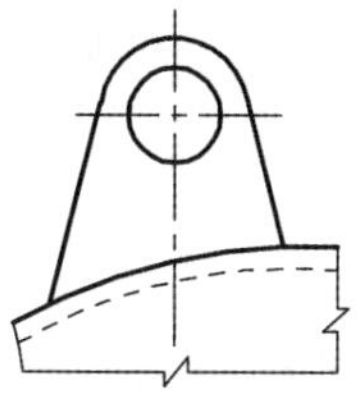	TP	1～10	HG/T 21574—2018
		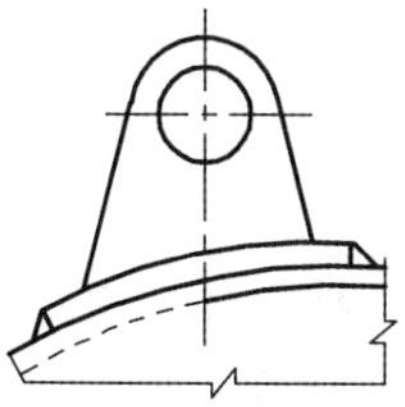	TPP		
侧壁板式吊耳	SP	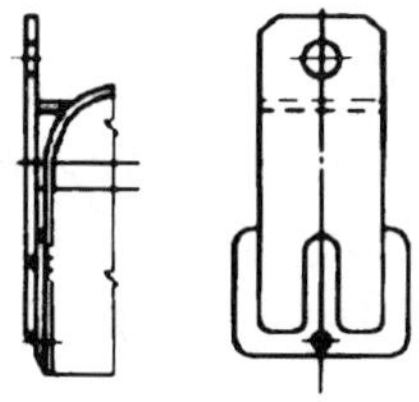	SP	10～150	HG/T 21574—2018

类型	代号	简　图	类型代号	公称吊重范围/t	标准号
轴式吊耳	AX		AXA	5～25	HG/T 21574—2018
			AXB	10～37.5	
			AXC	25～150	

1．顶部板式吊耳

顶部板式吊耳代号是 TP，简称 TP 型吊耳，适用于轻型立式设备的吊装。

2．侧壁板式吊耳

侧壁板式吊耳代号是 SP，简称 SP 型吊耳，适用于公称直径 DN≥1 000 mm 的较重型设备的吊装。吊装时，必须保证吊耳仅承受竖向载荷。SP 型吊耳适用于无顶部设备法兰的立式设备，且顶部封头为标准椭圆形、半球形、碟形或锥形封头。

3．轴式吊耳

轴式吊耳代号为 AX，简称 AX 型吊耳，一般适用于较高及较重型的立式设备的吊装。

五、吊　环

吊环一般用 20 号优质碳素钢锻造或冲压制成。根据使用情况基本上可分起重机固定吊环和吊钩端部环两类。

1．固定吊环

常见的吊环有三种，如图 3-50 所示。

图 3-50（a）所示的吊环是在设备安装时经常使用的一种吊环，它是某些设备（如电动机，汽轮机内部的上、下隔板及轴瓦等）在安装或检查时，用作起吊的一种固定工具，这种吊环便于钢丝绳的系结。吊环的允许载荷，可根据吊环丝杠的直径大小进行计算，也可由表 3-15 中查得。

使用吊环时，要检查丝杠是否有弯曲现象，丝扣是否完好，吊环深入螺孔时，一定要拧紧，若起吊中用两个以上吊环作吊点时，钢丝绳间的夹角不宜过大，一般不超过 60°，以防止吊环受过大的水平拉力，而造成弯曲变形，甚至断裂。使用两个吊环时，注意环的方向，使环径成直线，不要孔对孔。

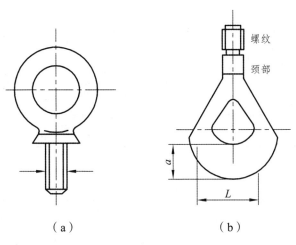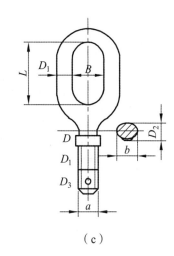

（a） （b） （c）

图 3-50　固定吊环示意图

表 3-15　吊环的允许载荷

吊环的丝杠直径 d/mm		12	16	20	22	30	36
允许载荷/kN	垂直吊重	1.5	3	6	9	13	24
	夹角 60° 吊重	0.9	1.8	3.6	5.4	8	14

图 3-50（b）所示的吊环，是一种封闭的环形吊具，起重能力大于吊钩，无脱钩的危险，工作安全，但使用不如吊钩方便，这种吊环一般用于固定的吊车上。

图 3-50（c）所示的吊环，主要用于滑车上。如在施工作业中，须自制单轮滑车，就可以采用这种吊环。

2. 吊钩端部吊环

吊环一般是作为吊索、吊具钩挂起升至吊钩的端部件（见图 3-51）。根据吊索的分肢数的多少，还可分为主环和中间主环。吊环的主要技术参数见表 3-16 和表 3-17。

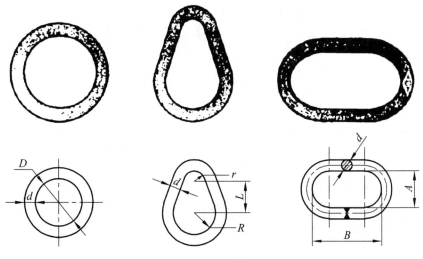

图 3-51　吊钩端部吊环

表 3-16　吊环技术参数

额定载荷/tf	圆吊环/mm		梨形环/mm				试验载荷/t	长吊环/mm			质量/kg
	d	D	d	r	R	L		A	B	d	
3	24	100	20	60	20	85	6	80	144	20	1.08
5	28	150	30	65	25	93	10	100	180	26	2.30
8	33	175	33	75	30	100	16	120	216	32	4.20
10	38	225	38	80	50	146					
12							24	140	252	38	6.93

注：1 tf = 10 kN。

表 3-17　组合吊环中间环技术参数

主吊环载荷/tf	中间环载荷/tf	A/mm	B/mm	C/mm	质量/kg
3	2.1	54	108	16	0.51
5	3.5	70	140	20	1.04
8	5.6	85	170	25	1.97
12	8.5	100	200	30	3.35

注：1 tf = 10 kN。

六、索具套环

索具套环又称三角圈、桃形环、桃子圈、梨形环等。它是钢丝绳索扣（索眼）与端部配件连接时，为防止钢丝绳扣弯曲半径过小而造成钢丝绳弯折损坏，应镶嵌相应规格的索具套环。索具套环如图 3-52 所示，其技术参数见表 3-18。

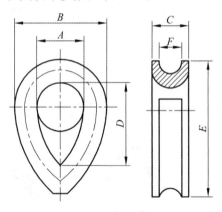

图 3-52　索具套环

表 3-18　索具套环技术参数

型号	钢丝直径/mm	套环许用载荷/kN	A/mm	B/mm	C/mm	D/mm	E/mm	F/mm	质量/kg
6	6	3.43	15.0	28.0	9.0	30	47	6.6	0.034
8	8	6.27	20.0	37.0	12.0	40	63	8.8	0.074
10	9～10	9.80	25.0	46.0	15.0	50	79	11.0	0.132
12	11～12	14.70	30.0	56.0	18.0	60	95	13.0	0.212
14	13～14	19.60	35.0	65.0	21.0	70	111	15.0	0.311
16	16	26.46	40.0	74.0	24.0	80	126	18.0	0.514

七、索具螺旋扣

索具螺旋扣又称花篮螺杆、松紧螺栓、拉紧器等。花篮螺杆用于拉紧钢丝绳,并能起到调节松紧作用,可用于捆绑运输中的构件或调节缆风绳的松紧,如图 3-53 所示。常见的花篮螺杆分为 CC 型、CO 型和 OO 型。如用于经常拆卸处,可选用 CC 型;如用于一端经常拆卸,另一端固定,可选用 CO 型;如用于不经常拆卸处,则可选用 OO 型。CC 型和 CO 型花篮螺杆的规格见表 3-19,OO 型花篮螺杆的规格见表 3-20。根据所用钢丝绳的直径查表 3-19 和表 3-20 选择相应规格的花篮螺杆。

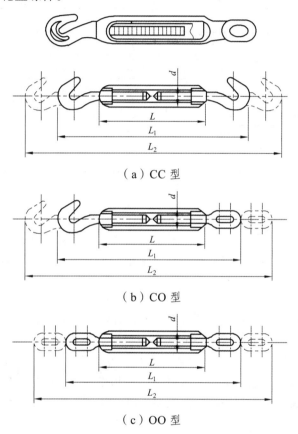

（a）CC 型

（b）CO 型

（c）OO 型

图 3-53　花篮螺杆

表 3-19　CC 型和 CO 型花篮螺杆规格

花篮螺杆号码	允许载荷/N	适用最大钢丝绳直径/mm	螺杆直径 d/mm	本身长度 L/mm	最小全长 L_1/mm		最大全长 L_2/mm	
					CC 型	CO 型	CC 型	CO 型
0.07	686	2.2	6	100	180	175	258	250
0.1	980	3.3	8	125	225	210	317	304
0.2	2 450	4.5	10	150	270	260	380	370
0.3	3 136	5.5	12	200	330	320	480	468
0.4	4 312	6.5	14	200	344	330	490	498
0.6	6 174	8.5	16	250	446	420	638	610
0.7	7 546	9.0	18	300	520	500	748	720
0.9	9 604	9.5	20	300	520	500	748	720

表 3-20　OO 型花篮螺杆规格

花篮螺杆号码	允许载荷/N	适用最大钢丝绳直径/mm	螺杆直径 d/mm	本身长度 L/mm	最小全长 L_1/mm	最大全长 L_2/mm
0.1	980	6.5	6	100	164	242
0.2	1 960	8.0	8	125	199	291
0.3	2 940	9.5	10	150	250	318
0.4	3 920	11.5	12	200	310	416
0.6	5 880	13.0	14	200	320	466
0.8	7 840	15.0	16	250	390	582
1.0	9 800	17.0	18	300	400	688
1.3	12 740	19.0	20	300	470	690
1.7	16 660	21.5	22	350	540	806
1.9	18 620	22.5	24	400	610	922
2.4	23 520	28.0	27	450	680	1035

八、吊装梁

为了缩短吊索长度，提高起重机械的有效起吊高度，改善工件受力状况而进行设计和制造的梁称吊装梁，又称吊横梁，俗称铁扁担。常用的吊装梁有下面两种。

1．扁担式吊装梁

这种梁结构简单、容易制造、使用方便。它主要用来传递载荷和承受弯矩，属于受弯构件。图 3-54 所示是用钢板制造的扁担式吊装梁，由于它长度比较小，所以只适用于较小截面的设备和构件的吊装，图 3-55 所示是用槽钢或工字钢制造的，它的中部和端部根据实际需要可以焊接吊耳或平衡滑车。它主要用于机械设备的抬吊及起吊屋架、桁架、拱圈等细长而刚性较低构件的吊装。特别在受起吊高度限制时，如采用扁担式吊装梁，可缩短吊索长度满足高度要求。

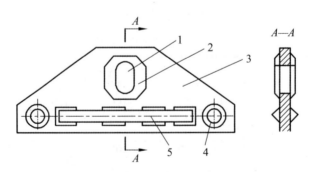

1—挂吊钩孔；2—钩口加强板；3—钢板；4—挂吊索孔；5—加强筋。

图 3-54　钢板扁担式吊装梁

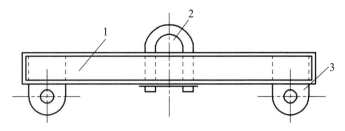

1—扁担吊；2，3—吊环。

图 3-55 槽钢扁担式吊装梁

2．压杆式吊装梁

压杆式吊装梁又叫支撑扁担，这种梁由横梁、压板和吊索构成，它的横梁一般选用无缝钢管制造，压板可用螺栓或焊接的方法固定横梁的两端，如图 3-56 所示。

压杆式吊装梁的主要作用是增加起重机提升的有效高度，扩大吊装范围，改变吊索的受力方向，避免物体受过大的水平压力。

如对结构单薄、体型较长的屋架，应用压杆式吊装梁进行吊装，既可消除吊索倾斜给予屋架水平方向的压力（见图 3-57）以免引起构件的变形，又可增加起吊高度。

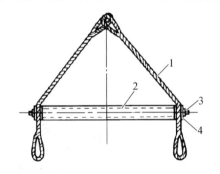

1—吊索；2—支撑扁担；3—螺母；4—压板。

图 3-56 支撑扁担示意图

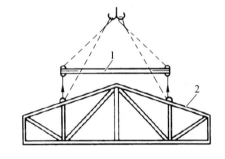

1—支撑扁担；2—屋架。

图 3-57 用支撑扁担吊装屋架示意图

又如在吊装柱子时，由于吊索倾斜角的影响，柱子起立后不能保证垂直［见图 3-58（b）］，给就位带来了困难。采用压杆式吊装梁进行吊装［见图 3-58（a）］可将吊索下半段倾斜部分撑开，使吊索垂直向下，柱子保持垂直，便于就位。

3．吊装梁使用注意事项

（1）吊装梁通常配合吊索同时作业，要保持吊索与吊装梁的水平夹角不能过小，以避免水平分力过大使梁发生变形。

（2）吊索与吊装梁的水平夹角一般应在 45° ~ 60°。

（3）吊索与吊装梁水平夹角较小时，应用卡环将挂在起重机吊钩上的两绳圈固定在一起，以防止其脱钩。

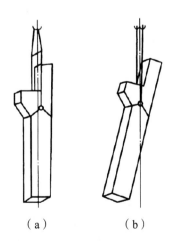

（a） （b）

图 3-58 用支撑扁担吊装柱子

九、平衡梁

能平衡两套或两套以上索具受力的装置称为平衡梁。平衡梁的种类很多，大致可以分为滑车式和结构式两种。

1．滑车式平衡梁

它可以是单轮或多轮的，可以利用现成的滑车组，也可以特制，如图 3-59（a）、（b）和（c）所示。

2．结构式平衡梁

它的形式有三角架平衡梁、四杆平衡梁及多杆平衡梁等，如图 3-59（d）、（e）、（f）所示。

将图 3-54、图 3-55、图 3-56 和图 3-59 进行比较不难看出，把吊装梁反过来后也可以当作平衡梁使用。

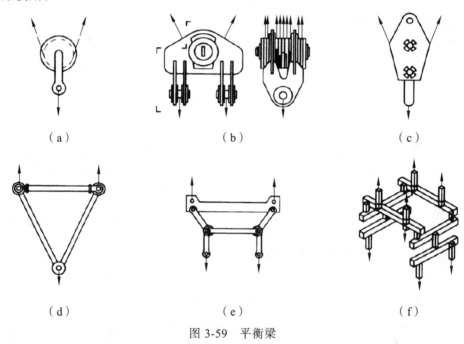

（a）　　　　　　　　　　（b）　　　　　　　　　　（c）

（d）　　　　　　　　　　（e）　　　　　　　　　　（f）

图 3-59　平衡梁

第四章

常用起重机械

- 第一节　起重机械的选用原则
- 第二节　常用的起重机械
- 第三节　流动式起重机

第一节　起重机械的选用原则

起重机械设备是起重吊装作业的重要组成部分，它也是提高工作效率、减轻体力劳动和保证安全生产的重要手段之一。起重机械设备的种类很多，大体上可分为单动作和多动作两大类，如图 4-1 所示。

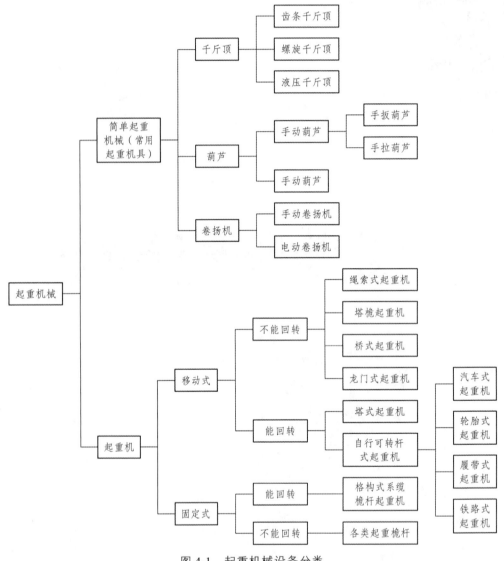

图 4-1　起重机械设备分类

起重机械设备的选择原则：

（1）尽量考虑施工现场中供正式投产使用的起吊设备，如桥式起重机。可先安装，利用它来搬运、吊装其他设备和非标准设备。又如高层电梯机房内的检修间工字梁等。

（2）根据现场施工条件，如厂房（房间）的高度、跨度；如在室外，需要考虑作业点的地面的平整坚实情况、周围设施和环境，以及有无障碍物等。

（3）要考虑劳动生产率、施工成本和施工周期、加快工程进度、提高工作效率、保证工程质量和安全生产的要求。

（4）要考虑设备、非标准设备的质（重）量、形体尺寸、安装高度、精确程度等。

（5）要采用吊装、搬运新工艺和新机具，大力提高劳动生产率，降低工程成本。

（6）尽量减少机具使用数量，充分发挥一机多能和减少重复搬运和起吊作业。

第二节　常用的起重机械

一、千斤顶

1．千斤顶的用途

千斤顶（又称压机和顶镐）是一种用比较小的力量就能把重物顶高、降低或移动的起重机具，结构简单，使用方便。它的承载能力为 1～300 t，顶升高度一般为 300 mm，顶升速度可达 10～35 mm/min。

2．千斤顶的构造、种类和技术规格

千斤顶按其构造形式，可分为三种类型：螺旋千斤顶、液压千斤顶和齿条千斤顶。前两种千斤顶应用比较广泛。

（1）固定式螺旋千斤顶是利用斜面和螺旋的原则制成的。其结构简单，起升高度较大，工作速度较油压式的快，但起重能力不大，一般在 50 t 以下。固定式螺旋千斤顶在作业时，未卸载前不能做平面移动。它的结构见图 4-2，主要技术规格见表 4-1。

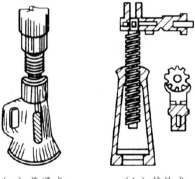

（a）普通式　　　（b）棘轮式

图 4-2　固定式螺旋千斤顶

表 4-1　固定螺旋千斤顶技术规格

起重量/t	起升高度/mm	螺杆落下最小高度/mm	底座直径/mm	自重/kg	
				普通式	棘轮式
5	240	410	148	21	21
8	240	410	—	24	28
10	290	560	180	27	32
12	310	560	—	31	36
15	330	610	226	35	40
18	355	610	—	39	52
20	370	660	—	44	60

（2）LQ 型固定式螺旋千斤顶。它的结构紧凑、轻巧，使用比较方便。其构造如图 4-3 所示。

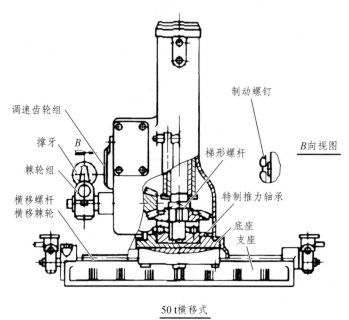

50 t 横移式

图 4-3　LQ 型螺旋千斤顶

当往复振动手柄时，撑牙推动棘轮间歇回转，小圆锥齿轮带动大圆锥齿轮，使锯齿形螺杆旋转，从而使升降套筒（螺旋顶杆）顶升或下落。由于特制推动轴承转动灵活，摩擦小，因而操作敏感，工作效率高。其技术规格见表 4-2。

表 4-2　LQ 型螺旋千斤顶的技术规格

起重量/t	最低高度 H/mm	起重高度 h/mm	手柄长/mm	操作人数/人	操作力/N	自重/kg
5	250	130	600	1	260	7.5
10	280	150	600	1	270	11
15	320	180	700	1	320	15
30	395	200	1 000	1	600	27
30	326	180	1 000	1	600	20
50	700	400	1 385	3	1 260	109
50	765	350	1 900	3	920	184

（3）移动式螺旋千斤顶。它是一种在顶升过程中可以移动的千斤顶。移动主要是靠千斤顶底部的水平螺杆转动，使顶起的重物连同千斤顶一同做水平移动。因此，在设备安装工作中，用它移动就位很适用。其结构见图 4-4，技术规格见表 4-3。

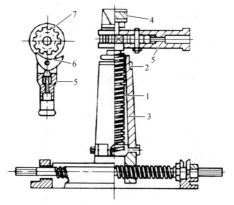

1—螺杆；2—轴套；3—壳体；4—千斤顶头；
5—棘轮手柄；6—制动爪；7—棘轮。

图 4-4　移动式螺旋千斤顶

表 4-3　移动螺旋式千斤顶技术规格

起重量/t	顶起高度/mm	螺杆落下最小高度/mm	水平移动距离/mm	自重/kg
8	250	510	175	40
10	280	540	300	80
12.5	300	660	300	85
15	345	660	300	100
17.5	350	660	360	120
20	360	680	360	145
25	360	690	370	165
30	360	730	370	225

3．液压千斤顶

要使重物下降时，只要将油门打开，活塞底部油被压回储油室，重物逐渐下降，油门开小些，下降就慢一些；油门开大一些，下降就快一些。

安装工程中常用的 YQ1 型液压千斤顶，是一种手动液压千斤顶，它重量较轻、工作效率较高，起重量较大，操作省力，上升平稳，安全可靠，使用和搬运也比较方便，因而应用较广泛。它的外形见图 4-5，技术规格见表 4-4。

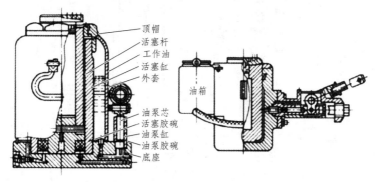

YQ-20型、30型、32型、50型　　　　YQ-100型、200型、300型

图 4-5　YQ$_1$ 型液压千斤顶

表 4-4　国产 YQ_1 型液压千斤顶技术性能

型号	起重量/t	起升高度 h_1/mm	最低高度 $H+h$/mm	公称压力/kPa	手柄长度/mm	手柄作用力/N	自重/kg
$YQ_1$1.5	1.5	90	164	33	450	270	2.5
$YQ_1$3	3	130	200	42.5	550	290	3.5
$YQ_1$5	5	160	235	52	620	320	5.1
$YQ_1$10	10	160	245	60.2	700	320	8.6
$YQ_1$20	20	180	285	70.7	1 000	280	18
$YQ_1$32	32	180	290	72.4	1 000	310	26
$YQ_1$50	50	180	305	78.6	1 000	310	40
$YQ_1$100	100	180	350	75.4	1 000	310×2	97
$YQ_1$200	200	200	400	70.6	1 000	400×2	243
$YQ_1$320	320	200	450	70.7	1 000	400×2	416

4．齿条千斤顶

齿条千斤顶（或称齿杆千斤顶），由齿条和齿轮组成，用 1～2 人转动千斤顶上的手柄，以顶起重物。

在千斤顶的手柄上备有制动时需要的齿轮。利用齿条的顶端，可顶起高处的重物，同时也可用齿条的下脚顶起低处的重物。它的结构见图 4-6，技术规格见表 4-5。

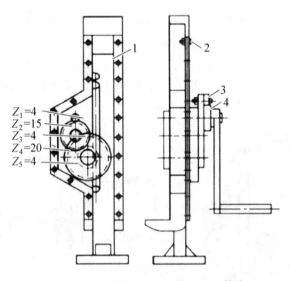

1—齿条；2—连接螺钉；3—棘爪；4—棘轮。

图 4-6　齿条千斤顶

表 4-5　齿条千斤顶的技术规格

型　号		01 型	02 型
起重量/t	静负荷	15	15
	动负荷	10	10
最大起重高度/mm		280	330
钩面最低高度/mm		55	55
机座尺寸/mm		166×260	166×260
外形尺寸/mm		370×166×525	414×166×550
自重/kg		26	25

5．千斤顶的选择使用和保养注意事项

（1）根据被顶升物体的重量和能支顶位置选用千斤顶的个数和吨位，由于千斤顶顶升速度不一致，几个千斤顶同时使用时，通常按允许载荷的 0.5～0.7 考虑。

（2）根据被顶升设备的重量、外形及所处的环境和施工的要求选用千斤顶。

（3）千斤顶作用前，应擦洗干净并应检查各零件是否灵活可靠，有无损坏，油液是否干净，油阀、活塞、皮碗是否完好。

（4）螺旋和齿条千斤顶必须装有保险装置，使用前应检查保险装置是否良好，严禁使用螺纹磨损率超过 20% 的千斤顶。

（5）千斤顶工作时，要放在平整坚实的地面上，并要在其下面垫枕木、木板或钢板来扩大受压面积，防止塌陷。

（6）千斤顶安放位置要摆正，顶升时，用力要均匀；卸载时，要检查重物是否支撑牢固。

（7）千斤顶起重能力应大于起顶重物。若用几台千斤顶联合同时使用时，每台的起重能力不得小于其分担载荷的 1.2 倍，起落梁等重要工作甚至为 1.5 倍。

（8）千斤顶不得超负荷使用，不得随意加长手柄和多人加压。起升高度不得超过套筒或活塞上的标志线，如无标志线，使用时其顶升高度不得超过螺杆丝扣或油塞总高度的 3/4。

（9）操作千斤顶时，应先将物体稍微顶起一点，然后检查千斤顶底部垫板是否平整、牢固，千斤顶是否垂直，如千斤顶受压后，不平整、不牢固、千斤顶有偏斜时，必须将千斤顶松下经处理好后才可向上顶升。顶升时应随物体的上升在物体的下面垫保险木板或填铁板，以防止千斤顶回油门故障而引起活塞突然下降的危险。油压千斤顶放低时，只需微打开回油门使其缓慢下降，不能突然下降，以免损坏内部皮碗而使千斤顶不能使用，或将油喷在人身上。

（10）如有几台千斤顶同时顶升一物体时，要统一指挥，应同时下降，速度要基本相同，避免升降时物体倾斜而造成事故，如条件许可，可用公共油泵集中操作。

（11）齿条千斤顶放松时，不能突然下放，如突然下降会使内部装置受冲击力，致使摇把跳动而伤人。

（12）螺旋千斤顶和齿条千斤顶，在任何环境下都可使用。而液压千斤顶在高温和低温条件下不准使用。

（13）螺旋千斤顶和齿条千斤顶，应在工作面上涂上防锈油，以减少磨损避免锈蚀。液压千斤顶应按说明书要求，定时清洗和加油。

（14）螺旋千斤顶和齿条千斤顶的内部要保持清洁，防止泥沙、杂物混入，增加阻力，造成过度磨损，降低使用寿命。同时转动部分要添加润滑油进行润滑。

（15）液压千斤顶的储液器（或油箱）要保持洁净，如产生渣滓或液体混浊，都会使活塞顶升受到阻碍，致使顶杆伸出速度缓慢，甚至发生事故。

（16）液压千斤顶不准永久支撑。如必须做长时间支撑时，应在重物下面增加支撑部件，以保证液压千斤顶不受损坏。

（17）千斤顶用完后，将油室中的油放完并将外表擦干净，放在干燥的地方，不可日晒和雨淋。且下面要垫木板或隔潮物，专人保管。

（18）千斤顶如停放时间较长，要全部打开，将皮碗、密封圈、弹子等洗干净，避免腐蚀。

（19）千斤顶所用的油料，要妥善保管，不得进入污物及水。

（20）各种千斤顶要定期进行维修保养。存放时，要将机体表面涂以防锈油，把顶升部分回落至最低位置，并放在库房干燥处，妥善保管。

二、链式手拉葫芦

链式手拉葫芦（又称链式起重机、链条滑车、神仙葫芦、倒链滑车）是一种轻便的起重工具。通常用 1～2 人即可将重物吊运到所需的地方，应用较广。

1. 链式手拉葫芦的种类、构造和原理

按构造形式不同分为齿轮传动及蜗轮传动两种。

（1）齿轮传动倒链滑车主要由链条、链轮、行星装置和上下吊钩四个主要部分组成，如图 4-7 所示。当提升重物时，可用手拉链条使链轮做顺时针方向旋转；停止不拉时，由于其制动装置的作用，重物不会自动下落，可维持悬吊不动；当需要下落时，可用手拉链条使链轮做逆时针方向旋转。

（2）蜗轮传动倒链滑车 主要由链条、链轮、蜗杆蜗轮装置和上下吊钩等主要部分组成，如图 4-8 所示，用手拉链条带动蜗杆蜗轮旋转，使动滑车上升。当反方向拉动手拉链条时，便可下降。由于蜗轮杆的自锁作用，重物便可停止在空中。这种滑车效率较低，速度不及齿轮传动的快。

2. 链式手拉葫芦的技术性能

链式手拉葫芦的承载能力一般在 10 t 左右，最大可承载 20 t。它主要是作垂直吊装，也可水平或倾斜使用，同时也经常用在大型设备吊装中，对桅杆缆风绳进行拉紧调节。国产 HS 型链式手拉葫芦的性能和规格见表 4-6。

3. 链式手拉葫芦的使用和保养注意事项

（1）链式手拉葫芦使用前，要认真进行检查：吊钩、链条、轮轴有无损伤；转动部分是否灵活，是否有卡链现象；链条是否有断节及裂纹；制动器是否安全可靠，销子牢固与否；吊挂绳索及支架横梁是否结实稳固，经检查合格后方可使用。

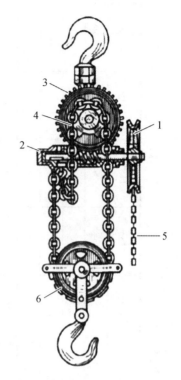

1，2，3，4—两个轮轴；5—动滑车；6—链条。

图 4-7　齿轮传动倒链滑车

1—手动链条；2—蜗杆；3—蜗轮；4—蜗轮轴；
5—手拉链条；6—动滑车。

图 4-8　螺轮传动倒链滑车

（2）搬运装卸链式手拉葫芦不得丢甩抛掷。注意保护轮轴及链条。轮轴及齿轮要随时加油，不使链条齿轮扭结脱扣，要经常保持清洁，避免锈蚀。

（3）悬挂链式手动葫芦的支架和地基，必须能承受额定载荷，保证有足够的稳定性。

（4）使用链式手拉葫芦时，要检查起重链条是否有扭结现象，如有，应调整好后，方可使用。

（5）操作链式手拉葫芦时，先将手链反拉，并将起重链条放松，使链式手拉葫芦有充分的起升距离。然后慢慢倒紧，待链条拉紧后，检查各零件部分有无异常，挂钩是否合适，确认正常后，才能继续操作。注意和防止链条脱槽。

（6）起重时，手拉链条要正对链轮均匀拉动，不可猛拉、强拉或斜拉，发生卡链时可顺势回拉一二转，活动后再继续工作。

（7）不得超负荷使用。如起吊重量不明确，在绞紧倒链滑车后，只准一人拉动小链条，不得用两人以上的力量一起拉，避免粗链条因受力过大而断裂。

（8）链式手拉葫芦做水平和倾斜方向作业时，拉链的方向要同链轮方向一致，避免卡链或掉链现象发生，同时还要求水平方向在细链的入口处垫物承托链条。

（9）链式手拉葫芦在使用过程中，要根据其起重能力大小来决定拉链的人数。当手拉不动时，应查明原因，绝不能随意增加人员进行强拉，以免发生事故。拉链人数可参考表 4-7。

表 4-6　HS 型手动葫芦的性能参数

型　号	HS$\frac{1}{2}$	HS1	HS1$\frac{1}{2}$	HS2	HS2$\frac{1}{2}$	HS3	HS5	HS10	HS20
起重量/t	0.5	1	1.5	2	2.5	3	6	10	20
标准起重高度/m	2.5	2.5	2.5	2.5	2.5	3	3	3	3
试验载荷/tf	0.625	1.25	1.88	2.5	3.13	3.75	6.25	12.5	25
两钩间最小距离/mm	280	300	360	380	420	470	600	730	1000
满载时手链拉力/N	16	32	36	32	39	36	39	40	40
起重链行数/行	1	1	1	2	1	2	2	4	8
起重链圆钢直径/mm	6	6	8	6	10	8	10	10	10
主要尺寸/mm（参看外形结构图）　　A	142	142	178	142	210	178	210	358	580
B	122	122	139	122	162	139	162	162	189
C	24	28	32	34	36	38	48	64	82
D	142	142	178	142	210	178	210	210	210
净重/kg	9.5	10	15	14	28	24	36	68	150
装箱毛重/kg	13.5	14	20	18	36	30	45	81	185
装箱尺寸（长×宽×高）/cm	35×25×19	35×25×19	39×28×27	35×25×19	46×35×24	42×29×22	46×31×24	56×43×26	70×46×72
起重高度每增加 1 m 应增加的质量/kg	1.7	1.7	2.3	2.5	3.1	9.7	5.3	9.7	19.4

注：1 tf＝10 kN。

表 4-7　根据起重能力确定拉链人数

链式手拉葫芦质量/t	0.5~2	3~5	5~8	10~15
拉链人数/人	1	1~2	2	2

（10）在起吊重物的过程中，如要将重物在空中停留较长时间，应将手链妥善地拴在起重链上，以防止机具自锁失灵发生意外事故。

（11）不准过分提升或下降起重链条，以防止挣断插销。

（12）链式手拉葫芦应定期保养，对转动部件及时加油润滑，要防止链条锈蚀。对严重生锈、有断痕和裂纹的链条，要做报废或更新处理，不准凑合使用。

应定期检修，检查项目见表 4-8。超过标准的不得使用，应及时更新或报废。

表 4-8　检查项目

检查种类		检查零部件	检查项目	检查方法	检查标准
日期	定期				
·	·	铭牌	有无铭牌	目测	有铭牌、标志清晰
·		机体	无负荷试验	无负荷运转（上升、下降）	上升时有棘爪的响声，下降时制动器无异常
·		吊钩	① 扭转变形	目测	不超过10°
	·		② 垂直断面高度磨损	测量	不超过10%
·	·		③ 钩口变形	目测、测量	开口度不超过15%
·	·		④ 翘曲变形	目测	无明显翘曲
·	·		⑤ 裂纹或其他有害缺陷	目测、探伤	无裂纹或其他有害缺陷
	·	起重链条	① 节距伸长	测量	不超过3%
	·		② 直径磨损	测量	不超过10%
·	·		③ 变形	目测	无明显变形
·	·		④ 裂纹或其他有害缺陷	目测	无裂纹或其他有害缺陷
	·	齿轮	破坏或磨损	目测	无破断及严重磨损
	·	制动器座 棘轮 棘爪 弹簧	磨损、变形或腐蚀	目测	无明显变化
	·	摩擦片	磨损	测量	磨损不超过25%
	·	起重链轮游轮	裂纹、破损或腐蚀等	目测	无裂纹、破损及腐蚀
	·	手链轮	裂纹、破损或腐蚀	目测	无裂纹、破损及腐蚀
·	·	吊钩与吊梁	配合情况	目测	转动灵活、螺钉不脱落
·	·	手拉链条	有无变形	目测	无明显的节距伸长及变形
·	·	螺钉 螺母 开口销 垫圈 挡圈 钢球等	配合情况	目测	日常检查无松动、无脱落，定期检查无异常

三、电动葫芦

1．电动葫芦的用途与优点

电动葫芦是一种简便的起重机械，它由运行和提升两大部分组成，一般是安装在直线或曲线工字梁轨道上，用以提升和移动重物，常与电动单梁臂等起重机配套使用。

电动葫芦轻巧，机动性大，因此在施工现场省煤器组合、设备检修等，均可使用。

电动葫芦的起重量一般在 2.5～50 kN，最大的可达 100 kN，提升速度为 4.5～10 m/min，提升高度一般在 6～30 m。

电动葫芦的主要优点：

（1）在结构上体积小、重量轻，全机封闭便于安装；

（2）全部用密闭干黄油箱中的正齿轮传动，主轴用滚动轴承，传动机构不另设离合器，减少故障；

（3）不用任何控制机件，而自动刹车，起重量越大，制动也越大；

（4）操作方便，用手一按按钮，即可控制启闭；

（5）钢丝绳利用导索夹圈，准确地卷绕在卷筒上，不论钢丝绳如何松弛，卷筒上钢丝绳不会松动、重叠、绞乱；

（6）吊钩位置或钢丝绳在卷筒上卷绕圈数，由终点限制开关自动控制，安全可靠。

2．电动葫芦的种类、结构与工作原理

电动葫芦按其结构不同，可以分为环链式电动葫芦和钢丝绳式电动葫芦。环链式电动葫芦是用环状焊接链与吊钩连接作起吊索具之用；而钢丝绳式电动葫芦是用钢丝绳与吊钩连接作起吊索具之用。环链式电动葫芦重物的起升高度较低，广泛应用于低矮厂房或露天环境。目前钢丝绳电动葫芦应用最广。

电动葫芦除固定悬挂在梁上或起重架上使用外，还可以附带运行小车，作为电动单梁起重机或双梁起重机。在应用的电动葫芦中 TD 型、CD 型比较多，图 4-9 所示为 CD 型电动葫芦的结构。

电动葫芦由运行和提升两大部分组成。运行部分是一个电动小车，能在工字梁上行走。

提升部分由电动机、减速器、卷筒、制动器、钢丝绳、吊钩和电气控制等部分组成。其简单原理是：当电动机通电时，电磁铁使弹簧压缩，转子脱开制动器，带动卷筒进行升降动作；当电动机断电时，其转子被弹簧压向制动器不能转动，使重物停止运动。电动葫芦的起重量一般在 0.25～5 t，起升高度可达 30 m，起升速度可达 8 m/mim。

3．电动葫芦使用保养注意事项

（1）操作前应了解电动葫芦的结构性能，熟悉安全操作规程。使用前，按规定做负荷试验。

（2）应按工作制度运行，不得超载使用。

（3）限位器是防止吊钩上升或下降超过极限位置的安全装置，不能当作行程开关使用。

（4）不允许将负荷长时间停在空中，以防止机件发生永久性变形及其他事故。

（5）钢丝绳在卷筒上应排列整齐，不得重叠散乱，且应经常检查钢丝绳，发现有断丝情况，必须更换。

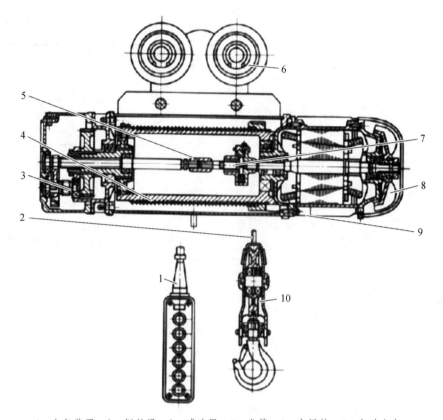

1—电气装置；2—钢丝绳；3—减速器；4—卷筒；5—中间轴；6—电动小车；
7—弹性联轴器；8—锥形转子电动机（制动器）；
9—导绳器；10—吊钩。

图 4-9　CD 型电动葫芦的结构

（6）经常检查电动机与减速器之间的联轴器，发现裂纹即应更换。

（7）有下述情况之一，则不应操作。

① 超载、斜拉斜吊、吊拔埋置物或起吊重量不清的货物。

② 电动葫芦有影响安全工作的缺陷或损伤，例如：制动器、限制装置失灵；吊钩螺母防松装置损坏；钢丝绳损伤达报废标准；行驶用丁字钢两头没有挡板；电动葫芦本身没有缓冲器等。

③ 吊挂不平衡而可能滑动，重物棱角与钢丝绳间未加衬垫。

④ 场地昏暗，无法看清场地及被吊物的情况。

（8）起吊接近额定起重量时，应首先试吊，没有异常现象时再起吊。

（9）电动葫芦工作时，不准检查和维修；吊运时，不得从人员头上通过。

（10）工作完毕后应将吊钩上升到离地面 2 m 以上的高度，并切断电源。

（11）当重物下降发现严重的自溜，刹不住时，可以迅速按"上升"按钮，使重物上升少许，然后再按"下降"按钮，并不要松开，直至重物徐徐降至地面，然后进行检查。

（12）根据使用情况，定期进行检查，并进行润滑。

（13）发生故障应及时查找原因，予以排除，不允许带病作业。常见故障及处理方法见表 4-9。

表 4-9　　电动葫芦常见故障及其处理方法

故　　障	主要原因	处理方法
1. 启动后电动机不转	1. 过度超载 2. 电压较低 3. 电气有故障，导线断开或接触不良 4. 制动轮与后端盖咬死，制动轮脱不开	不许超载使用 等电压恢复后使用 检修电气与线路 检修
2. 制动不可靠，下滑距离超过规定	1. 制动器磨损大或其他原因，其弹簧压力减小 2. 制动器摩擦面有油污存在 3. 制动器摩擦接触不良 4. 压力弹簧损坏 5. 制动环（摩擦片）松动	调整压力 擦净油污 修磨 更换弹簧 更换制动环（摩擦片）
3. 电动机温升过高	1. 超载使用或工作过于频繁 2. 制动器未调整好，运转时未完全脱开	按额定载荷和工作制度工作 调整间隙
4. 减速器响声过大	1. 润滑不良 2. 齿轮磨损过度，齿间间隙过大 3. 齿轮损坏 4. 轴承损坏	拆卸检修
5. 启动时电动机发出嗡嗡声	1. 电源及电动机少相 2. 交流接触器接触不良	检修或更换接触器
6. 重物升至半空，停车后不能启动	电压过低或波动大	电压恢复正常后工作
7. 启动后不能停车，或到极限位置时仍未停车	1. 交流接触器熔焊 2. 限位器失灵	迅速切断电源，更换电气零件

四、滑车与滑车组

起重滑车又叫滑车，是利用杠杆原理制成的一种简单机械，它能借助起重绳索的作用而产生旋转运动，以改变作用力的方向。滑车按其工作方式的不同而有定滑车和动滑车之分。在实际应用中，为了扩大滑车的效用，往往把一定数量的动滑车和一定数量的定滑车组合起来使用，组成滑车组，它经常配合卷扬机进行吊装、搬运等工作，是重要的吊装、搬运工具。

1．滑车的类型和构造

（1）滑车的类型：

① 按制作材质分，有木滑车和铁滑车（铸铁、球墨铸铁、铸钢等）。

② 按使用方法分，有定滑车、动滑车以及动、定滑车组成的滑车组。

③ 按滑车数的多少分，有单滑车、双滑车以至多滑车等多种。

④ 按其作用分，有导向滑车、均（平）衡滑车。

⑤ 按连接方式，可分为吊钩式、链环式、吊环式和吊梁式等。

（2）滑车的构造：滑车是由吊钩、滑车、轴、轴套和夹板等组成。滑车在轴上自由转动，为减少磨损、延长轴的寿命，轴套采用青铜制作，在重要的机构上轴套改用滚动轴承，如图4-10所示。

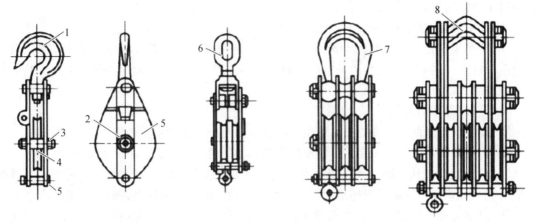

（a）单门开口吊钩型　（b）双门闭口链环型　（c）三门闭口吊环型　（d）五门吊梁型

1—吊钩；2—轴套；3—轴；4—滑车；5—夹板；6—全链环；7—吊环；8—吊梁。

图 4-10　滑车示意图

2. 滑车的作用与选配

滑车有定滑车、动滑车、导向滑车和均衡滑车，如图 4-11 所示。

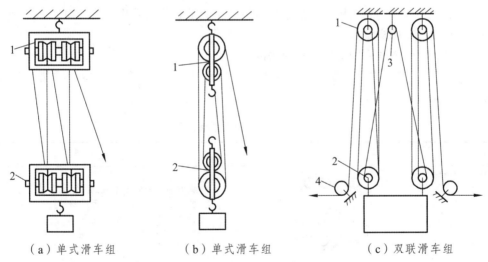

（a）单式滑车组　　　（b）单式滑车组　　　（c）双联滑车组

1—定滑车；2—动滑车；3—均衡滑车；4—导向滑车。

图 4-11　滑车的用途

（1）滑车的作用：

① 定滑车是用作支持绳索的运动，通常作为导向滑车和均衡滑车使用。它只能改变绳索的受力方向，而不能改变绳索的速度，也不能省力。

② 使用动滑车时，可以省力。因设备或构件由两根钢丝绳分担每根钢丝绳所分担的力，只有设备或构件重量的 50%。

③ 导向滑车也叫开门滑车，它同定滑车一样，既不省力，也不能改变速度，只能改变钢丝绳的走向，这种滑车的夹板可以开启，使用时，将钢丝绳的中间部分从开口处放进去。导向滑车通常用在起重桅杆的底脚处。

④ 均衡滑车可以均衡两支钢丝绳的拉力。

⑤ 滑车组是由一定数量的动滑车和定滑车，通过绳索穿绕而组成的。它具有动、定两种滑车的特点，同时又能改变力的方向，而且省力，用多组滑车组起吊设备或构件，其牵引力会更小。

（2）选配滑车的原则：

① 设备或构件的重量和提升（下落）高度，是选配滑车的重要依据。

② 当卷扬机的牵引力一定时，滑车的轮数越多，速比越大，起吊能力也越大。

③ 提升设备或构件时，卷扬机要克服全部滑车的阻力才能工作，而下放时相反。因滑车阻力在某种意义上帮助了卷扬机工作，因此，下放时的牵引力比提升时的牵引力小得多。

④ 双跑头牵引能增加设备提升或下放的 1 倍高度，并能提高起吊重量而减小牵引力。

3．滑车组及穿绕方法

（1）滑车组是由一定数量的定滑车和动滑车及绳索所组成的。当利用滑车组提升或拖运重物时，必须将一个滑车固定在某一固定支点（定滑车），而另一滑车则以绳索连接重物（动滑车）。滑车组可分省力滑车组和增速滑车组两种。一般起重作业中，均采用省力滑车组，特别是吊装大重量物件时，都是靠用多门定滑车和动滑车连接在一起组成滑车组来完成吊装任务，只要采用小吨位的卷扬机牵引滑车组出绳，就能吊起几吨或几百吨的物件。

（2）起重滑车的穿绕方法。

钢丝绳的穿绕方法有顺穿法和花穿法两种。

① 顺穿法，又分单头顺穿法、双头顺穿法。这是一种比较简单的穿绕方法，其特点和穿绕法见表 4-10。

表 4-10　滑车组钢丝绳顺穿法

方法	简　图	说　明
单头顺穿法		绳端头从边滑车按顺序逐个绕过定滑车和动滑车，而将死头固定于末端的定滑车架上，一般在 5 门以下常用此穿法。 单头顺穿法的特点是简单易穿，但在吊装时由于连向绞车的引出钢丝绳拉力最大，死头端的拉力最小，每一工作线受力不同，因此常出现滑车偏斜、工作不平衡，对吊装操作不利
双头顺穿法		在吊装重型设备或构件时，双头顺穿法比较有利，它的主要优点是滑车工作平衡，避免滑车偏斜，并可减少滑车运行阻力，加快吊装速度。 双头顺穿法的定滑车的个数一般宜采用奇数，并以当中的转轮作平衡轮，如两台绞车卷转线速相等，平衡轮可不转动，滑车也无偏扭，但两台绞车必须等速卷绕

② 花穿法。在吊装大型设备或构件时，滑车组门数较多，如采用一台卷扬机牵引时，滑车可采用花穿法，经改变其工作条件，降低牵引端绳头的拉力，能使滑车组受力均匀，起吊平稳。花穿法又分小花和大花穿法，其特点和穿绕方法见表4-11。

表4-11 滑车组钢丝绳花穿法

方 法	简 图	说 明
小花穿法（一）		小花穿的绳头是从滑车组的中间滑车开始绕入，如简图所示。跑头按一个方向依次穿绕定滑车及动滑车，最后将死头固定于定滑车架。钢丝绳穿绕间隔一般为1~5个滑车，小花穿法的间隔穿绕次数总在2次以下。左右两边的滑车旋转方向相反，简图所示引出绳分支的拉力最大，且右边5、6、7、8四个滑车的拉力均大于左边1、2、3、4四个滑车的拉力。这种穿法的缺点是当钢丝绳从动滑车8花穿入定滑车4时，钢丝绳与轮槽偏角过大，可能出现滑车架偏斜，轴瓦烧坏
小花穿法（二）		钢丝绳从第5门定滑车引入，后从定滑车6经过动滑车8，定滑车7返回动滑车6，最后由动滑车6返回定滑车4，这种穿绕法的右边滑车5、6、7、8钢丝绳拉力大于左边1、2、3、4轮的钢丝绳拉力
大花穿法（一）		大花穿法的绳头可从中间开始绕入，也可从边上第一个滑车穿入；死头都固定在定滑车架上，钢丝绳在穿绕时的间隔滑车数一般也是1~5个，但间隔穿绕的次数在三次以上，其穿绕方法较为复杂，相邻两滑车的旋转方向可以是相同的（如大花穿法一）；也可以是相反的（如大花穿法二）
大花穿法（二）		大花穿法的特点是滑车组受力均匀，工作比较平稳，在大型构件或设备安装中常用此法。缺点是穿绕工作比较复杂，要求定滑车和动滑车之间的最小距离要比顺穿法大一些，并且绳索在轮槽里的偏角应进行计算。大花穿法（二）的牵引力约为7 t，左四门滑车与右四门滑车钢丝绳的拉力只相差10 kg左右，且相邻两滑车的旋转方向是相反的，各分支钢丝绳的拉力接近平衡，所以采用这种穿法的工作效果更好

4．使用滑车的注意事项

（1）严格遵照滑车出厂安全起重量使用，不允许超载。如无滑车出厂安全起重量时，可进行估算，但此类滑车只能在一般吊装作业中使用。

（2）滑车在使用前，应检查滑车的轮槽、轮轴、夹板、吊钩、吊环等零件是否良好，对于滑车和吊钩，如发现其有变形、裂痕或轴的定位装置不完善等问题，不予使用。

（3）选用滑车时，滑车直径的大小、轮槽的宽窄应与配合使用的钢丝绳直径大小相适合。一般轮槽宽度应比钢丝绳直径大 1～2.5 mm。

（4）使用滑车的直径，通常不得小于钢丝绳直径的 16 倍。

（5）吊运中对于受力方向变化较大的地方和高空作业中，不宜使用吊钩式滑车，应选用吊环式滑车以防脱钩，如用吊钩式滑车时，必须用铁丝绑牢封口。

（6）滑车在使用过程中，滑车受力后，要检查各运动件的工作情况，有无卡绳、磨损处，如发现应及时进行调整。同时应对滑车、轴定期加油润滑，这样既能在工作时省力，又能减少磨损和防止生锈。

（7）用滑车组起吊重物，吊钩中心应与重物重心在一条直线上，防止起重时倾斜和扭转。开始拉紧时，必须检查滑车是否有塞牙现象，钢丝绳各股是否同样受力。待重物吊高少许（约 10 cm）时要暂停起吊，对钢丝绳、滑车等设备进行详细检查，确认无问题后，才能继续起吊。

（8）使用中应注意绳的牵引力方向和导向滑车的位置是否正确，防止绳与槽卡死而发生事故。

（9）滑车组上、下间的距离，应不小于滑车直径的 5 倍。

（10）使用多门滑车，仅用其中几门时，滑车的起重量应降低应用。降低标准按门数比例确定。

（11）使用滑车起吊时，严禁用手抓钢丝绳，必要时，可用撬杠来调整。

（12）滑车的轮轴磨损到轴公称直径的 3%～5% 时，要更换新轴，轮槽壁磨损到其厚度的 10% 及径向磨损量达到绳直径的 25% 时，均应检修或更换滑车。

（13）滑车要做好保养工作，并定期进行润滑，同时要检查下面内容：

① 滑车转动是否灵活；

② 对滑车零件进行清洗，去掉铁屑和尘土；

③ 油孔与油槽是否对正；

④ 滑车的裂纹不得进行焊接；

⑤ 在有腐蚀性的场地作业时，要随时进行检查，如发现问题，应及时进行处理；

⑥ 滑车内穿入牵引绳，其偏角不能超过 40%，如图 4-12 所示；

⑦ 滑车使用完毕后，应擦洗干净，并涂上黄油，放置在干燥的库房内，垫好木板，妥善保管。

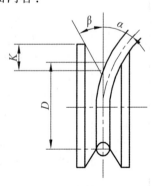

图 4-12　钢丝绳

五、电动卷扬机

电动卷扬机是平面拖曳或垂直升吊作业中主要的起重吊装机具。其起重量大、速度快、操作方便，普遍应用于打桩、装卸或拖拉工作或用作起重机和升降机的驱动装置等。

电动卷扬机的类型很多，按滚筒的形式可分单滚筒和双滚筒两种；按速度可分为快速和慢速两种；按传动形式可分为逆减速箱式和摩擦式两种；按牵引能力分有 0.5 t、1 t、2 t、3 t、5 t、10 t、15 t 等几种。

1. 电动卷扬机的构造及传动原理

（1）可逆式电动卷扬机的构造及传动原理。可逆式电动卷扬机由电动机、减速齿轮箱、滚筒、电磁制动器、鼓形控制器及盘组成，如图 4-13 所示。

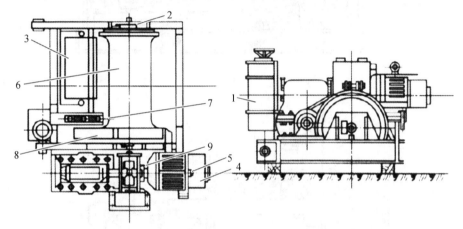

1—鼓形控制手柄；2—电磁制动器；3—电动机；4—连接轴；5—齿轮箱；
6—小齿轮；7—大齿轮；8—卷筒；9—底盘。

图 4-13　可逆式电动卷扬机示意图

当卷扬机接通电源后，把鼓形控制手柄 1 向顺时针方向旋转，使电动机 3 通电后向逆时针方向转动，同时打开电磁制动器 2，电动机 3 便通过连接轴带动齿轮箱的输入轴转动，齿轮箱 5 的输出轴上装的小齿轮 6 带动大齿轮 7 转动、大齿轮 7 固定在卷筒 8 上，卷筒 8 和大齿轮 7 一起转动、卷筒 8 卷进钢丝绳使物体提升。当可逆手柄回复到零位时，同时切断电动机和电磁制动器上的电源，电动机停止工作，电磁制动器的闸瓦抱住连接轴的靠背轮，停止转动，使吊物停止。同样道理，将控制盘反向操作，电动机卷筒反转松出钢丝绳，使重物下降。

（2）摩擦式电动卷扬机的构造及传动原理。摩擦式电动卷扬机由电动机齿轮、卷筒、摩擦木块、棘轮、手摇柄及底盘等主要构件组成，如图 4-14 所示。

摩擦式电动卷扬机是由电动机带动小齿轮和大齿轮 2 转动，大齿轮 2 和卷筒 6 是分开安装在同一根轴 1 上。它们之间没有互相连接的键和螺栓。所以，当手摇柄 12 处于零位时，电动机只能带动大小齿轮空转，卷筒 6 不随着转动。当工作要卷筒 6 转动时，只需将大齿轮 2 上的锥形摩擦木块 4 嵌入卷筒 6 一端的凹形槽内，两者产生摩擦力并连成一体而使卷筒 6 转动。具体操作是：将手摇柄 12 按顺时针方向移动，使丝杠 11 向左推动滑块 8 压缩弹簧 3，致使卷筒 6 沿着轴 1 向大齿轮 2 方向移动，并与大齿轮 2 摩擦块相连，此时，棘轮 7 与卷筒 6 随大齿轮 2 一起转动。需要停止时，仍把手摇柄 12 扳回，弹簧 3 使卷筒 6 离开摩擦位置，使其不转动。摩擦式电动卷扬机松放时，是靠重物下降，速度的快慢是用闸把手柄 13 操作闸皮 16 的紧松来控制的。

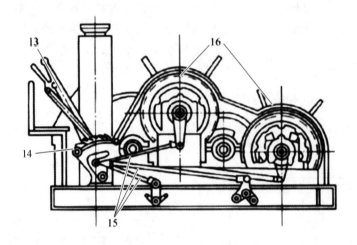

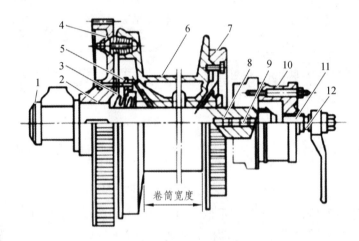

1—轴；2—大齿轮；3—弹簧；4—摩擦木块；5—弹簧压板；6—卷筒；7—棘轮；
8—推进滑块；9—插销；10—支座；11—丝杠；12—手摇柄；
13—闸把手柄；14—闸位极限齿；
15—闸把拉杆；16—闸皮。

图 4-14 摩擦式电动卷扬机示意图

2．卷扬机的选择、布置和固定

（1）卷扬机的选择。在工程安装中，不论是设备材料的装卸，还是设备的安装，经常使用卷扬机。选择卷扬机的原则如下：

① 根据重物的重量，经过滑车组及导向滑车后的引出绳拉力来确定。一般情况下，卷扬机的牵引力按其本身的 80%～90% 来考虑，这样，既能保证施工的安全，又可延长卷扬机的寿命。

② 根据被吊物件的精密程度及安装难易来考虑。对于较精密的物件安装较难的工程就

必须选用速度较慢，同时要保证足够的安全系数；如是地面拖运物件时，卷扬机的选择不必那样严格。

③ 根据被吊物件的次数多少、起吊速度的需要来选择。如被吊物件较多，往返次数频繁，就需要选择快速卷扬机，同时要操作灵活、刹车可靠。

④ 根据移动卷扬机工作的难易及地锚的布置来选择。如卷扬机进入施工地点特别困难，选择既要满足工程需要，同时要使运输重量达到最低限度。如地锚不好布置，被吊物件较少，卷扬机搬运较易，在这种情况下，可以选用大吨位的卷扬机，利用其本身的重量而代替地锚。

⑤ 根据施工地点的电气条件，进行选择。如工作地点无电源，同时卷扬机工作次数较少，就可选用绞磨、手摇卷扬机。

（2）卷扬机的布置。卷扬机的布置很重要，一般要考虑以下几条：

① 卷扬机应根据现场条件，选择视野宽阔和场地平整的地方。

② 卷扬机的布置要考虑电源设施。

③ 卷扬机布置最好让司机能看到起吊全过程，或看清指挥人员的信号。

④ 卷扬机与吊架（桅杆或门架）的距离，一般不得小于吊架的高度。

⑤ 卷扬机与前面最近转向滑车间要有足够的距离，其距离应大于卷筒宽度的20倍（最少应大于15倍），当绳索绕到卷筒的两侧时，其倾斜角度不应超过1.5°（最大不超过2°），如图4-15所示。卷筒中心应与最近转向滑车中心（或滑车切线）相垂直，钢丝绳引入卷筒时应接近水平，并应自下面引入，以减少卷扬机的前倾力矩。

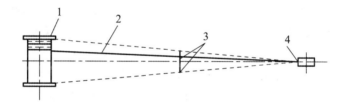

1—卷筒；2—钢丝绳；3—偏斜角 α；4—导向滑车。

图4-15　导向滑车的布置

⑥ 卷扬机的布置尽量少用导向滑车。

⑦ 卷扬机的布置要考虑到操作人员的操作和安全。

⑧ 卷扬机的布置要考虑尽量减少和其他工作的交叉作业。

⑨ 卷扬机的布置要考虑到有利于布置地锚。

⑩ 卷扬机的布置要考虑尽量减少起重工的拉绳等作业。

⑪ 卷扬机的布置要考虑到一处设备多处使用的可能性。

（3）卷扬机的固定。卷扬机安装要求牢固，防止使用中发生倾覆和滑动。

① 固定基础。用地脚螺栓把机座底盘固定在混凝土基础上。

② 锚固。有螺栓锚固、立柱锚固和拉索锚固等几种方式，如图4-16所示。

③ 平衡重。先平整好安装位置，铺设垫木及木板，把机座底盘固定在上面的前方，前端设桩防止滑动，后方用重物压住。

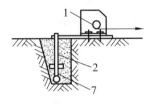
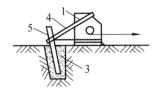
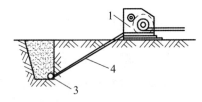

（a）螺栓锚固　　　　　　　（b）立桩锚固　　　　　　　（c）拉索锚固

1—卷扬机；2—地脚螺栓；3—横木；4—拉索；5—木桩；6—压重；7—压板。

图4-16　卷扬机的锚固方法

3．使用电动卷扬机的注意事项

（1）卷扬机使用前应检查底部连接是否牢固、齿轮是否完好、刹车闸等是否齐全，发现问题应及时处理。

（2）电动卷扬机在使用之前，司机必须检查制动装置是否良好，并与工作人员取得密切联系及建立联系信号。

（3）经常检查电气线路，特别是制动器，应安全可靠，机壳应无漏电现象。

（4）经常加油润滑，减速箱一般加30号机油，滑动轴承加黄油。

（5）齿轮啮合时声音应正常，如有杂音要停机检修。

（6）卷筒上的钢丝绳要依次靠紧排列整齐，当达到最大起升高度时，还应至少保留3圈安全圈。

（7）多台卷扬机同时工作时，要统一指挥，同步操作。

（8）起吊重物中途停顿时，不要急剧开动离合器和制动器，重物不能单凭一种制动器悬空停留，必须与棘轮、棘爪同时配合使用。采用有电磁制动装置在断电时能自动抱闸的机种较为安全。

（9）卷扬机要搭设防雨棚避雨，底座用道木垫高防潮。

（10）选用卷扬机时，必须注意工作要求与卷扬机的基本参数相符，超载或"大马拉小车"都对安全不利。

（11）电动卷扬机的电气设备必须接地或接零，下班后应切断电源。

第三节　流动式起重机

一、流动式起重机的种类和结构

流动式起重机是汽车起重机、轮胎起重机和履带起重机的统称，通常又简称为"吊车"，在起重吊装作业中经常使用。流动式起重机的结构主要由以下几个部分组成：行走机构、回转机构、起升机构、伸缩机构、变幅机构。流动式起重机的吊装能力主要取决于三个性能参数：额定起重量、幅度、起升高度。在起重吊装作业时，主要是根据设备的重量、吊装高度和作业幅度来选择流动式起重机。

1．常用流动式起重机的主要特点

（1）流动式起重机的主要优点：

① 移动方便。主车可以自行移动，桁架起重臂、支腿、配重等部分可以拆分运输，短距离行走时，可以带杆行走，非常方便于转场作业。

② 作业灵活。利用起升、变幅、回转、伸缩和行走机构，可以很灵活地将重物吊装到预定位置。

③ 体积较小。通常同样额定起重量的流动式起重机比桅杆式起重机体积要小。

④ 准备工作量小。准备工作通常只有组装、行走场地的铺垫和打支腿等工作。

⑤ 工作速度快。液压驱动流动式起重机的各机构运行速度快且稳。

⑥ 吊装高度高。大型流动式起重机的主起重臂和副起重臂接起来，可以达到 180 多米高。

⑦ 起吊能力大。目前已知世界上最大流动式起重机的起吊能力达 4 000 t。

（2）流动式起重机的主要缺点：

① 稳定性差。有些流动式起重机转盘在不同的回转位置，其起重量是不同的。另外，流动式起重机起重臂承载时的弹性变形量比较大，起吊重物时易前后摆动。

② 行走和作业时对道路场地要求高。由于流动式起重机的轮胎、支腿或履带板面积较小，作业时需要对道路场地进行加固或铺垫。

③ 构造复杂，使用和维修费用高。流动式起重机的结构部分、机械部分、电气和仪表部分需要经常由专业人员进行检查、维护保养。

（3）流动式起重机主要的性能参数：

① 额定起重量。流动式起重机在各种工况下安全工作所允许起吊的最大质量称为额定起重量，单位为 t 或 kg。流动式起重机在不同臂长和不同工作幅度下的额定起重量是不同的。流动式起重机的额定起重量与臂长和幅度的关系，通常用起重量特性曲线或起重性能表反映。

② 最大额定总起重量。一台汽车起重机的型号为 QY20，其中的"20"表示该起重机在基本臂最小幅度工况下，所能起吊的最大额定总起重量（又称名义起重量）为 20 t，它包括被吊物品质量、吊钩滑轮组质量和起升钢丝绳质量。

③ 起升高度。起升高度是指地面至吊钩上极限位置的距离，单位为 m。

④ 工作幅度。工作幅度是指吊钩中心线至回转中心线间的距离，单位为 m。

2．汽车起重机

汽车起重机通常称之为"汽车吊"。汽车起重机是装配在通用或特制的汽车底盘上的起重设备。如图 4-17 所示，汽车起重机主要由汽车底盘、支腿、回转装置、起重臂、变幅机构、起升机构等几部分组成。

常见的汽车起重机的最大额定总起重量等级有 8 t、12 t、16 t、20 t、25 t、40 t、50 t、80 t、120 t、200 t、300 t、500 t、650 t 等。吊装作业时，决定汽车起重机不同工况下额定起重量 Q 的性能参数主要是工作幅度 R 和起重臂长度 L。汽车起重机额定起重量 Q 可以从汽车起重机性能表中查出。

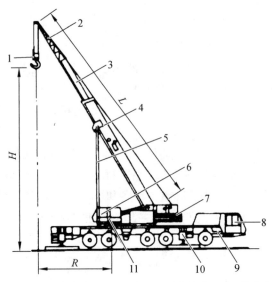

1—吊钩；2—副臂；3—伸缩臂；4—主臂；5—变幅机构；6—操作室；7—配重；
8—驾驶室；9—行走机构；10—支腿；11—旋转中心；
L—起重臂长度；R—工作幅度；H—起吊高度。

图 4-17　汽车起重机

3．轮胎起重机

轮胎起重机通常称为"轮胎吊"。轮胎起重机是装配在特制的运行底盘上的起重设备，车桥为刚性悬架。它主要由底盘、支腿、回转装置、起重臂、变幅机构、起升机构等几部分组成，如图 4-18 所示。

常见的轮胎吊吨位等级有 16 t、25 t、50 t、75 t、125 t 等。轮胎起重机额定起重量 Q 可以从轮胎起重机性能表中查出。

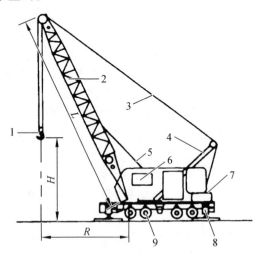

1—吊钩；2—起重臂；3—变幅机构；4—后背支架；5—变幅限位杆；
6—操作驾驶室；7—配重；8—支腿；9—行走机构；
L—起重臂长度；R—工作幅度；H—起吊高度。

图 4-18　轮胎起重机

4．履带起重机

履带起重机通常称为"履带吊"。履带起重机是装配在标准或特制的履带行走底盘上的起重设备。它主要由履带行走底盘、回转装置、起重臂、变幅机构、起升机构等几部分组成，如图 4-19 所示。

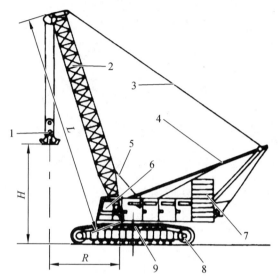

1—吊钩；2—起重臂；3—变幅机构；4—后背支架；5—变幅限位杆；6—驾驶操作室；
7—配重；8—履带行走机构；9—旋转中心；
L—起重臂长度；R—工作幅度；
H—起吊高度。

图 4-19　履带起重机

常见的履带吊吨位等级有 15 t、27 t、32 t、40 t、50 t、100 t、150 t、250 t、280 t、300 t、500 t、800 t、1 250 t、1 350 t、1 600 t、3 200 t 等。

二、流动式起重机特性曲线

在使用流动式起重机作业前，需要确定流动式起重机作业的有关参数，流动式起重机起重臂曲线图就是表示起重臂长度、变幅角度与工作幅度之间的关系，起重臂长度、变幅角度与允许吊装高度之间的关系，它反映了起重机吊装能力的重要参数。图 4-20 所示为履带起重机起重臂曲线图。

三、流动式起重机的选择及注意事项

1．流动式起重机的选择

（1）根据施工现场环境，确定流动式起重机的站位。

（2）根据吊装设备的形状、尺寸、设备重量、就位高度，确定起重机的臂长。

（3）依据起重机特性曲线，校核额定载重量。

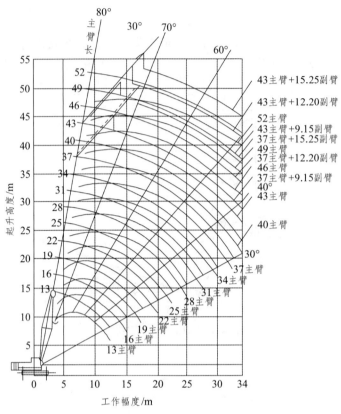

图 4-20　履带起重机的起重臂曲线图

2．使用注意事项

（1）起重指挥应由技术熟练，懂得起重机性能的持证人员担任，事先与司机按标准统一信号，在指挥过程中信号应准确、无误，哨音、用语应清楚洪亮。

（2）严禁超负荷吊装，满负荷吊装也要非常慎重，因为在变幅、回转和履带行走时都有可能造成不利因素而发生事故。

（3）吊装时严禁斜吊和吊拔埋地的物体。

（4）双机和多机抬吊细高立式物件，应设置平衡装置，每个单机吊重不得超过其额定负荷的 75%。

（5）起吊时起重臂下严禁站人和行走，严禁在吊物上站人。

（6）起吊物和起重臂必须与架空电线保持规定的安全距离。

（7）履带起重机吊重物行走时，起重臂应在履带起重机正前方，重物离地面高度不大于300 mm，回转、变幅和起升机构必须锁定。

（8）使用汽车起重机和轮胎起重机作业时，应将地面处理平整坚实，四个支腿全部伸出支垫平稳。

（9）流动式起重机额定负荷中包括吊钩、绳索的重量，使用副臂时，还包括副臂重量。空载时起重臂仰角应保持在规定范围内。

（10）流动式起重机在起重臂回转和变幅动作时，速度不能太快，也不得突然制动或突然反向动作，防止惯性损伤起重臂。

第五章

起重作业技术

- 第一节　设备吊点的选择
- 第二节　吊装物体的绑扎
- 第三节　常用吊装方法及选择
- 第四节　起重工"五步"作业法
- 第五节　起重工"十字"操作法
- 第六节　喊号与指挥信号
- 第七节　起重作业安全操作技术
- 第八节　起重作业安全操作注意事项

第一节　设备吊点的选择

在吊装各种物体时，为避免物体的倾斜、翻倒、转动，应根据物体的形状特点、重心位置正确选择起吊点，使物体在吊运过程中有足够的稳定性，以免发生事故。

一、试吊法选择吊点

在一般吊装工作中，多数起重作业并不需要用计算机法去准确计算物体的重心位置，而是估计物件重心位置，采用低位试吊的方法来逐步找到重心，确定吊点的绑扎位置。

二、有起吊耳环的物件

对于有起吊耳环的物件，其耳环的位置及耳环强度是经过计算而确定的，因此在吊装过程中，应使用耳环作为连接物体的吊点。在吊装前应检查耳环是否完好，必要时可加保护性辅助吊索。

三、长形物体吊点的选择

对于长形物体，如圆木、电杆等两个吊点的位置应在重心的两端，吊钩要通过重心，若采用竖吊，则吊点应在重心之上。

用一个吊点时，吊点位置应在距起吊端 $0.293l$（l 为物体长度）处，如图 5-1 所示。

如采用两个吊点时，吊点距物体两端的距离为 $0.207l$ 处，如图 5-2 所示。

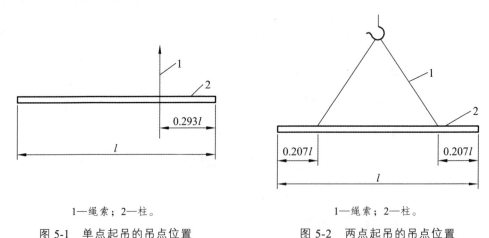

1—绳索；2—柱。　　　　　　　　　　　　1—绳索；2—柱。

图 5-1　单点起吊的吊点位置　　　　　图 5-2　两点起吊的吊点位置

采用三个吊点时，其中两端的吊点距两端的距离为 $0.13l$，而吊点的位置应在物体中心，如图 5-3 所示。

采用四个吊点时，两端的两个吊点距两端的距离为 0.095*l*，中间两个吊点的距离为 0.27*l*。如图 5-4 所示。

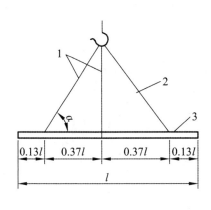

1，2—绳索；3—柱。

图 5-3　三点起吊的吊点位置

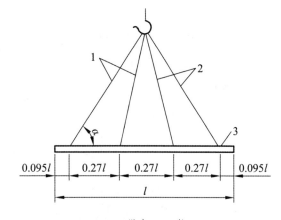

1，2—绳索；3—柱。

图 5-4　四点起吊的吊点位置

在吊运长形刚性物体时（如预制构件）应注意，由于物体变形小或允许变形小，采用多吊点时，必须使各吊索受力尽可能均匀，避免发生物体和吊索的损坏。

四、方形物体吊点的选择

吊装方形物体一般采用四个吊点，四个吊点位置应选择在四边对称的位置上。吊点应与吊物重心在同一条铅垂线上，使吊物处于稳定平衡状态。提升前应做试吊，直到使吊物获得平衡为止，防止提升时发生滑动或滚动。

五、机械设备安装平衡辅助吊点

在机械设备安装精度要求较高时，为了保证安全顺利地装配，可采用选择辅助吊点配合简易吊具调节机件平衡的吊装法。通常多采用环链手拉葫芦来调节机体的水平位置，如图 5-5 所示。

六、两台起重机吊同一物体时吊点的选择

物体的重量超过一台起重机的额定起重量时，通常采用两台起重机使用平衡梁吊运物体的方法。此方法应满足两个条件。

（1）被吊装物体的重量与平衡梁重量之和应小于两台起重机额定起重量之和，并且每台起重机的起重量应留有 1.2 倍的安全系数。

（2）利用平衡梁合理地分配载荷，使两台起重机均不能

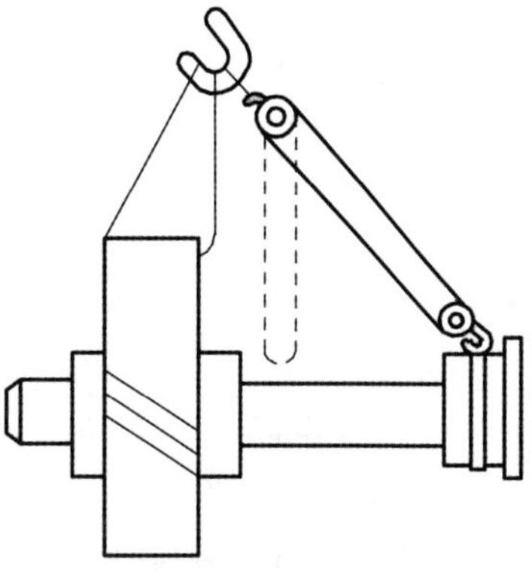

图 5-5　调解平衡吊装法

超载。当两台起重机的起重量不等时，则应根据力矩平衡条件选择吊点距离。在两台起重机同时吊运一个物体时，正确地指挥两台起重机统一动作也是安全完成吊装工作的关键。

七、物体翻转吊点的选择

物体翻转常见的方法有兜翻，将吊点选择在物体重心之下，或将吊点选择在物体重心一侧，如图 5-6 所示。

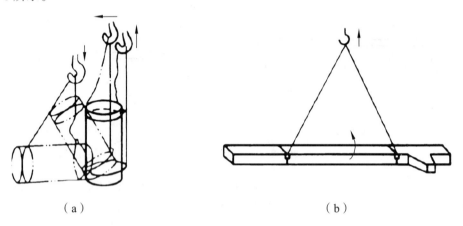

（a）　　　　　　　　　　　　　　　　　　（b）

图 5-6　物体兜翻

物体兜翻时应根据需要加护绳，护绳的长度略长于物体不稳定状态时的长度，同时应指挥吊车，使吊钩顺向移动，避免物体倾倒后的碰撞冲击。

对于大型物体翻转，一般采用绑扎后利用几组滑车或主副钩或两台起重机在空中完成翻转作业。翻转绑扎时，应根据物体的重心位置、形状特点选择吊点，使物体在空中能顺利安全翻转。

例如：用主副钩对大型封头的空中翻转，在略高于封头重心相隔 180° 位置选两个吊装点 A 和 B，在略低于封头重心与 A、B 中线垂直位置选一吊点 C。主钩吊 A、B 两点，副钩吊 C 点，起升主钩使封头处在翻转作业空间内。副钩上升，用改变其重心的方法使封头开始翻转，直至封头重心越过 A、B 点，翻转完成 135° 时，副钩再下降，使封头水平完成封头 180° 空中翻转作业，如图 5-7 所示。

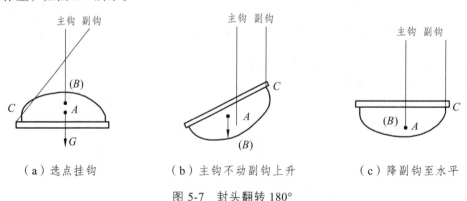

（a）选点挂钩　　　　　　（b）主钩不动副钩上升　　　　　　（c）降副钩至水平

图 5-7　封头翻转 180°

物体翻转或吊运中时，每个吊环、节点承受的力应满足物体的总重量。对大直径薄壁型物体和大型桁架结构吊装，应特别注意选择吊点是否满足被吊物件整体刚度或构件结构的局部稳定性要求，避免起吊后发生整体变形或局部变形造成的损坏，必要时应采用临时加固法或采用辅助吊具法，如图 5-8 所示。

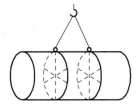
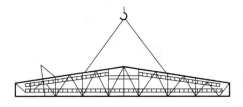

（a）薄壁构件临时加固吊装　　　　　　（b）大型屋架临时加固吊装

图 5-8　辅助吊具法

第二节　吊装物体的绑扎

为了保证物体在吊装过程中稳妥，吊装之前应根据物体的重量、外形特点、精密程度、安装要求、吊装方案、合理选择绑扎法及吊索具。绑扎的方法很多，应选择已规范化的绑扎方法。

一、常用绳索的打结方法

绳索在使用过程中打成各式各样的绳结，常用的方法见表 3-1。

二、柱形物体的绑扎方法

（1）平行吊装绑扎法：平行吊装绑扎法一般有两种。

①　一种是用一个吊点，仅用于短小、重量轻的物品。在绑扎前应找准物体的重心，使被吊装的物体处于水平状态，这种方法简便实用，常采用单支吊索穿套结索法吊装作业。同时根据所吊物体的整体性和松散性，选用单圈或双圈结索法，如图 5-9 所示。

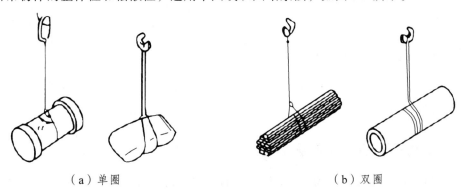

（a）单圈　　　　　　　　　　　　　　（b）双圈

图 5-9　单、双圈穿套结索法

② 另一种是用两个吊点，这种吊装方法是绑扎在物体的两端，常采用双支单、双圈穿套结索法和吊篮式结索法，如图 5-10 所示。

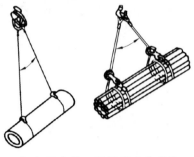

（a）双支单、双圈穿套结索法　　　　　（b）吊篮式结索法

图 5-10　单、双圈穿套及吊篮结索法

（2）垂直斜形吊装绑扎法：垂直斜形吊装绑扎法多用于物体外形尺寸较长、对物体安装有特殊要求的场合。其绑扎点多为一点绑法（也可两点绑扎）。绑扎位置在物体端部，绑扎时应根据物体重量选择吊索和卸扣，并采用双支或双支以上穿套结索法，防止物件吊起后发生滑脱，如图 5-11 所示。

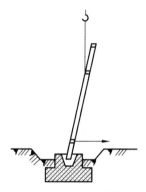

三、长方形物体的绑扎方法

长方形物体的绑扎方法较多，应根据作业的类型、环境、设备的重心位置来确定。通常采用平行吊装两点绑扎法。如果物体重心居中可不用绑扎，采用兜挂法直接吊装，如图 5-12 所示。

图 5-11　垂直吊装绑扎

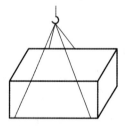

图 5-12　兜挂法

四、拖拉长形物体的绑扎方法

拖拉长形物体时，应顺长的方向拖拉，绑点应在重物的前端，而横拉时两个绑扎点应在距重心等距离的两端。

五、重物翻转的绑扎方法

设备或构件在吊装前有时需要翻转一个角度，然后再进行吊装。下面介绍两种先翻转后起吊的方法。

（1）翻转一次绑扎法：此法是在绑扎后利用起重绳索的上升，将物体翻转后再接着起吊。图 5-13 和图 5-14 所示为两种翻转一次绑扎的方法。

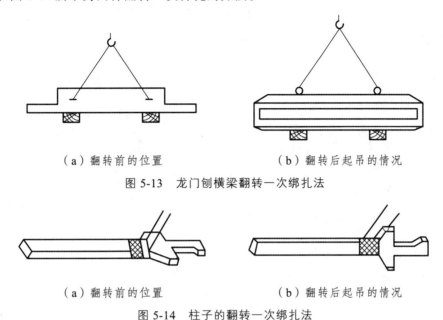

（a）翻转前的位置　　　　　　　　　（b）翻转后起吊的情况

图 5-13　龙门刨横梁翻转一次绑扎法

（a）翻转前的位置　　　　　　　　　（b）翻转后起吊的情况

图 5-14　柱子的翻转一次绑扎法

（2）翻转二次绑扎法：这种绑扎法是把翻转和起吊分两次进行。如图 5-15 所示的绑扎法是第一次先将柱子翻转 90° 后，重新绑扎再进行吊装。

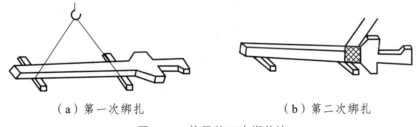

（a）第一次绑扎　　　　　　　　　　（b）第二次绑扎

图 5-15　柱子的二次绑扎法

六、用吊索调整构件平衡的绑扎法

常见的用吊索调整构件平衡与稳定的绑扎方法有以下几种。

（1）用一根吊索调整构件的平衡：吊运角形构件，并且要在吊运过程中保持其垂直或水平状态，可用一根长吊索，通过调整受力点位置的绑扎方法，保持构件的平衡。图 5-16 所示为角形构件在吊运过程中保持垂直状态的方法。起吊后，如果没达到要求，可将构件落地并重新调整吊索受力点的位置，直至调平衡为止。

（2）用两根不等长吊索调整构件的平衡：大多数构件的吊运，都是采用两根等长吊索进行绑扎，只是在某些特殊情况下（如构件形状特殊），才采用不等长吊索进行绑扎，其绑扎方法如图 5-17 所示。将短吊索套在货物的一端，再将长吊索挂在吊钩上，一头绕过构件的另一端后在吊钩上绕几圈（圈数以货物达到平衡为适合），再从短吊索的绳扣中穿过，并挂在吊钩上。有些设备的安装，对偏斜程度要求很高，单用绳索来调整已不能满足要求，这时可采用导链或平衡梁来调整。用导链调整，不仅可以保持构件或设备在吊装过程中的平衡，而且还可以根据构件或设备的安装需要，在安装时进行位置调整。采用这种方法时，应注意拉链的方向与链槽的方向一致，作业人员不要站在构件或设备上作业。

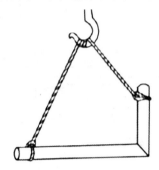
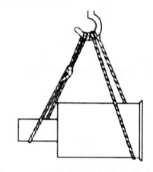

图 5-16 一根吊索保持构件的平衡　　　　图 5-17 不等长吊索的绑挂方法

（3）采用三根吊索调整构件的平衡：吊运宽大构件时，如果采用两根吊索不够长，或吊索长短不同，可以采用三根吊索串联起来调整吊索受力点的位置，以保持构件在吊运过程中的平衡。如图 5-18 所示，先将吊索 A 的一端 A_1 绕过构件后挂在吊钩上；再将吊索 B 的一端 B_1 绕过构件后也挂在吊钩上；最后将吊索 C 的一端 C_1 串入吊索 A 的另一端 A_2 后挂在吊钩上，吊索 C 的另一端 C_1 吊入吊索 B 的另一端 B_2 挂在吊钩上。这样，由于三根吊索 A、B、C 串接在一起，就使每根吊索受力比较均匀，从而保证所吊运构件的平衡。

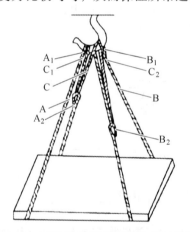

图 5-18 三根吊索串接调整构件的平衡

七、物体吊装捆绑时绳扣的受力计算

物体捆绑和吊装时绳索在载荷作用下的受力是比较复杂的，它不仅承受拉抻，有时还同时承受弯曲、剪切和挤压等综合作用。当多根绳索起吊一个物体时，绳索分支间的夹角大小对其受力影响颇大，下面就绳索和分支角度对其受力影响作简要分析。

（1）绳索弯曲时的受力。

在起重吊运过程中，起重绳通常是绕过滑车或卷筒来起吊重物的，此时绳索必然同时承受拉伸、弯曲和挤压作用。实验证明：当滑车直径 D 小于绳索直径 d 的 6 倍时，绳的承载能力就会降低，且随着比值 D/d 的减小而使其承载能力急剧减小，其降低程度如图 5-19 所示。绳扣的承载能力随弯曲程度的变化可用折减承载根数 K 来确定（见图 5-20）。

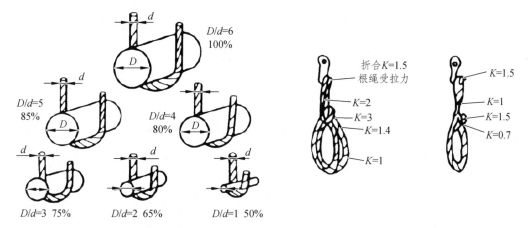

图 5-19　绳索弯曲程度对其承载能力影响示意图　　图 5-20　绳扣弯曲程度对其承载能力影响示意图

（2）多绳起吊时绳索的受力计算。

多根绳索起吊同一物体时，每根分支绳的拉力大小（受力均布），与分支绳和水平面构成的夹角或与各分支绳间的夹角大小有直接关系（见图 5-21）。

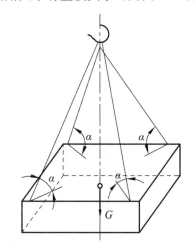

图 5-21　多根绳起吊同一物体示意图

第三节　常用吊装方法及选择

表 5-1 中列出了建筑施工中普遍采用的几种机械化吊装方法。如果没有吊装机械可用，尚可以利用建筑物代替机械吊装，本章最后单独叙述。以此为基础，还可以发展出很多大型设备的吊装方法。

表 5-1　常用吊装方法汇总

工艺	吊装工艺的概念	吊装工艺示意图	吊装方法	简要说明	应用情况
抬吊法	利用吊装机械使吊物直接被吊起，然后移动位置或不移动位置使吊装物就位，是吊装中最常用的、最简单的吊装方法。一般适用于吊装物不需要竖立、翻转的场合		单机抬吊	一台吊车抬吊，多数情况使用	
			双机抬吊	两台吊车抬吊，一台吊车能力不足时采用	
			多机抬吊	三台以上吊车抬吊，一般面积大的结构吊装采用	
			直立/倾斜单桅杆抬吊	一般桅杆起吊索具需要正面与吊索具配合	乙烯装置 T-2701 塔组对吊装
			直立双桅杆抬吊	一般适用于塔类设备的分段装法吊装	
			直立多桅杆抬吊	常见有储罐倒装法施工时采用的吊装柱	特例：炼油厂"一再"送车法吊装
滑移法	利用吊装机械（主吊机械）使吊装物一端被吊起，另一端采用其他机械（辅助吊装设备）随着吊端向起吊端的移动，起吊端的升高，移动端的移动，然后由主吊装机械完全吊起，然后独立完成吊装物需要竖立的就位。适用于吊装物需要竖立的场合		单机/双机滑移法	一台吊车主吊，设备尾部利用滚排前移	现少采用，一般竖立桅杆时多用
			单机抬吊滑移法	一台吊车主吊，设备尾部可以一台或多台吊车送尾	250 t/90 t 吊车吊丙烯腈成品塔
			双机抬吊滑移法	两台吊车主吊，设备尾部可以一台或多台吊车送尾	
			直立/倾斜单桅杆滑移法	单桅杆起吊设备头部，尾部设滚排前移	炼油厂 T-201 分馏塔吊装
			直立双桅杆滑移法	双桅杆使设备抬起，尾部设法排前移	乙烯装置 T-5501 吊装
			门式桅杆滑移法	单门式/双门式桅杆抬头，一般设备高度小于桅杆高度	液压提升/顶升吊装加氢反应器

工艺	吊装工艺的概念	吊装工艺示意图	吊装方法	简要说明	应用情况
旋转法	利用吊装机械或吊装设施（辅助吊装设施）将吊装物一端一端利用吊装机械（主吊）吊起并使吊装物绕转点旋转。随着吊装起点旋转、吊装物的升高、旋转，直接就位或完全竖立起，吊装物被由主吊设备独立吊起，直接就位的就位。适用于吊装物需要竖立的场合		单机旋转法	利用一台吊车主吊，设备尾部设回转轴	小型火炬结构吊装
			双机抬吊旋转法	一台吊车主吊，另一台吊车在尾部吊起不动，起到回转吊轴作用	
			直立/倾斜单桅杆旋转法	利用直立或倾斜的单桅杆吊起设备头部旋转	
			直立双桅杆旋转法	利用直立的双桅杆吊起设备头部旋转	
			索具旋转法	利用小型吊车使设备抬头，然后利用钢丝绳等索具扳转设备旋转就位	吉化公司60万吨/年重油催化裂化装置施工中，竖立250 t/62 m桅杆时采用
			其他旋转法	有吊推法、无锚点吊装法、跨步式液压提升法、双转法等	

第四节 起重工"五步"作业法

起重工作的方式方法虽然千变万化，但也有一定的共性，真正掌握好共性，再根据情况确定它的特殊性，就好办得多。起重工经过长期实践，归纳出行之有效的"五步"作业法，现介绍如下：

一、实地勘察，即"看"

在每接受一项起重任务后，首先到施工地点去查看：施工地点是平坦开阔，还是高低不平；地面是坚实平整，还是松散坑洼；空中有无电线，周围有无房屋、树木影响，道路是否畅通、机械施工有无工作面；采取土法上马是否有现成物件可以利用；地下是否有暗沟等。这一步是为以后制定方案准备第一手资料。

二、了解情况，即"问"

此为"五步"作业法关键的一步，其主要任务是：询问被吊物件的名称、外形尺寸、重量及重心，在施工中有无特殊的施工技术要求。比如，设备不能有倒放、振动不能过大、表面不能磨损等，以及此物件所需吊运到的具体位置、正式就位后的空间位置和状态等。在了解中，要问清物件的允许捆绑点以及确定绑点后物件的强度情况等。

三、制定方案，即"想"

这一步是前两步工作的系统化，"想"与"做"要根据实际情况及被吊物件的具体要求，结合施工班组的技术力量、现有的工机具来选取吊装方案。在正式确定方案前，看哪一种方案施工时既经济省力又能保证绝对安全可靠。要考虑用哪几种机具，有无电源，是用滚动还是用滑动的方法进行运输；是利用地貌地物挂滑子吊装还是立扒杆进行吊装；滑子、钢丝绳、卡环、卡头等要选用多大规格；是用卷扬机作动力还是用机械作动力；地锚怎样布置；指挥人员站在哪儿等。如用机械吊运，要选用什么样的拖车、吊车，在多大回转半径中需吊多重，钩下高度能否满足需要，施工现场能否满足。施工中能否达到目的，是否需要其他辅助机具配合。劳动力怎样组织，需要哪一级的人员直接领导施工，施工中，要注意哪些安全事项。要先进行全面技术经济比较后确定方案，再办理审批手续进行施工。

四、方案实施，即"干"

在方案实施中，第一步要进行技术交底，一些日常工作，由班组长根据工作内容，进行技术交底，主要讲工作内容，工作方法，工艺要求，所需工具、机具情况，以及施工安全注意事项，同时确定施工负责人。较大的工程可由班组和技术员共同制定施工方案，施工前由班长组织，技术员进行交底。大型工程，如发电机静子的卸车拖运吊装就位，以及锅炉大件吊装等，施工方案要在上级行政、技术负责人的主持下，由干部、技术人员、工人在一起讨论制定。大型工程的施工，在进行技术交底时，必须要有上一级技术负责人主持。

施工方案经审批交底后，要坚决执行，决不能随意改变。如情况有变，须改变原方案时，要经各级审批人员同意。还需要强调的是，工作不能干"死"，而要干"活"。起重施工方案在实施中难免发生微小的变化，有的因客观条件甚至引起全部方案的改变。因此，在干活中要灵活合理，但决不能想怎么干就怎么干，自行其是。

五、总结阶段，即"收"

在一项工作完毕后，一定要做到"工完料尽场地清"，回收工具，拾好废料。要把工作的全部过程进行回忆，总结出哪些是对，哪些还存在不足的一面，哪些施工步骤是多余的，哪些还可以进行改进，能否从这一工程中找出它的关键点和普遍规律。对一些有价值的东西，最好做出书面笔记，以便参考和提高技能水平。

第五节　起重工"十字"操作法

起重作业的基本操作法归纳起来，不外乎抬、撬、捆、挂、顶、吊、滑、转、卷、滚等几种。在作业中，有时只用一种方法，有时要用几种方法混合使用。

一、抬

抬是最常用的方法。当运输较轻便或小型构件、小型机具等，一般质量在 100 kg 以下，由于受到通行线路障碍或设备存放地点狭窄等原因不便使用机械运输时，可用肩抬。视质量大小由两人或更多的人共同进行。要求抬的人高矮搭配合适，抬着走时必须喊号，步调要一致，不迈大步，重物离地面近一些，防止发生危险。当多人抬长而较重的物体时，要抬在物体的两端。如抬钢轨时，轨钳应夹在钢轨两端 1/4 的长度范围内，以免摆动碰撞伤人。

二、撬

撬就是用撬杠把设备或构件撬起，使其抬高或降低。这种方法常用于起重量较小（不超过 3 t），起升高度不大的作业中。如在建筑工地上，堆放空心板或拼装屋架时，就常用撬来调整构件某一部分的高低。这种方法也常用于在设备下面安放或抽出垫木、千斤顶、滚杠等支垫。撬的时候，可用一根撬杠一人独立操作，也可用几根撬杠数人同时操作。撬是利用杠杆原理，如图 5-22 所示，在撬杠端头（阻力点）附近放置硬木等做支垫（支点），支点离物体越近越省力。如果支点下面的基础松软，可在硬木下边垫一块铁板，通过扩大承面来防止基础下陷。

用撬杠撬起重物时，所能撬起的重量和所需的力见表 5-2。

图 5-22　撬

表 5-2　撬杠规格及起重能力

序号	撬杆材料	撬杆规格/cm	重臂 a/cm	力臂 N_a/cm	机械效益 η	起重量 Q/N	应加力 F/N	撬杠起重示意图
1	圆钢	$\phi 2.5 \times 150$	20	120	6	1 300	220	
2	圆钢	$\phi 2.5 \times 150$	10	120	12	2 600	220	
3	圆钢	$\phi 3.2 \times 150$	20	120	6	2 700	450	
4	圆钢	$\phi 3.2 \times 150$	10	120	12	5 400	450	
5	松木	$10 \times 15 \times 320$ 平	30	255	8.5	13 300	1 570	
6	松木	$10 \times 15 \times 320$ 平	20	260	13	20 000	1 540	
7	松木	$16 \times 22 \times 240$	30	195	6.5	50 000	7 700	
8	松木	$16 \times 22 \times 240$	20	210	10.5	74 000	7 050	

已知 Q 和 n，可求得
$$F = \frac{Q}{\eta}$$
已知 F 和 n，可求得
$$Q = F\eta$$

注：1. 表中圆钢许用应力按 166.7 MPa 计，松木许用应力按 15.69 MPa 计。
　　2. 表列应加力 F，系按平衡状态计算的力，实际操作中外应大于 F，方能撬动。
　　3. 表列序号 7、8 加力到 7.7 kN、7.05 kN，在一点加这么大的力事实上很困难。所以操作时，可以加长撬杠，使尾部有足够的加压位供多人操作。
　　4. 支点应用硬木或垫以铁板，以防压劈。

使用撬杠时，应注意以下安全事项：

（1）撬杠的施力端（手握端）应置于身体的一侧，切不可骑跨，以防撬拨时撬杠反弹伤人。当重物升高后，用竖实垫木垫牢，严禁将手伸入重物底下。

（2）在高处使用撬杠作业时，必须系好安全带，并选择站立平稳、有活动余地的位置操作，防止因用力过猛撬杠滑脱使身体失稳，发生高处坠落事故。

（3）撬杠伸入设备或物体的长度不能太长。禁止用脚踩撬杠进行撬拨，以免撬杠飞出或反弹伤人。

三、磨

磨（读 mó）也称迈，就是利用撬杠将物体向两旁（左或右）转动，实现水平方向的少许移动。磨的操作方法是：将撬棍斜插在重物下面下压撬棍尾，当重物离空时，在水平方向横推撬棍尾，撬棍就绕支点转动。撬棍尾向右转，撬棍头就顶着重物向左转，转到一定角度不能再转时就将重物放下，继续磨第二步。如果一次想磨得远一点，可将支点设置在离重物远一些的地方。这种方法常用于构件或设备的安装就位。当安装就位长而大的构件时，可以由单人先后在构件两端磨，如图 5-23 所示。也可以站在构件的一侧由两人磨。

图 5-23　磨

四、拨

拨是使物体向前移动的方法。撬杠端部（支点）放在重物底下，如图 5-24 所示，拨的操作方法是：将撬棍斜插在重物下面后，手握撬棍向上前方用力拨动重物，也可用肩扛撬棍尾部。一根撬棍拨不动时，可用数根撬棍同时拨，重物就会向前移动一个小距离，如此重复进行，重物就可拨移到要求的地方。拨、撬、磨三种方法可配合使用，以提高使用效果。

图 5-24　拨

五、顶和落

顶和落都是利用千斤顶来顶升或降落重物的操作方法。这种方法简便、安全、可靠而且省力，多台千斤顶联合操作时，可获得较大的起重量。用千斤顶逐步顶升重物的情形，如图 5-25 所示。

第一步〔见图 5-25（a）〕，按施工要求位置安放好千斤顶，准备顶升。

第二步〔见图 5-25（b）〕，顶升重物。

第三步〔见图 5-25（c）〕，用枕木垛将已顶升的重物支撑好，然后落下千斤顶。

第四步〔见图 5-25（d）〕，垫高千斤顶，继续顶升。重复上述过程，即可把重物顶升至所需要的位置。落的操作步骤与顶的操作步骤相反，但在安全措施方面更加严格。下落过程中，重物和支垫枕木垛的距离应始终控制在 50 mm 以内，下落速度不宜过快，以免发生危险。

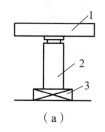 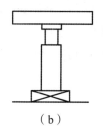 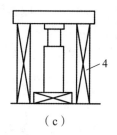 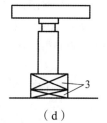

（a）　　　　　　（b）　　　　　　（c）　　　　　　（d）

1—重物；2—千斤顶；3—垫木；4—枕木垛。

图 5-25　用千斤顶顶升重物

六、滑

滑是把重物放在滑道上，用人力或卷扬机牵引滑台或直接牵引重物，使重物移动。在无大吨位的起吊机械情况下，设备的距离移动可采用此法，如发电机静子、主变压器的卸车、拖运等。滑道通常是用钢轨或型钢制成。当重物下表面材质的摩擦系数较大时，为了减少滑移时的摩擦阻力，应另制滑台（也称钢排子、滑撬），如图 5-26 所示。滑台由槽钢和方木组成，使用时将滑台下部三根槽钢（槽口向下）扣在钢轨上，重物置于滑台上部的枕木或钢轨上。

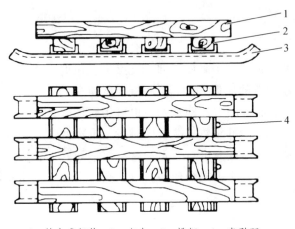

1—枕木或钢轨；2—方木；3—槽钢；4—牵引环。

图 5-26 滑台

七、滚

滚是把重物放在滚道上牵引。滚道又称走板，如图 5-27 所示，由上、下滚道和在上、下滚道中间滚动的滚杠组成。上、下滚道由型钢制成，滚杠用无缝钢管制成，滚杠的直径，一般为 50 ~ 100 mm。滚动时，设备运行方向由滚杠的布置方向来控制，如滚杠与走板垂直时，设备便直线运动，若设备前部滚杠左侧偏前时，则设备向右移动，若滚杠右侧偏前时，则设备向左移动，设备尾部的滚杠布置则相反。所以可以由有经验的人掌握，用 4 kg 锤敲击调整。滚杠直径与牵引力有关，直径大则牵引力可小。木质滚杠直径一般为 10 ~ 15 cm，钢质滚杠为 5 ~ 15 cm，具体数值应根据载荷情况而定。滚杠间的净距，应保持不小于 10 cm，以便滚动时用锤敲击随时调整方向。一般情况净距为 25 ~ 100 cm。滚杠两端至少应凸出走板边 20 ~ 30 cm。下走板比上走板要宽些，即使重物略有走偏时也不致翻倒。滚动速度一般为 15 ~ 20 m/h。在滚移时常会发生滚杠被压坏的情况，因此，使用滚杠的数目应由计算决定。

（1）吊装荷载：

$$Q = 设备重 + 支座重 + 锁具重$$

（2）滚运拖拉力：

$$S = KQ[(\delta_1 + \delta_2)/D \pm 1/n]$$

式中　K——起动附加系数；

　　　Q——设备重力；

　　　δ_1，δ_2——摩擦系数；

　　　D——滚杠直径；

　　　$1/n$——坡度。

（3）滚杠数量：

$$m \geqslant QK_1K_2/WL + (3 \sim 5)$$

式中　Q——为设备重力；

　　　K_1——动载系数；

　　　K_2——超载系数；

　　　W——$3.5D$；

　　　L——滚杠有效长度。

表 5-3 和表 5-4 分别为钢滚杠和松木滚杠的允许载荷及滚动牵引力，供参考。

表 5-3　钢滚杠（锻钢旋制）的允许载荷及滚动牵引力

滚动质量/t	最小走板宽/cm	钢滚杠直径/cm	每根滚杠允许载荷/tf	需用圆滚杠/根	滚动时启动牵引力/tf	示意图
40	3.5	10	1.86	22	1.0	
60	3.5	10	1.86	33	1.5	
80	3.5	10	1.86	43	2.0	
100	3.5	10	1.86	54	2.5	
100	7.0	10	3.71	27	2.5	
150	7.0	10	3.71	41	3.75	
200	7.0	10	3.71	54	5.0	
250	7.0	10	3.71	68	6.25	
300	7.0	10	3.71	81	7.5	

注：1. 滚杠允许载荷(kgf) = 53 × 滚杠直径(cm) × 最小走板宽(cm)。

　　2. 滚动摩擦系数为 0.05，启动时按 2.5 倍计。故滚动牵引力 = (滚动重量 × 0.05 + 滚杠半径) × 2.5。

　　3. 已包括压力不平均系数 1.2 在内。

　　4. 1 tf = 10 kN。

表 5-4　松木滚杠的允许载荷及滚动牵引力

滚动质量/t	最小走板宽/cm	木滚杠直径/cm	每根滚杠容许载荷/tf	需用滚杠/根	滚动牵引力/tf	示意图
5	22	10	0.88	6	0.4	
10	30	10	1.20	9	0.8	
15	30	10	1.20	13	1.2	
20	30	10	1.20	17	1.6	
20	30	12	1.44	14	1.33	
25	30	10	1.20	21	2.0	
25	30	12	1.44	18	1.67	
30	30	10	1.20	25	2.4	
30	30	12	1.44	21	2.0	
30	30	15	1.80	17	1.6	

注：1. 滚杠允许载荷(kgf)＝4×最小走板宽(cm)×滚杠直径(cm)。
　　2. 滚动摩擦系数为 0.08，启动时按 5 倍计，故滚动牵引力(t)＝(滚动质量×0.08＋滚杠半径)×5。
　　3. 已包括压力不平均系数 1.2 在内。
　　4. 1 tf＝9.8 kN。

八、转

转就是在没有大型起重机具的条件下就地将重物转一个角度，简单的起重转向有两种方法。

（1）滚转法（见图 5-27）：图 5-27（a）所示为四角设走板，两对角拖拉，重物围绕其本身中心旋转；图 5-27（b）所示为三角设走板，一角拖拉，重物围绕不设走板的一角旋转。

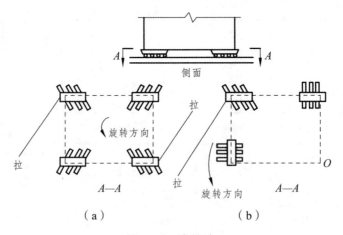

图 5-27　滚转法

（2）转盘法：是靠一个临进转盘来转动重物。例如，一个 30 m 长的桥式重机主梁，需要转动 900 才能运进车间安装（见图 5-28），其操作步骤如下：

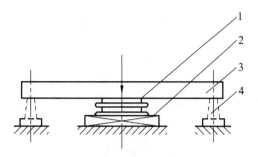

1—转盘；2—枕木垛；3—主梁；4—千斤顶。

图 5-28 转盘法转动起重机主梁

① 用千斤顶顶高主梁，在主梁重心位置下面搭设枕木垛，使之能够承受主梁的全部重量，并保证主梁平衡。

② 在枕木垛上叠放三层不小于 10 mm 厚的钢板，中间一块做成圆形，并比上、下两块的面积小一些，在各块钢板之间的接触面上涂黄油，即组成了转盘。

③ 将主梁落在转盘上，推动主梁两端即可转动任意角度。转动时应注意保持平稳。用吊起重物后进行旋转的办法是较为省事而有效的，条件允许时，可尽量采用。

九、卷

"卷"即圆柱形物体（如圆木、管道钢管、铸管铁等）在陡坡下往上搬运的方法，如图 5-29 所示。

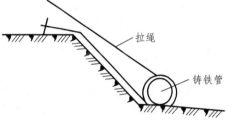

图 5-29　用卷的方法搬运管道

长管道的搬运，先将绳子套好后，一端固定，拉动另一端，管道就顺着斜坡往上翻转，这样做比硬拉省力得多。物体较长时，应用两根绳子两端同时卷起。向下放时，原理相同。卷动设备时，下面一般要铺设滚道，滚道要铺设合适，左右对称，坡度基本一样，便于拉动设备。施工中，一般在下方要借助撬杠帮忙。滚道的铺设，要考虑防止碰坏设备上的凸出部分，如管座等。大汽包卸车，也可采用此方法。

十、吊

吊就是用各类扒杆、滑车组及绞车等起重设备将重物吊起来，是对重物进行起高落低最快的方法之一。吊是垂直运输中最常用的一种方式，在这一工作范围内，包含设备的找重心，根据形状及强度合理地选择吊点，根据现场的具体条件选择捆绑绳索、工具及起吊机械，根据需要绑好绳，挂好钩，并按照最少的动作、最短的距离和时间，安全地操作将设备吊放到指定的位置。现在的施工中，由于机械化程度提高，吊的工作就更为突出。吊的特点是起重量大，起升高度高，工作面宽，速度快，效率高。目前大型电站安装起重工程量中，吊的工作量约占 80%。有的还可以把吊起来的重物移动一段距离，所以这种方法在起重装吊工作中应用也很广。

架梁所采用的"钓鱼法"就是用扒杆进行水平位移的例子，它用一副扒杆配合溜绳将梁吊到桥孔上去，如图5-30所示。

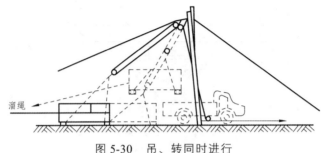

图5-30　吊、转同时进行

第六节　喊号与指挥信号

一、喊　号

喊号也叫打号子，在起重工作中被普遍应用。它的主要作用有：

（1）是行动的口令，使起重作业人员步伐一致，用力均匀，动作协调；

（2）施工领导人根据实际情况，利用号子指挥工作，提出注意事项，以提高工作效率，保证安全；

（3）有节奏地高速呼吸，尤其是抬重物时，如"扛棒号子"，作用更为突出；

（4）也是一种雄壮的劳动歌声，能振奋精神，鼓舞干劲。

喊号分"领号"和"接号"两部分。领号就是起号，是准备行动的命令。没有起号谁也不准乱动。等起了号子，大家才能接号子开始行动。在起重工作中，起号子很重要，起号前起号人必须将操作方法交代清楚，对起重工具设备及安装位置等进行详细检查后，即从工作方法到工具设备、人身安全确认没有问题时，才能起号子。在工作过程中，又必须根据实际情况，提出各种措施和方法，用领号来指挥大家工作，所以领号人必须由丰富经验的起重装吊工来担任。

喊号按性能可分三种：

（1）连续性号子。这种号子的动作是连续不断的，要求用力均匀，快慢一致，如推绞磨、摇绞车的号子和扛抬重物走行时的杠棒号子等。

（2）间断性号子。这种号子是一个号子一个动作，用力猛，集中来一下或几下，如翻动和提拎一件重物的号子。

（3）冲击性号子。这种号子的动作，每用力一次就停顿一下，用力较猛，但是冲击动作持续不断，如砸夯和人力打桩号子等。

同一种性质的工作，由于工作轻重不同而有不同的喊法。例如杠棒号子，有的轻松愉快，适用于轻快步伐；有的缓慢沉重，适用于沉重脚步。所以选用号子要结合劳动的具体情况。

作为起重工，必须精通起重工作中各种号子才能充分发挥大家的干劲。

二、指挥信号

在指挥起重吊装作业时，常因工地声音嘈杂不易听清，或口音不对容易误解，或距离操纵台司机较远无法听见等，影响起重吊装工作的安全。为防止事故发生，确保安全生产，所有起重作业人员都能认真做到"一切行动听指挥"，步调一致，有条不紊。因此，常用信号来指挥。

按照国家标准《起重吊运指挥信号》（GB 5028—2008）的规定，除矿井提升设备和载人电梯外，使用其他起重机械作业时，实行全国统一的起重吊运指挥信号。

起重吊运指挥信号，是每个起重作业人员（起重机司机、起重指挥、起重司索）必须掌握的基本知识之一，不但要能看懂和听懂指挥信号，而且应能熟练地进行操作，以便作业中的联系。（注：起重司索指参加起重作业，直接对物件绑扎、挂勾、牵引绳索、完成起重吊运全过程的专业人员，有的行业和地区也称为挂钩工）

起重吊运指挥信号分为手势信号、旗语信号和音响信号三种。

手势信号分为通用手势信号和专用手势信号两种。通用手势信号是指各类起重机在起吊过程中普遍适用的指挥手势，专用手势信号主要是指起升、变幅、回转、运行机构或船用起重机的指挥手势信号。

旗语信号是用红、绿旗来表示指挥意图的。它可以表达与手势信号相同的内容。高空作业时或远距离（看不清手势）的指挥常用旗语信号。

音响信号是一种与手势信号或旗语信号相配合的辅助信号。当用手势信号或旗语信号能使对方明白时，可以不用音响信号。指挥人员常用口笛发出音响信号，起重机司机可以用司机室上的电铃发出音响信号。

信号的表示方法和含义大同小异，可在施工操作前与有关人员交代清楚，一经确定，全体人员必须熟悉规定信号并严格遵守，不得任意变更，以免误会发生事故。

1. 通用手势信号

通用手势信号共有 14 种，它是各种类型的起重机在起重吊运中普遍适用的指挥手势。

（1）"预备"：手臂伸直，置于头上方，五指自然伸开，手心朝前保持不动。这个信号有两个含义：

① 一是"预备"。指挥人员发出开始工作的指令时，要做出这种手势以提示司机准备吊运。这主要用于工作的开始或停止较长一段时间后重新开始吊运，通常伴以音响信号提醒司机注意，司机也应发出音响信号表示明白。通过这一信号使司机置于指挥人员的指挥之下。

② 二是"注意"。当起重机负荷高速运行或不稳时，为了帮助起重机司机对可能发生的事故有所准备或在操作过程中准备更换动作以分开两个信号间的动作，都可以使用这个"注意"信号。对于在操作过程中发出的注意信号，起重司机不必发出回答的音响信号，应控制起重机的运行速度，并开始减慢速度。

（2）"吊钩上升"：小臂向侧上方伸直，五指自然伸开，高于肩部，以腕部为轴转动。这是用于正常速度起吊负荷或空钩上升的手势。

（3）"吊钩下降"：小臂伸向侧前下方，与身体夹角约为 30°，五指自然伸开，以腕部为轴转动。

（4）"吊钩水平移动"：小臂向侧上方伸直，五指并拢手心朝外，在负荷运行的方向向下挥动到与肩相平的位置。

（5）"吊钩微微上升"：小臂伸向侧前方，手心朝上高于肩部，以腕部为轴，重复向上摆动手掌。

（6）"吊钩微微下降"：手臂伸向侧前下方，与身体夹角约为30°，手心朝下，以腕部为轴向下摆动手掌。

（7）"吊钩微微水平移动"：小臂向侧上方伸直，五指并拢手心朝外，在负荷应运行的方向做缓慢的水平运动。

（8）"停止"：小臂水平置于胸前，五指伸开，手心朝下，水平挥向一侧。这是用于负载运行的正常停止手势，即逐渐停止。起重机司机在操作设备时，应逐渐而不要突然地停止。

（9）"紧急停止"：两小臂水平置于胸前，五指伸开，手心朝下，同时水平挥向两侧。这是用于负责运行的紧急停止手势。"紧急停止"手势主要用于：

① 瞬间停机。也就是在接到信号后极短时间内停止运行。

② 有意外或有直接危险的情况。

（10）"微动范围"：双手小臂曲起，伸向一侧，五指伸直，手心相对，表示移动这样一个相应距离后保持不动。这是用于负载快要接近要求的位置时，提示起重机司机注意，在操作负载时要移动这样一个相应的距离的手势。

（11）"要主钩"：单手自然握紧置于头上，轻触头顶。

（12）"要副钩"：一只手小臂向上曲伸不动，另一只手伸出，手心轻触前一只手的肘关节。

（13）"指示降落位"：五指伸直，指出负载应降落的位置。这是用于降下负载时，指出所降落的物体应放置在某一具体位置的手势。

（14）"工作结束"：双手五指伸开在脸前交叉，向两侧展开。这个手势说明：工作结束，指挥人员不再向起重机发出任何指挥信号。起重机司机接到此信号后，发出"回答"音响（一短声）信号，便可结束工作。

2．专用手势信号

（1）"升臂"：手臂向一侧水平伸直，拇指朝上，余指握拢，小臂向上摆动。这是用于指挥臂架式起重机杆的上升手势。这种"升臂"手势可以指挥负载在水平方向的前后移动。

（2）"降臂"：手臂向一侧水平伸直，拇指朝下，余指握拢，小臂向下摆动。

（3）"转臂"：手臂水平伸直，指向应转臂的方向，拇指伸出，余指握拢，以腕部为轴转动。

（4）"微微升臂"：一只小臂置于胸前一侧，五指伸直，手心朝下，保持不动，另一只手的拇指对着前手手心，余指握拢，做上下移动。

（5）"微微降臂"：一只小臂置于胸前一侧，五指伸直，手心朝上，保持不动，另一只手的拇指对着前手手心，余指握拢，做上下移动。

（6）"微微转臂"：一只手小臂向前伸直，手心自然指向一侧，另一只手的拇指指向前手手心，余指握拢做转动。

"微微伸臂""微微降臂""微微转臂"手势主要用于小距离的前、后、左、右移动。这些手势可连接指挥，即从微动开始一直指挥到运动的结束。根据臂杆所在位置情况，指挥要有一定的节奏。

（7）"伸臂"：两手分别握拳，拳心朝上，拇指分别指向两侧，做相斥运动。这是用于汽车起重机或轮胎起重机的液压臂杆的伸长的指挥手势。

（8）"缩臂"：两手分别握拳，拳心朝下，拇指对指，做相对运动。这是用于液压臂杆缩短的指挥手势。

（9）"抓取"：两小臂分别置于侧前方，手心相对，由两侧向中间摆动。这是用于抓斗起重机和电磁吸盘起重机的指挥手势。此手势主要用于装卸物料时对抓斗和电磁吸盘的抓取或吸取的指挥。

（10）"释放"：两小臂分别置于侧前方，手心朝外，两臂分别向两侧摆动。这个手势和"抓取"手势相对应。

（11）"翻转"：一小臂向前曲起，手心朝上，另一只小臂向前伸出，手心朝下，双手同时翻转。这是用于起重机对物体进行翻转的指挥手势。

（12）"履带起重机回转"：一只小臂水平前伸，五指自然伸出不动，另一只小臂在胸前做水平重复摆动。这是用于履带起重机回转的手势。指挥人员一只小臂水平前伸，五指自然伸出不动，表示这条履带原地不移动。另一只小臂在胸前做水平摆动，表示这条履带可向小臂摆动方向转动，履带转动方向的大小，可根据手势摆动幅度的大小而定。

（13）"起重机前进"：双手臂先向前伸，小臂曲起，五指并拢，手心对着自己，做前后运动。这是用于起重机门架活动支座向前移动的指挥手势，使用此手势的起重机有门式起重机、塔式起重机、门座起重机和桥式起重机。这些起重机可以通过活动支座的移动来实现负载在水平方向的移动。此手势和通用手势信号中的"吊钩水平移动"手势的指挥目的相同，但指挥对象不同，前者指挥门架或活动支架，后者指挥小车。

（14）"起重机后退"：双小臂向上曲起，五指并拢，手心朝向起重机，做前后运动。这是用于起重机门架或活动支座移动的指挥手势。指挥人员在指挥起重机前进或后退时，应尽量 3/4 面向起重机门架或活动支座的方向，以便于起重机司机看清手势的相对位置。

3．音响信号

（1）"预备"信号："预备"信号用口哨一长声—。

（2）"停止"信号："停止"信号用口哨一长声—。

（3）"上升"信号："上升"信号用口哨二短声●●。

（4）"下降"信号："下降"信号用口哨三短声●●●。

（5）"微动"信号："微动"信号用口哨断续短声●○●○●●。

（6）"紧急停止"信号："紧急停止"信号用口哨急促的长声—。

司机使用的音响信号有三种，即"明白""重复"和"注意"。

"明白"：服从指挥，用一短●。

"重复"：请求重新发出信号，用二短声●●。

"注意"：提醒对方，用一长声—。

4．起重吊运指挥语言

（1）"开始、停止工作"语言：

开始工作：开始；

停止和紧急停止：停；

工作结束：结束。

（2）"吊钩移动"语言：

正常上升：上升；

微微上升：上升一点；

正常下降：下降；

微微下降：下降一点；

正常向前：向前；

微微向前：向前一点；

正常向后：向后；

微微向后：向后一点；

正常向右：向右；

微微向右：向右一点；

正常向左：向工；

微微向左：向左一点。

（3）"转台回转"语言：

正常右转：右转；

微微右转：右转一点；

正常左转：左转；

微微左转：左转一点。

（4）"臂架移动"语言：

正常伸长：伸长；

微微伸长：伸长一点；

正常缩回：缩回；

微微缩回：缩回一点；

正常升臂：升臂；

微微升臂：升臂一点；

正常降臂：降臂；

微微降臂：降臂一点。

5．常用的吊装指挥旗语信号

一般在高层建筑、大型吊装和距离较远的起重作业情况下，为了增加起重机司机对指挥信号的视觉范围，可采用旗帜指挥。旗语信号是吊运指挥信号的另一种表达形式。同一信号用旗语指挥和用手指挥其含义是完全相同的。

（1）"预备"：单手持红绿旗上举。

（2）"要主钩"：单手持红绿旗上举，旗头轻触头顶。

（3）"要副钩"：一只手握拳小臂向上不动，另一只手拢红绿旗，旗头轻触前只手的肘关节。

（4）"吊钩上升"：绿旗上举，红旗自然放下。

（5）"吊钩下降"：绿旗拢起下指，红旗自然放下降。

（6）"吊钩微微上升"：绿旗上升，红旗拢起横在绿旗上，互相垂直。

（7）"吊钩微微下降"：绿旗拢起下指，红旗横在绿旗下，互相垂直。

（8）"升臂"：红旗上举，绿旗自然放下。

（9）"降臂"：红旗拢起下指，绿旗自然放下。

（10）"转臂"：红旗拢起，水平指向应转臂的方向。

（11）"微微升臂"：红旗上举，绿旗拢起横在红旗上，互相垂直。

（12）"微微降臂"：红旗拢起下指，绿旗横在红旗下，互相垂直。

（13）"微微转臂"：红旗拢起，横在腹前，指向转臂的方向，绿旗拢起，横在红旗前，互相垂直。

（14）"伸臂"：两旗分别拢起，横在两侧，旗头外指。

（15）"缩臂"：两旗分别拢起，横在胸前，旗头对指。

（16）"微动范围"：两手分别拢旗，伸向一侧，其间距与负载所要移动的距离接近。

（17）"指示降落方位"：单手拢旗，指向载荷应降落的位置，旗头进行转动。

（18）"履带式起重机回转"：一只手拢旗，水平指向侧前方，另一只手持旗，水平重复挥动。

（19）"起重机前进"：两旗分别拢起，向前上方伸出，旗头由前上方向后摆动。

（20）"起重机后退"：两旗分别拢起，向前伸出，旗头由前方向下摆动。

（21）"停止"：单旗左右摆动，另外一面旗放下。

（22）"紧急停止"：双手分别持旗，同时左右摆动。

（23）"工作结束"：两旗拢起，在额前交叉。

第七节　起重作业安全操作技术

一、绑挂时的安全操作技术

（1）必须正确计算或估算物体的重量及其重心的确切位置，使物体的重心置于捆绑绳吊点范围之内。

（2）绑扎用钢丝绳吊索、卸扣的选用要留有一定的安全裕量，绑扎前必须进行严格检查，如发现损坏应及时更换，未达到报废标准时，应在出现异常部位处做出明显标记，作为继续检查的重点。

（3）捆绑绳与被吊物体间必须靠紧，不得有间隙，以防止起吊时重物对绳索及起重机的冲击。

（4）捆绑必须牢靠，在捆绑绳与金属体间应垫木块等防滑材料，以防吊运过程中吊物移动和滑脱。

（5）用于绑扎的钢丝绳吊索不得用插接、打结或绳卡固定连接的方法缩短或加长。绑扎时锐角处应加防护衬垫，以防钢丝绳损坏造成事故。

（6）绑扎后的钢丝绳吊索提升重物时，各分支受力应均匀，支间夹角一般不应超过90°，最大时不得超过120°。

（7）采用穿套结索法，应选用足够长的吊索，以确保挡套处角度不超过120°，且在挡套处不得向下施加损坏吊索的压紧力。

（8）吊索绕过吊重的曲率半径应不小于该绳径的2倍。

（9）绑扎吊运大型或薄壁物件时，应采取加固措施。

（10）注意风载荷对物体引起的受力变化。

（11）捆绑完毕后应试吊，在确认物体捆绑牢靠、平衡稳定后方可进行吊运。

（12）卸载时，也应在确认吊物放置稳妥后落钩卸载。

二、挂钩安全操作技术

（1）挂钩工必须熟悉各种起重机的安全操作和动作特性，并有捆缚、吊挂知识，熟悉吊钩、钢丝绳、链条等起重工具的性能和报废标准，以及最大允许负荷和保养使用安全技术知识。

（2）工作前应检查吊具是否牢固，若发现已达到报废标准的钢丝绳、链条、纱绳和麻绳等，应禁止使用，立即更换。

（3）根据吊运物件正确选用工具和吊重方法，在吊运过程中要与起重机司机密切配合，正确运用各种手势及时发出信号。

（4）工作时应事先清理起吊地点及运行通道上的障碍物，招呼逗留人员避让，自己也选择恰当的位置及随物护送的线路。

（5）工作中禁止用手直接校正已被重物张紧的绳子，如钢丝绳、链条等。吊运中发现捆缚松动或吊运工具发生异样、怪声，应立即指挥停车检查。

（6）翻转大型物件应事先放好旧轮胎或木板条垫物，作业人员应站在重物倾斜方向的对面，严禁面对倾斜方向而站立。

（7）合理选用钢丝绳和链条，各分股间的夹角不应超过60°，尤其要重点注意专用吊运部件。

（8）吊运物如有油污，应将捆缚处的油污擦净，以防滑动；锐边棱角应用软物衬垫，防止割断吊绳。

（9）捆缚后留出的不受负荷的绳头，必须绕在吊钩或吊物上，以防止吊物移动时挂住沿途人或物体。

（10）起吊物件时，应将附在物体上的活动件固定或卸下，防止重心偏移或活动件滑下伤人。

（11）吊运成批零星小物件时必须使用专门吊篮、吊斗等。同时吊运两件以上重物，要保持物件平稳，不使物体互相碰撞。

（12）吊运开始时，必须招呼周围人员离开，挂钩工退到安全位置，然后发出起吊信号，当重物离地面1 m左右时，应停车检查捆绑情况，确认无误后，再继续起吊，严禁以短距离吊运或其他理由不执行操作规程。

（13）在任何情况下，严格禁止用人身重量来平衡吊运物体，更不允许站在物体上同时吊运。

（14）卸下吊运物体，要垫好垫木，不规则物体要加支撑，保持平稳，不得将物体压在电气线路和管道下面，或堵塞道路。物体堆放要整齐平稳。

（15）如有其他人员协助挂钩工执行挂钩任务时，由挂钩工负责安全指挥和吊运。

（16）工作结束后，应将所用工具擦净油污并做好维护保养，加强保管。

（17）有四个吊环的方箱体，不准对角兜挂两点，重心接近或高于吊挂位置的物体，不准兜挂两点。

（18）吊运形状对称物体的绳索长度应一致；形状复杂，重心不在中心的物体，绳索长度与绑挂位置要恰当，应进行试吊，保证起吊后不产生游摆位移或倾斜。单绳吊物必须采取防滑动措施，双绳吊挂张开角度不得大于120°。

（19）吊运受压容器必须有专用槽斗或其他安全措施。吊运化学危险品，要严格遵守国务院发布的《化学药品安全管理条例》的有关规定。

三、吊运作业的安全操作技术

（1）操作人员在作业前要明确任务，并制定可靠的安全技术措施，班组长和安全管理人员要经常督促检查，发现问题要及时、妥善加以解决。

（2）每班工作前，对起重设备进行一次空负荷试验，检查各部件是否灵活、可靠。发现问题应提早处理，以免影响工作。

（3）吊运前对各机具（如钢丝绳、链式起重机、千斤顶、滑车、卡环等）进行检查，发现有缺陷，不符合安全要求的不准使用。

（4）起吊用的吊钩、吊环、链条等，要符合标准要求，并不得超负荷使用。

（5）起吊物件，起吊前应准确了解其重量，选用合适的滑车组和起吊钢丝绳，并进行试吊，严禁盲目冒险起吊。

（6）预制构件起吊前，必须把模板全部拆除，清理干净，严防构件起吊后模板及杂物坠落伤人。

（7）起吊物应绑牢。吊钩悬挂点与吊物的重心在同一垂直线上，吊钩的钢丝绳应保持垂直，严禁偏拉斜吊。落钩时应防止吊物局部着地引起吊绳偏斜。吊物未固定时，严禁松钩。

（8）起吊机具受力后，要仔细检查桅杆、地锚、缆风绳、滑车组、卷扬机等变化情况，发现异常现象，应立即停止起吊工作。

（9）起钩时，操纵杆不要扳得太紧，防止由于过紧而被卡住。

（10）吊重作业中不准扳动支腿操作手柄，如要调整支腿时，应落下重物后，再进行调整。

（11）使用导向滑车作水平导向时，底滑车钩向下挂住绳扣，防止使用中脱钩，垂直悬挂的导向滑车要在钩子上绕一圈，避免滑车移动或绳索走动时，发生滑动。

（12）起吊用的钢丝绳、链式起重机、吊钩等机具，不得和电气线路交叉、接触，并保持一定的安全距离。

（13）起吊工作要做到"六不吊"：指挥信号或手势不明确不吊，质量和重心不清不吊，超过额定负荷不吊，工作视线不清不吊，挂钩方法不对不吊。

（14）构件吊装就位，必须放置平稳牢固后，方准松开吊钩或拆除临时固定件。构件未经固定，不得进行下道工序，或在其上行走。

（15）运输构件时，应支垫稳妥，捆绑牢固，运输过程中应采取措施，避开各种障碍物。

（16）现场堆放屋架、吊车梁等构件，必须支垫稳妥、牢固，严防倾倒。构件严禁放在通道上，确保消防道路畅通无阻。

（17）使用撬杠做撬和拨的操作时，人要站稳，应双手握持撬杠，不得将身体扑在撬杠上或坐在撬杠上。

（18）登高作业要系好安全带，穿好防滑鞋。使用梯子时，中间不得缺档，梯子倾斜度为 60°～75°，使用人字梯时，下部要拴牢，张开角为 45°～60°。

（19）高处作业使用的工具、工件，上下传递时，要采取必要的安全措施，不准用甩抛的方法传递，防止出现事故。

（20）不准用直径大的绳索捆绑小设备或构件，薄壁圆柱形容器捆扎时，要防止绳扣滑脱，在圆周方向垫等厚木板，以保护容器不受挤压，必要时，可采取加固措施。

（21）搬运设备过程中，要分工明确，指挥统一，动作要相互协调。

（22）在上、下坡道搬运设备时，要有必要的防滑措施。向下坡（大于 10°）方向运设备时，其后面应拴挂索具或卷扬机，控制速度，确保安全。

（23）在暴雨、大风、汛期后，应对脚手架及起重设备进行检查、修理、加固，排除险情。在雨季和冬季雪天吊装作业时，必须采取防滑措施，及时清除冰雪。

（24）当工作地点的风力达到五级时，不得进行受风面大的起吊作业。遇六级及六级以上大风或大雨、大雾、大雪等恶劣气候时，应停止露天起重作业。

（25）已吊起的物体不准长时间停在空中，需在空中短时间停留时，操作人员和指挥人员不得离开工作岗位。

（26）起重工作区域内，无关人员不得停留或通过。在伸臂和吊物下方，严禁任何人通过或逗留。

（27）起吊作业场所，夜间要有足够的照明设备和畅通道路，并应与附近设备、建筑物保持一定距离，防止发生碰撞。

四、设备吊运、捆绑作业的保护措施

（1）设备或构件在起吊过程中，要保持其平稳，避免产生歪斜；吊钩上使用的绳索，不得滑动，以保证设备或构件的完好无缺。

（2）使用吊索时，其夹角不要过大，通常要在 60° 范围内。起吊精密设备和薄壁部件时，吊索间的夹角更应小些。

（3）用吊钩起吊设备时，无论使用单钩或双钩，都要与设备重心相吻合，以保证吊装过程中不损坏设备或构件。

（4）对起吊拆箱后的设备或构件，应对其油漆表面采取防护措施，不得使漆皮擦伤或脱落。

（5）在起吊过程中，为了保持设备或构件的平衡，要考虑其质（重）量、外形尺寸、重心和吊装要求等，可分别采取等长和不等长吊索以及增加吊点的方法。

（6）对机床类的设备，起吊时要尽量使用起耳环、起吊钩、吊耳、起吊耳等，以满足机床本身对吊运过程的要求。

（7）对于高度尺寸较大的机床，吊点应设在其上部；高度尺寸较小者，吊点应设在中、下部，以保持吊装中设备的稳定性。

（8）吊运精密机床时，还可以采用特制的平衡梁进行起吊，以保证机床的精度不受损失。

（9）大型解体设备的吊运，可采取分部件的吊运方法，边起吊、边组装，其绳索的捆绑应符合设备组装的要求。

（10）在起吊过程中，绳索与设备或构件接触部分，均应加垫麻布、橡胶及木块等非金属材料，以保护其表面不受破坏。

五、起重机的基本安全操作

1．准确吊运物件

（1）在吊运物件时，要把吊钩准确地停在被吊物体上方。若位置不对，桥式类起重机要用大、小车进行"找正"。要判断吊钩是否在物体上方，就要一边起钩，一边观察吊物钢丝绳的受力情况，如果钢丝绳受力均匀，则吊钩位置停在正确位置。

（2）准确起升，当挂物件的绳子接近绷直的时候，要一上一下地起升，边上升边校正位置，以防工作物起吊后摇动伤人或吊挂不牢而跌下。也不能突然起吊，因为突然起吊所产生的冲击会引起起重机产生不良影响。

（3）在降落物体时，应一上一下地慢慢降落，不能快速降落，以防止物件倒下，造成人身事故和设备的损坏。

2．物件的翻身

（1）兜翻是把物体翻身的钢丝绳扣挂在被翻物体的底部或侧面的下角部分，吊钩必须垂直往上吊，边起钩边校正大、小车，使吊钩始终处于垂直状态。被翻物件重心超过支撑点时，就自己翻倒过去。在被翻件自行翻转的瞬间，不论翻物用的钢丝绳松紧程度如何，都要立即向下落钩（见图5-31）。兜翻主要用于不怕碰撞的毛坯件一类物体。加工后的精密件，不准许兜翻。

（2）游翻是把被翻物件吊起来后，再开车造成人为摇摆。在被翻件摆到幅度最大瞬间时迅速落钩，被翻物体下部着地后，上部就在惯性作用下继续向前倾倒。这时吊钩要一直顺势往下落，同时还要开车进行校正，使吊钩在翻转过程中保持垂直。在游翻过程中，要使被翻物体恰好处于垂直或接近垂直的瞬间着地（见图5-32）。

（3）带翻是把被翻物体吊起来后，再立着落下，落到使钢丝绳绷紧的程度，然后向翻的方向开车，把被翻物体带倒。在被翻物体趋于自行倾倒时，要顺势落钩，落钩时要使吊钩保持垂直。带翻实际上是用斜拉的操作方法进行翻物。斜拉角度一般为3°左右，最多不能超过5°，带翻的角度如果超过5°，则不能进行带翻，必须改变吊挂方法或采取其他措施。

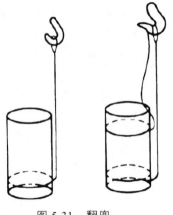

图 5-31　翻兜

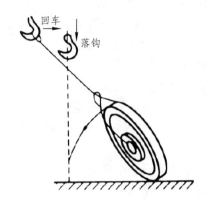

图 5-32　游翻

（4）双钩空中翻转。具有主副钩或双小车的桥式起重机，可以利用本身两套起升机构协同作业完成物体的翻转工作。图 5-33 所示为主副钩协同工作倾倒钢水的示意图。

主副钩分别吊在钢水包的上部和下部，主钩将钢水包吊起，副钩跟随，待对准倾倒位置后，起升副钩，即可倾倒钢水。利用主副钩或双小车翻转物件，容易操作、安全可靠。机身可不受冲击，在冶金浇铸方面获得广泛应用。

从以上几种翻转物件方法可知，关键在于：

① 正确估计被翻物件的重量及其重心位置；

② 根据被翻物件特点，结合现场具体起重条件，确定翻转方案；

③ 根据选择的翻转方案，正确选择吊点和捆绑位置；

④ 操作熟练，时刻控制被翻物件，防止冲击。

3．吊钩的游摆

防止和消除吊钩的游摆是吊运过程稳定的基本要求，是操作过程中实现安全生产的具体保证。

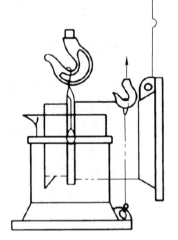

图 5-33　双钩翻转

游摆的实质是吊钩由于外界作用使其离开铅直的平衡位置，在重力作用下力求返回原平稳位置的过程中产生了相对运动。

（1）产生游摆的原因：

① 斜吊：在吊运时，吊钩不能准确定位，在重力的切向分力作用下产生水平运动。

② 运行机构突然启动或制动，吊钩由于惯性而产生游摆。

③ 物体或设备吊装不当，特别是对于重量小于吊钩重量的物件，如用很长的绳吊运，则会发生吊物与吊钩之间的游摆。

④ 司机操作技术不熟练，不会控制吊钩。

（2）防止和消除游摆的方法：

① 防止吊钩的游摆：司机要遵守操作规程，吊运时吊钩要正确定位，启动时要逐挡慢速启动，制动器调整要适宜；吊小物件时，应选择较短的绳子。

② 吊钩游摆的消除：当由于操作不当吊钩产生游摆时，通常采用"跟车"的办法来消除游摆。如吊钩向某方向游摆，在其尚未达到最大幅度时，使车体向同方向加速，从而在吊钩处于铅直位置时，吊钩与车体运动同步，二者的相对速度为零，把吊钩稳住。

4．特殊事故操作

在起重机工作过程中，当起升机构制动器因某机件损坏而突然失效时，将会发生所吊物件的自由坠落。这时司机一定要沉着、冷静、迅速地根据当时所吊物件的位置情况，果断作出决定：物体所在位置下面无人和设备时，司机应把手柄扳到下降第一挡，将被吊物迅速降落；当物件所在位置不允许强力下降时，应迅速开动运行机构，向可卸位置开去，以便及时降落物件到安全场地。

六、起重机驾驶员的基本要求

做到稳、准、快、安全、合理是对起重机驾驶员的基本要求。

稳：驾驶员在驾驶起重机的过程中，必须做到启动、制动平稳，吊钩或负载不摇晃。

准：在稳的基础上，吊钩或重物应正确地停在所需要的位置上。

快：在稳、准的基础上，协调各工作机构的动作，缩短工作循环时间。

安全：对设备预检预修，确保起重机在完好的情况下可靠有效地工作。在操作中，严格要求贯彻执行安全技术规程，不发生任何人身设备事故。在意外事故情况下，能机动灵活地采取措施制止事故或把损失减少到最低程度。

合理：在了解起重机的性能基础上，根据吊运物件的具体情况，正确地操纵控制器。

稳、准、快、安全、合理是互相联系的，"稳"和"准"是前提，如果不稳不准就做不到"快"，安全生产就没有保证，"快"也就没有意义；但只讲安全不快，也不能充分发挥起重机的工作效率。所以只有做到稳、准、快、安全、合理的操作，才能成为一名合格的起重机驾驶员。

第八节　起重作业安全操作注意事项

一、起重工作一般注意事项

（1）起重作业人员必须经过一定的培训，考试合格由劳动安全部门发给特种作业证后方可进行操作。

（2）吊装大、中型及重型设备，要制定切实可行的吊装方案，批准后应认真贯彻执行。

（3）要做到吊装前的安全技术交底，施工人员必须做到四个明确，即工程任务明确、施工方法明确、吊装物体的重量明确和安全注意事项明确。

（4）起重作业人员在工作前应对起重机的主要部件以及各个安全装置进行仔细检查，确认安全可靠方可进行工作，并应定期对各机械、电气设备进行调查和维护保养。

（5）起重作业人员要服从统一指挥和调配，要分工明确，坚守岗位，尽职尽责，保证吊运工作的顺利进行。

（6）进入运行区域工作时，应遵守运行制度，不能碰摸按钮和各种控制设备。

（7）禁止在管道、设备以及不紧固的建筑物上捆绑滑子、链条葫芦和卷扬机等作为起吊重物的承力点。

（8）吊装工作中，必须坚守工作岗位，做到思想集中，听从分配，严禁吵闹和闲谈。

（9）需要进入运行区域工作时，必须取得有关人员和部门的同意，办理必要的作业票。

（10）各种重物放置要稳妥，以防倾倒和滚动。

（11）遵守安全规程，进入施工现场要戴安全帽，工作前不得饮酒。

（12）在吊运中，如遇有大雨、大雪、大雾或六级以上的大风，影响作业安全时，应停止起重工作，并将臂杆放在安全的位置，对于轨道运行的起重机还应夹紧夹轨器，或把起重机开到有锚固装置的地段，锚固在轨道上。

（13）吊运作业场地周围，如有易燃、易爆危险品时，要采取有效的隔离措施，以保证作业人员、设备和机具的安全。

（14）作业区要有警戒标志，非作业人员不得进入作业区。

二、高处作业的安全注意事项

（1）凡在坠落高度基准面2 m及2 m以上有可能坠落的高处进行作业，均为高处或高空作业。高处作业应由经体检合格的人员担任，经医生诊断患有不宜从事高处作业病症的人员不得参加高处作业。

（2）高处作业人员应遵守高空作业有关规定，须戴好安全带方能进行工作。注意：安全带应挂在上方的牢固可靠处，受力点应在人身重心上部。

（3）安全带在使用前，要认真进行检查，并且定期进行负荷试验，合格者方能使用。

（4）高空作业，必须穿软底鞋，严禁穿拖鞋、硬底鞋及塑料鞋等。

（5）高处作业人员应衣着灵便，衣袖、裤脚应扎紧。

（6）进行高处作业前，应预先搭高脚手架，或采取隔离措施，防止坠落。

（7）在高空搭设的脚手架上的跳板，一定要符合规定要求，且两头绑牢，防止翘头。

（8）在容器顶、高空独根钢梁、屋面等其他危险边缘进行工作时，临空一边应装设栏杆和安全网。

（9）高处作业所带工具、材料应放在工具袋内，并拴好安全绳，较大的工具应将安全绳拴在牢固的构件上，不准随意往上、往下扔抛工具和物件，以防坠落伤人或损坏设备。

（10）在进行高处作业时，除有关人员外，其他人员不许在工作地点的下面逗留和通过，工作地点下面设拦绳等，以防落物伤人。

（11）禁止踩在不牢固的结构上进行高处作业，为了防止误踩，应在这种结构的必要地点挂上警告牌。

（12）冬季上高处施工，必须清扫积雪等，以防滑倒。

（13）遇有六级以上大风、雷雨、大雾、大雪时，应停止露天高处作业。

三、起重机械司机的"十不吊"

起重安全注意事项较多，但在现在起重作业中，经常遇到的情况归结为"十不吊"，各司机应牢记，不可忽视。

（1）被吊物体的重量不明确不吊。

（2）起重指挥信号不清楚不吊。

（3）钢丝绳等捆绑不牢固不吊。

（4）被吊物体重心和钩子垂线不在一起，斜拉斜拖不吊。

（5）被吊物体被埋入地下或冻结一起的不吊。

（6）施工现场照明不足不吊。

（7）六级以上大风时，室外起重工作不吊。

（8）被吊设备上站人，或下面有人不吊。

（9）易燃易爆危险物件没有安全作业票不吊。

（10）被吊物体重量超越机械规定负荷不吊。

四、电气瓷瓶等起重作业注意事项

电气瓷瓶是属于易碎设备，在起重作业中除应遵守一般吊装规程外，还需特别注意以下几点。

（1）如果厂家供应的套管或瓷瓶等没有装箱，在场内搬运应注意：

① 利用车辆运输倒置设备时，应在车辆上用橡皮或软物垫稳，并与车辆相对固定，捆绑牢固、垫妥，防止振动，以免互相碰撞或摩擦而造成损坏。

② 利用车辆竖立运输，应在瓷瓶的上、中部与车辆的四角用绳索捆稳，并注意避开运输路线中所有空中障碍物，以免造成倾倒和撞坏。

③ 利用滚移竖立搬动，应将瓷瓶和拖板之间牢固连接，并在瓷瓶顶端用木棒撑在拖板四角，用麻绳将木棒和瓷瓶绑紧，在拖板下的滚杠应比一般拖运多而密，防止前后摇晃而发生倾倒。

（2）对于放倒运输的细长套管，在竖立安装前，必须将套管在空中翻身，在翻竖的过程中，套管的任何一点都不能着地。

（3）起重绑扎应采用较柔软的麻绳，如所吊瓷瓶较重，必须用钢丝绳起吊时，钢丝绳必须用软物包裹，同时在瓷瓶的绑扎处应垫软物，防止瓷瓶的损坏。

（4）起吊、落钩速度尽量缓慢、平稳，如果采用的吊装起重机的升降速度较快，可在吊钩上系挂链条葫芦，借以减慢起吊速度。

（5）对于细长的瓷瓶等的吊耳在下半部位置时，吊装时必须用麻绳将起吊绳和瓷瓶的上部捆牢，防止倾倒。

五、滑滚法运输时的安全注意事项

（1）拖运物件时，不论在平稳的水泥路上或是在一般的道路上，均应铺设下走道，以防滚杠压伤手脚，添放滚杠人员不准戴手套，大拇指应放在滚杠上部，其余四指放在滚杠内，添放滚杠的人应蹲在拖板两旁。

（2）物体重心应放在拖板中心稍后一些，减轻拖板前头压力，避免出现吃滚杠的现象。拖运圆形物体时，应垫好枕木楔子，体积高大而底面积小的物体，在拖运时，应采取防止倾倒的措施，对于薄壁和易变形的物体拖运前应做好加固措施。

（3）下走道的铺设应将枕木的接头互相错开，并且下走道要平直，以减少拖运时的摩擦力，下走道的接头处要求后一块的枕木不高于对接的前一块枕木接头，如超过前一块高度时，应用薄木板将前一块接头垫高。

（4）拖运物件时，切勿在不牢固的建筑物或正在运行的设备上绑扎拖运滑车组。

（5）拖运物件需打木桩绑扎拖运滑车组时，应摸清地下是否有埋设电缆、管道或其他通水管等情况。

（6）拖运物件时，由拖运钢丝绳造成的危险区域，严禁让人停留或通过。

（7）拖运物件时，用铁锤打击滚杠时，防止打人或锤头脱落伤人。

六、汽车运输安全注意事项

（1）利用汽车运输物件时，应明确汽车的性能和使用条件，不能超载运输。

（2）装车时，应了解物件的形状和重心位置，对于重心位置不稳固的物件装车后，必须用麻绳、钢丝绳、倒链和紧绳器等捆绑牢固，对于圆形易滚动的物件，除捆绑外，还需沿其滚动方向用枕木楔死。

（3）装车时，物体重心应尽量装在汽车后轮胎稍偏前和左右对称的位置上，不应偏差太大，对于所装物体本身不能达到上述位置时，应适当加放配重，使汽车保持平衡运输。

（4）超长材料装车时，应在汽车上装置超长架，超长架应固定在汽车车厢上，不应移动，对于超长材料应固定地与超长架和车厢索具进行捆绑。

（5）汽车在运输中，一般应关好车厢板，若因物件超长、超宽不能关严，应对车厢板采取捆绑措施。

（6）汽车在公路上运输时，装运物件的长、宽、高尺寸应遵守交通管理部门关于汽车运输的有关规定。

（7）采用机动车辆运输货物时，车厢内不准载人。

第六章

一般设备的

搬运与吊装

- 第一节　装卸运输的基本概念
- 第二节　常用的装卸车方法
- 第三节　设备过坑（沟）的搬运
- 第四节　装卸运输的基本要求及注意事项
- 第五节　设备、构件常用的吊装方法
- 第六节　一般设备、构件吊装的作业程序
- 第七节　中小型物件的吊装
- 第八节　设备厂房内运输

第一节　装卸运输的基本概念

一、装　车

（1）在装车前，应对所用工具、吊具、机械进行检查，确认安全后，方能使用，并应准备足够的垫木、撑木、旧麻袋等辅助物品。

（2）物件装车时，应垫稳、捆牢，一般物件可用麻绳或8号铁丝捆绑，较重的物件或难以固定的物件，应用钢丝绳倒链捆绑。

（3）物件应对称地装在载重车上，使载荷均衡。

（4）混凝土构件装车时，在各层之间和最下面均应垫好通长垫木，每个构件最少垫两根。垫木应放在吊环的附近，其厚度应高出吊环。上下垫木的中心在一条垂直线上。垫木应具有承受构件的强度。

（5）长构件装车时，可采用平衡梁三点支撑，平稳梁和运输车用铰链连接，如图6-1所示。此法用于运输车平板长度不足的情况。也可采用增设辅助垫点的方法，如图6-2所示。但要注意，辅助垫点应在其他两主垫点垫实后再垫，且不可垫得太实，只需在垫木上放置木楔，用小锤稍敲紧即可。也可以设置超长架运输长构件，超长架应固定在车厢上，构件与超长架及车厢应捆绑牢固。

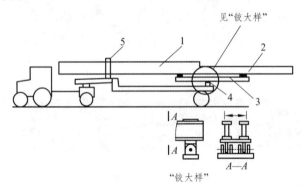

1—柱子；2—垫木；3—平衡梁；
4—铰；5—稳定柱子支架。

图6-1　在运输车上设置平衡梁运长柱

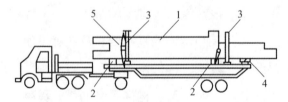

1—柱子；2—主垫点垫木；3—支架；4—辅助垫点；
5—捆绑倒链和钢丝绳。

图6-2　在运输车上设置辅助垫点运长柱

（6）T形梁、倒L形梁或类似易于倾斜的构件装车时，应放置固定支架。

（7）屋架装车时，应将屋架立放，屋架之间垫以木块，并用绳索绑成一体，再用8号铁丝和木杆从车的两端将其拴牢。

（8）机械设备装车时，应利用吊环起吊，钢丝绳切勿绑扎在精加工面上。

二、卸　车

（1）卸车前，先将容易倾倒的构件用临时支撑支牢，然后再解开绑绳。吊卸时，也应先将容易倾倒的构件支撑好，然后起吊。

（2）卸车前，根据保护物体的要求，在堆放处放好垫木或砖头等，如混凝土构件应按装车要求放置好垫木。

（3）卸车时，待物品放置稳定后，方准摘钩。

（4）堆放构件时，垫木应靠吊环位置，每层垫木的两端伸出部分不小于50 mm。

（5）预制构件直立放置时，应采用工具或支撑支牢，T形梁、倒L形梁必须正放，并加支撑不少于三道。

三、运　输

在工程建设中，运输工作可分为厂外运输和厂内运输两类。厂外运输，也叫一次运输或长途运输，即由制造厂将设备、构件或其他器材运到施工现场的堆放场地，运输距离较长。一次运输常采用铁路、公路或水路运输。厂内运输，也叫二次搬运，一般从堆放场地或仓库运到施工地点，运距较短。

第二节　常用的装卸车方法

一、机械装卸

随着机械化的不断发展，施工现场机械装卸车的比例已显著上升，绝大部分设备都是由各种起重机来完成，如从制造厂运来的一般中小型设备，大部分是由铁路吊车卸车。有的专用线已修到组合场。就可用组合场内龙门吊、塔吊等卸车，还可将履带吊车开至铁路沿线专门卸车。如某电站在施工中，一次运来设备就有30多节车皮，为了完成卸车任务，加快车皮的周转，同时就布置了两台15 t履带吊、一台50 t电动履带吊、一台16 t轮胎吊、一台70 t汽车吊，用五台起重机同时卸车，铁路吊车专门拉车皮、对货位。还有的将一些中、大型设备由铁路吊运拉到现场或汽机房或用大型塔吊或桥吊卸车。

二、扒杆装卸

扒杆装卸就是根据设备外形尺寸和重量的大小，设置一专门的独脚或人字扒杆进行装卸。这种装卸车的方法在小型电站工地，由于交通不便、机具较少，常被采用。采用这种方法在设计扒杆和选择装卸车地点时要通盘考虑，一定要一机多用，如油库内汽车运油，装卸油罐因地方狭窄和油库禁火，一般都有人字或三脚扒杆，因其质量一般都在 3 t 左右，只要用倒链就可以完成。

三、专用工具装卸

专用装卸工具为装卸特殊设备，一些体积大、重量重，超过现场起重机的起吊能力的装备，需要设计并制造一个专门的起吊工具来完成装卸任务。如大型发电机定子的质量为 248 t，用 300 t 拖车拖到现场后，采用吊装发电机静子的专用工具——吊笼进行卸车，方法较为简单，安全可靠。

四、滑行装卸

滑行装卸车是利用滑动摩擦的原理，在搭好斜道的木垛上放钢轨（两三根或多些）并在轨道涂上一层黄油，以减少摩擦力。由卷扬机配合滑车，加大速比，用小吨位的卷扬机，就可装卸大吨位的设备。

1．装车的方法

如图 6-3 所示，用千斤顶将设备举起，将钢轨的拖排 5 安放在设备下面，再由货车上的平台 3 与设备 4 的底座平面间搭设一个斜道木垛 1，然后在货车另一边安放一台卷扬机 2。把设备用钢丝绳捆好后，在统一指挥下，开动卷扬机，并由专人注意稳住设备，防止其倾斜。这样，设备平稳地拉上货车后，再用千斤顶将设备举起，抽出钢轨和拖排，并将设备落到货车平板上。

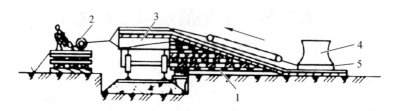

1—斜道木垛；2—卷扬机；3—货车平台；4—设备；5—钢拖排。

图 6-3　设备滑行装车法

2．卸车的方法

首先用千斤顶将设备从货车平板上举起，将轨道和钢拖排放在设备下面，然后与装车法一样搭斜坡，捆绑设备和装法不同的是在设备两旁各放一台卷扬机 1 和 2，两台卷扬机向相反向牵引，即卷扬机 1 慢慢收绳，卷扬机 2 又慢慢松绳，当设备滑到斜面上后，依靠自重沿斜坡向下滑动。当滑到地面上稳定后，用千斤顶将设备举起，将拖排和轨道从设备底座下抽出，如图 6-4 所示。

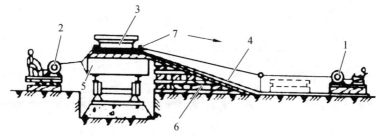

1，2—卷扬机；3—设备；4—轨道；5—货车；
6—斜道木垛；7—钢拖排。

图 6-4　设备滑行卸车法

五、滚动装卸

滚动装卸是利用滚动摩擦的原理，在搭好的斜道木垛上放上钢轨（两根以上或更多一些），再将滚杠放在设备拖排下面，同样用卷扬机牵拉拖排，就可进行设备装卸车。

1．装车方法

用千斤顶将设备举起，并将钢拖排放在设备底座下面，再将滚杠放在钢拖排下方，再从货车 3 上的平板与地平面间搭设一斜道木垛 1，然后在货车另一边安放一台卷扬机 2。用绳索将设备与钢拖排捆绑好，用穿好钢丝绳的滑车组与钢拖连接好后，在统一指挥下，开动卷扬机。滚动时，由专人安放和调整滚杠，直至将设备拉到货车平板上。如图 6-5 所示，再用千斤顶将设备举起，撤出滚杠和钢拖排，落下设备。

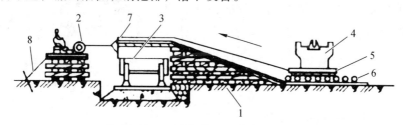

1—斜道木垛；2—卷扬机；3—货车；4—设备；
5—钢拖排；6—滚杠；7—滑车组；
8—地锚。

图 6-5　设备采用滚杠装车法

2．卸车方法

卸车方法是装车方法的相反过程。卸车前，用道木搭好斜坡道。用千斤顶将设备举起，在设备下面放好道木、钢拖排和滚杠，前面用牵引滑车组牵引设备，后面用溜放滑车组拖住（见图 6-6）。当设备进入斜坡时，牵引滑车组不受力，而后面溜放滑车组逐渐受力，此时设备靠自重逐渐滑下。为了保证设备平稳下滑，后面溜放的卷扬机与滑车组应均匀地慢速开动，使设备平稳滑下。为使滚杠不致打滑，可在斜坡道上撒些干沙。拖排两侧要由专人负责摆正滚杠，防止发生事故。

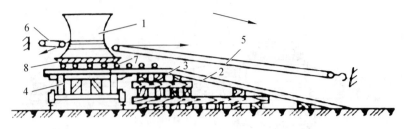

1—设备；2—斜道；3—木垛；4—货车；5—牵引滑车组；
6—溜放滑车组；7—滚杠；8—钢拖排。

图 6-6　设备采用滚杠卸车法

六、卷动装卸

在装卸作业中，除使用滑行法和滚行法装卸设备外，对于一些圆柱形或圆筒形物件还常常使用卷动的方法，如圆木、钢管、混凝土电杆等。

图 6-7 所示为用卷动的方法将电杆从岸上装到船上的工作示意图。先将船固定在码头上，并用两块或多块跳板一端搁在船上，另一端搁在岸上，在跳板的一侧装有手动卷扬机，钢丝绳一端固定在锚桩上，绕过电线杆后的另一端固定在手动卷扬机上。摇动卷扬机，随着钢丝绳的逐渐放松，电线杆在跳板上渐渐向下滚动至船上，然后将钢丝绳松开。用同样的方法也可以将电线杆从船上卷到岸上。对于重量较轻的圆柱形零件可以使用麻绳和使用人力进行卷动。

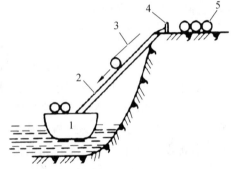

1—船；2—跳板；3—钢丝绳；4—桩锚；
5—混凝土电杆。

图 6-7　用卷动法将混凝土电杆装船

七、装卸车注意事项

（1）装卸车时，对于设备，应注意保护加工表面和油漆不受损坏；对于混凝土构件，因强度较低，要防止产生裂纹或折断；对于钢结构，因刚度较差，切不可产生变形。

（2）装卸车要轻拿轻放，杜绝野蛮装卸，造成物件的损坏。

（3）设备和构件的捆绑处应用软物垫好。

第三节　设备过坑（沟）的搬运

在运搬设备的道路上，往往不得不跨越坑或沟道，这时就需要在坑（沟）上铺设钢轨。铺设钢轨的数量见表 6-1。

表 6-1 设备过坑（沟）辅轨根数

设备质量 Q/t	沟（坑）的宽度 B/m	设备的宽度 b/m	钢轨根数	
			38 kg	43 kg
30	5	2	7	6
		3	7	6
	6	2	9	7
		3	9	7
50	5	2	12	10
		3	12	10
	6	2	13	11
		3	16	13
75	5	2	18	15
		3	18	15
		4	12	10
	6	2	20	16
		3	22	19
		4	20	16
100	5	2	24	20
		3	24	20
		4	26	13
	6	2	26	22
		3	30	25
		4	26	22
150	5	3	36	30
		4	24	20
	6	3	44	37
		4	39	33
200	5	3	47	39
		4	31	26
	6	3	59	49
		4	52	44

各种土壤的许用耐压力见表 6-2。

表 6-2 各种土壤的许用耐压力

土壤名称	许用耐压力/MPa	
	密实的	中等密实的
大块状岩石		
① 分裂岩石（非泥炭岩）	0.6～1.5	
② 大小河卵石	0.6～1.5	
③ 碎石	0.4～0.6	

土壤名称	许用耐压力/MPa	
	密实的	中等密实的
④ 砂砾	0.2~0.4	
砂质土壤		
① 砾砂及粗砂（不论湿度如何）	0.45	0.35
② 中砂	0.4	0.3
③ 细砂		
a. 干	0.35	0.2
b. 湿的及饱和水的	0.3	0.2
砂土		
① 干	0.25	0.2
② 湿	0.2	0.15
③ 饱和水的	0.15	0.1
黏土	坚硬状态	可塑状态
① 黏土	0.25~0.6	0.1~0.25
② 砂质黏土	0.25~0.4	0.1~0.25

第四节　装卸运输的基本要求及注意事项

对于厂内外的运输和搬运工作，必须根据施工现场（如铁路、公路、水路等）运输装卸的条件、物件的重量来确定装卸工作的方式。工作方式确定后，必须按照操作规程进行搬运工作。

一、装卸运输的基本要求

（1）装卸、搬运的作业场地应尽可能平坦宽敞，工作人员操作位置要有退路，不能站立在死角地方操作，防止工件、设备倾倒发生意外事故。

（2）设备在搬运时，吊点应选在设备指明的位置上捆绑，严禁拴在设备的手轮、操作手柄或精加工面上。吊索与油漆面接触处必须加软垫进行保护。

（3）设备较长、较高、上重下轻或结构单薄时，装运前必须做好加固工作，严防设备在运输过程中摆动和产生变形。

（4）设备在装卸时，一般要垂直（即吊钩中心线通过设备重心），必须倾斜装卸时，要经过计算，并采取有效措施严防事故的发生。

（5）球形或圆形设备应采用专用夹具起吊，并应装入相应的固定架内，严防运输过程中滚动。

（6）设备装车时前后重量要适宜，设备重心应在车厢的中部，如发现重心后移时，需重新就位后才允许启动。

（7）当物体较轻采用人力装卸物件，需要用跳板搭设走道时，跳板的材质应坚实牢固，不允许断裂使用。跳板的坡度不应过大，并设有防滑措施。

（8）当搬运沉重物体时，如所经道路土质松软或表面不平，应铺上木板和方木，增加承压受力面。

（9）在装卸放射性物品前，应明确物品的等级和状态。不能用肩杠、背负、抱揽等直接接触身体的装卸方法，应采用搬运机械进行装卸。

（10）装卸危险物品时，必须严格遵守有关爆炸物品管理规则的各项规定和化工产品安全管理的各项规定。

（11）利用绞车、滑车、桅杆、三角架作业时，应遵守下列要求：

① 对主要受力件要进行强度验算，桅杆、三角架还应考虑刚度和稳定性要求；

② 机具要求安装牢靠，三角架须设缆脚绳；

③ 要划定作业区域，无关人员不得入内，应采用明显隔离标志标出。

（12）施工人员必须具体分工，明确职责。注意力要高度集中，坚守工作岗位，并服从统一指挥。

（13）夜间作业时要有良好的照明，确保操作指挥的视线清楚。

（14）设备在运输过程中，应经常检查机具和设备是否正常，如发现异常现象，应立即停止运输，处理好后，再继续起运。

二、用拖排滚杠运输的注意事项

（1）将拖运的设备放在拖排上进行拖运时，不得使设备底面与滚杠直接接触。

（2）拖排应按拖运设备的重量、外形尺寸和牵引方法等选用，应有足够的强度和刚度。

（3）拖运细长设备或构件时，一般采用两个拖排，其中一个拖排底部必须带有转盘装置，拖排间应有足够强度的联系绳。

（4）拖运头重脚轻设备时，应将拖排加宽、加长或加上适量的配重。

（5）应按拖运设备的重量选用滚杠的直径和根数。滚杠下面要铺道木，防止压力过大，陷入泥土中，影响设备安全。

（6）滚杠排列间距应保持 400~500 mm，两端露出排子长度不小于 200 mm。

（7）滚杠下铺设垫木应通向排列，接头错开长度应不小于 200 mm，若遇到较大坑、沟或地层较软时，除填平夯实外，还应采用钢轨或道木铺平。

（8）放滚杠时，杠头要摆齐，滚杠长短应一致，受力要均匀。

（9）滚动中应随时注意滚杠是否平行滚运，如有歪斜或设备转弯时，要调整好滚杠角度。调整滚杠时，手指不要放在下面，以免压伤，并用大锤锤打纠正。

（10）当滚杠直接在水泥地面滚运时，滚杠的长度要一致，放入滚杠时应尽量保证左右两边整齐，否则长短不一，在滚运中容易压伤操作人员的脚。

（11）设备拖运中应有专人指挥、分工明确、行动一致。拖运应平稳，匀速前进。

（12）设备不宜在斜坡上停放，如必须停放时，应将牵引设备的制动器刹住，关闭电源，拖排用楔形垫块掩牢。设备沿斜道下滑时，必须在其后面拴接一套制动控制索具。

第五节　设备、构件常用的吊装方法

设备、构件吊装一般是利用机械化、半机械化、机械化与半机械机化联合使用、手工操作四种吊装方法。

一、机械化吊装方法

使用桥式起重机和内燃、蒸汽起重机（如履带起重机、汽车起重机等）吊装设备时，机械化程度是极高的，有时能达到95%以上。它能垂直升降、水平运动。总之，在空间需要任意移动的工作，都是靠机械的力量来进行的。只有极少部分的工作，如挂卸绳扣，有的需借绳子用人力稍微调整一下设备的空间位置等，才用得着人的手工操作。起重机械本身的移动，也是靠它本身的机构进行的，不需要人的手工操作，这种吊装方法，我们称为机械化吊装方法。

采用机械化吊装法，工作方便、速度快、安全可靠，且可减轻作业人员的劳动强度。但它的使用范围有限，只有在它行走的范围内工作。

二、半机械化吊装方法

使用滑车组、卷扬机、桅杆式起重机来吊装设备，其机械化程度就大为降低，它不能同时在空间完成三个方向的任意移动，大多数只能做到在一个垂直面内任意移动或只能做垂直移动，这种吊装方法，在工具的准备、运输、安装和拆卸上，需要消耗很多的劳动力，有时甚至占去整个吊装所需要劳动量的80%以上。完成吊装工作主要靠手工操作，也就是说在吊装所需劳动总量中，手工操作要占大部分，因此，我们把这种吊装方法称为半机械化吊装方法。

在工程施工中，如道路、电站、矿山、建筑等工程中，由于环境条件差，山高坡陡，沟深河宽，场地窄，受工期与起重机械能力等限制，所以半机械化吊装方法仍然广泛使用。

三、机械化和半机械化吊装方法的联合使用

在许多场合之下，由于吊装机械的起重能力不够，必须利用一些半机械化吊装工具来帮助机械完成吊装工作，例如设备的质量为50 t，而吊车的起重能力只有30 t，那么可使用独脚桅杆或人字桅杆来协助吊车工进行吊装，如果同跨度同时还有一台20 t吊车，也可使用两台吊车同时吊装。

机械和机械或机械和工具配合进行工作时，必须注意动作的协调一致，统一指挥确保安全。

四、手工吊装方法

使用人力绞磨或手摇卷扬机配合独脚桅杆或人字桅杆进行吊装工作时，主要的原动力是人力，而不是机械的力量（如卷扬机和桥式吊车是用电力驱动、履带式和汽车式吊车是内燃机驱动等）。工具的准备安装、移动和拆卸以及与吊装工作的本身，都是靠手工操作来完成的，只是利用一些简单的机械原理（如杠杆滑车原理）来增大力量，以便举起或移动人力所难以移动的物件，这种吊装方法称为手工吊装方法。

手工吊装方法只有在无法采用机械化、半机械化的情况下才会使用。

第六节 一般设备、构件吊装的作业程序

吊装一般设备或构件的作业程序有设置起重机具、绑扎、挂绳、起吊、就位、临时固定、校正与最后固定等。

一、设备起重机具

根据吊装方案设置桅杆及其他起重机具，应注意桅杆的稳定性，地锚应牢固可靠。

二、绑扎与挂绳

绑扎是设备、构件起吊前的准备工作。需要根据计算选择吊具、索具和吊点的位置、个数以及绑扎的方法。

绑扎即用吊索、卡环等索具将设备、构件与起重机具的吊钩连接起来以便起吊。绑扎要保证设备、构件在起吊中不发生永久变形或断裂，绑扎要牢固可靠并便于安装。挂绳，即起吊钢丝绳的长度要适当，吊索之间夹角一般不应超过60°，对于薄壁及精密设备，吊索之间的夹角应更小。

三、起吊与就位

起吊是指通过起重机具将存放的物件吊至设计位置进行安装，起吊中要保证在空中起落与旋转都很平稳（一般在物件上事先系一根或几根溜绳，以防止物件转动并控制它按要求的方向吊移），不得倾斜，绳索不应在吊钩上滑动。就位时，用目测或线锤对物件的平面位置与垂直度进行初步校正以缩短整个安装过程的时间。

四、临时固定

为提高吊装效率，物件就位后，先进行临时固定，以便卸去吊钩后吊装下一个物件。临时固定应便于校正并保证在校正时物件不致倾倒。

五、校　正

校正是指将物件平面位置、标高与垂直度等进行校正，使其符合设计要求。

六、最后固定

按设计规定的连接方法（如灌缝、焊接、铆接与螺栓连接等）将物件最后固定。

第七节　中小型物件的吊装

一、弯曲形机件的吊装

在设备、管道等弯曲形状物件的吊装中，有时要求物件做垂直或水平吊装。图 6-8 所示为一管道做垂直吊装示意图，图 6-9 所示为一管道做水平吊装的示意图。无论是哪一种吊装，均可以用调节绳扣的位置达到上述的吊装要求。

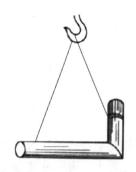 

图 6-8　弯道的垂直吊装　　　　　图 6-9　弯管的水平吊装

二、轴类零件的吊装

在机械设备的维修或安装过程中，一般采用等长或不等长的绳扣做水平吊装。图 6-10 所示为由两根等长的绳扣吊装一根辊轴，图 6-11 所示为用两根不等长绳扣吊装一根辊轴。前者

 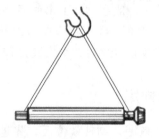

图 6-10　用等长绳扣吊装　　　　　图 6-11　用不等长绳扣吊装

用起来简单方便，但在绳扣长度不等的情况下也可采用后一种方法，其系结方法是将短绳扣套在辊轴的一端，再将长绳扣一端挂于吊钩上，长绳扣的另一端绕过辊轴的另一端后，在吊钩上绕几圈，再从短绳扣的两个绳扣中穿过，然后挂于吊钩上。

1. 用机具调节平衡的吊装法

有些设备在吊装中要求严格，吊装中要求有一定的位置，此时可采用机具调节平衡的方法来吊装。

2. 用手拉葫芦调节平衡的吊装法

在设备安装要求不太严格的情况下，可直接用绳扣进行吊装，如图 6-12 所示。但在设备安装要求较高的情况下，可采用手拉葫芦调节设备的位置，如图 6-13 所示，是用手拉葫芦来调整机件的水平位置，以保证机件的正确安装。

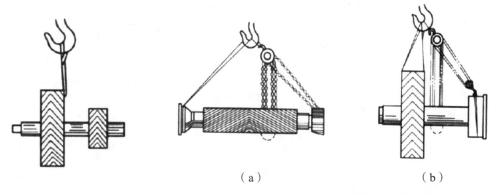

（a）　　　　　　　　　　　（b）

图 6-12　用绳扣吊装　　　　　　图 6-13　用手拉葫芦调节平衡的吊装法

3. 用滑车调整位置的吊装法

有些重而大的机件对吊装的要求较高，在吊装过程中需要保持一定的位置，才能使机件顺利装配。除使用葫芦来调整机件的位置外，还可采用滑车来调整机件的位置，如图 6-14 所示。主滑车 7 用来吊装机件的整体，滑车 6 是用来调整 B、C 点的位置，A 点的位置可由主滑车来承担，因绳索 4 是系挂在主滑车上的，当 A 点不动而调整 B、C 两点时，可由滑车 6 来承担。当 C 点不动而调整 B 点的位置时，可由滑车 5 来承担。滑车 5 的跑绳是由手拉葫芦驱动的，而手拉葫芦是固定在 C 点处的（绳索 2 是系挂在滑车 6 上的）。

三、大直径、薄壁件的吊装

直径较大、壁较薄以及一些用型钢组成的机件，吊装时因应力集中或刚度不够等原因，容易引起变形，因此，在吊装前对机件应采取必要的临时加固措施，以保证在吊装过程中，使机件有足够的刚度，不致使机件产生变形。

薄壁管件的吊装：薄壁管件在吊装中容易产生变形，故在吊装前需在吊装处的管子内径进行临时加固，以防管径在吊装时产生变形，如图 6-15 所示。

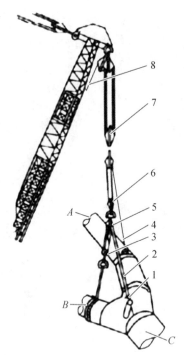

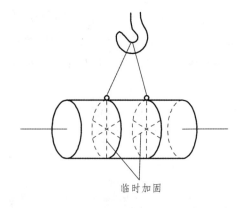

1—链式起重机（手拉葫芦）；2—绳索；3—滑车5的跑绳；
4—绳索1；5，6—滑车；7—主滑车；
8—滑车的跑绳。

图 6-14　用滑车调整位置吊装法　　　　图 6-15　薄壁管件的临时加固

四、空中翻转的吊装

有些机件在吊装时需要翻转后才能进行安装，如高炉的除尘器，其构件的上部呈圆筒形，下部呈圆锥形，安装时圆锥形应在下部。但是构件在工地组装时，由于组装工艺的方便，都是把圆筒形放在下面，圆锥形在上面，这样在吊装时就需要进行一次翻转。

空中翻转吊装方法如图 6-16 所示。图中 A、B、C 三点为除尘器的吊耳，三点呈三等分（各为 120°）。在 A、B 两点用一根绳索拴好后挂于主滑车 1 上，同时在 C 点用一套滑车 2 拴好后也挂于主滑车上，当构件随着主滑车 1 起升时，滑车 2 也随着提升，在提升时只需保持物件的平衡即可。

当构件吊至空中需要进行翻转时，主滑车 1 停止上升，而滑车 2 继续单独提升，并以 A、B 两点为轴旋转，直至 C 点转过 180°，完成构件的翻转（见图 6-17）。

翻转时的注意事项：当构件在空中翻转时，为了保证构件在翻转时的稳定性，对 A、B、C 三个吊耳位置的确定，应考虑到在翻转过程中构件不致突然翻转，为此，A、B、C 三点的位置应略高于构件的重心，而 C 点略高于 A、B 两点。这样在翻转过程中构件的重心始终迟后于 C 点，使构件能稳定地翻转。

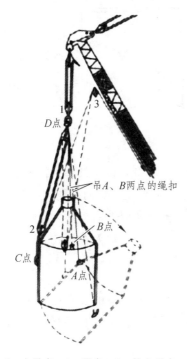

1—主滑车；2—滑车；3—导向滑车。

图 6-16 空中翻转吊装法

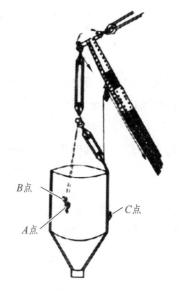

图 6-17 空中翻转后的吊装情况

第八节　设备厂房内运输

工厂、仓库的起重运输一般采用无轨车进行，包括汽车、叉车、机动运输平车、手推车、蓄电池电瓶车等。这类车辆机动灵活，载重量可大可小，在厂内运输中占有重要地位。

在安装现场不能使用起重机具的条件下可采用肩抬法。现将常用的几种形式介绍如下：

一、肩台搬运

运输轻便的设备或构件、小机具等，一般在 1 000 kg 以下，由于通行线路障碍或设备存放地点狭窄等原因不便使用机械运输时，一般使用肩抬设备，是由二人、三人、四人、六人、八人、十人等共同进行。

1. 二人抬

当设备的质量在 200 kg 以下，占地面积不大时（如电动机等），可用二人抬，如图 6-18 所示。其操作要领如下：

（1）没有吊环的物件要找准其重心位置，用麻绳（或其他绳）捆绑好物件，使物件抬起后保持平衡。

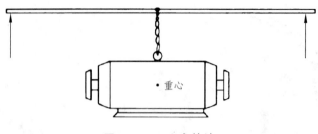

图 6-18　二人肩抬法

（2）有吊环的物体可将绳穿入吊环中，打好绳扣，然后将扁担（杠棒）插入。

（3）扁担或杠子要放在两人的后颈和肩上并肩走，手心向上，脚向外侧伸，上体微里斜，肩相靠。二人同时迈步前进，并且步调必须一致，以免抬设备时左右摇摆。

（4）起立和放下要同时进行，避免一人受力过大而扭伤身体以及被砸伤。

2．四人抬

当设备为 200～300 kg 的物件，需用四人肩抬，先用一根牢固的长木杠放在物件的外皮上，再用两绳在物件下端绑紧，两头各两人站在长杠两端，两两并肩抬着物件步调一致前进，如图 6-19 所示。

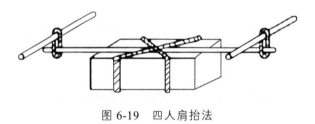

图 6-19　四人肩抬法

3．六人抬

质量在 300～400 kg 的物件，一般用六人抬，抬前将一长木杠放在重物上，使其 1/3 处放在物件的重心处，并将长杠和物件固定，如图 6-20 所示。

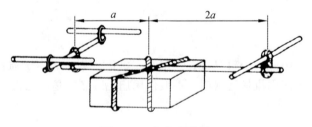

图 6-20　六人肩抬法

在长杠的两端绑上较短的木杠，再在距离物件重心只有 1/3 远的短杠两端再绑上两条木杠，就可以进行抬行。这时应注意，在长杠两端最上面的短杠应该在一个平面内，这样才不致使抬物件后产生两端不平衡的现象。抬时，四人在前，两人在后或反之都可。其他八人、十六人及多人肩抬法均与前同，如图 6-21 所示。

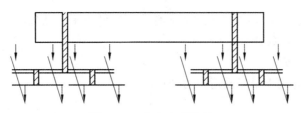

图 6-21　十六人肩抬法

4．人力搬运的注意事项

（1）不管多少人肩抬，都要进行合理的负荷分配，防止有人过载，也不准超负荷进行人力搬运，以免发生设备损坏和人身伤害事故。

（2）在抬运过程中，要使物体重心处在最低位置，底部离地面尽量低，捆绑绳索长度要合适，使物体保持稳定状态。

（3）木杠间系结的麻绳，必须是合格品，所抬物体要保持直立位置，确保完好无损。

（4）在抬运过程中，抬杠人必须两两对肩，并要统一指挥，步调一致，同一口号前进，不可迈大步，脚步必须同起同落，操作人员要保持身高相近，以利于平衡作业。

（5）用的短杠，要在同一平面内，以使抬运过程中，保持物体的平衡和稳定。

二、旱船拖板滑移搬运

当施工现场道路条件较差，且地下水位较高，路面较软，汽车、拖车无法运输时，可采用此法，其最大的搬运量可达 15 t 左右。

旱船是用钢板制成船形的拖板，一般宽为 1.5～1.8 m，长度为 3～6 m，两端有 0.2～0.5 m 长的一段向上翘起 30°。在使用时首先把设备或构件 1 装在旱船拖板 3 上，拖板与设备之间用两根枕木 5 垫搁；当设备是圆形时应用绳索 2 进行捆绑固定；并且在圆形设备与枕木接触处加塞斜楔木 4；然后在旱船拖板的顶头部位系接牵引拖拉绳，利用牵引机械使旱船沿地面滑行至施工场所。图 6-22 所示为旱船运输循环水管示意图。

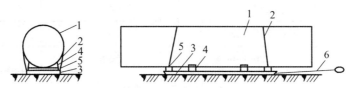

1—循环水管；2—固定捆绑千斤绳；3—旱船拖板；
4—斜楔木；5—垫木；6—拖拉千斤绳。

图 6-22　旱船运输循环水管示意图

将循环水管装在拖板上，中间由枕木垫高，由于循环水管是圆形的，容易滚动，因此用千斤绳在拖板两端进行绑扎固定，并用枕木与循环水管之间加楔木填实。在拖板顶头系接两根供拖拉机牵引的千斤绳，由拖拉机牵引，即能把循环水管运到施工地点。这种运输法，对一般件的装卸可以不用起重机也能完成。

搬运拖拉力计算，按滑动摩擦力来计算：

$$P = KQ\mu$$

式中　K ——修正系数，$K=1.5$（因旱船运行路面高低不平、软硬不均引起的）；

　　　μ ——滑动摩擦系数；

　　　Q ——拖运物重量。

牵引拖拉的牵引力大于旱船搬运拉力即可。

三、滚移法搬运

利用拖排（拖排常用的有木排和钢排两种，木排适用于滚运，钢排适用于滑运）和滚杠运输机械设备和构件是安装场所常用的一种简便运输工具，是中小型设备常用的一种搬运方法。滚移法搬运机械设备也适合于斜坡，与地面夹角在 150° 以上的装卸车往返工作。滚移法木排可用枕木或方木制成，在排脚上放置托木，并用扒钉与排脚钉牢，在排脚两端制成 30° 的斜角，便于放入滚杠，如图 6-23 所示。尺寸应根据设备底座尺寸确定。在搬运工作中常用木排子和滚杠的技术规格见表 6-3 和表 6-4。

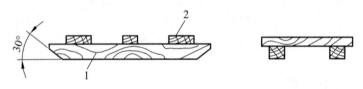

1—排脚；2—托木。

图 6-23　木排

表 6-3　常用木排技术规格

托运载重/t	排木载面/mm	排木宽度/mm	排木长度/mm
< 10	160×230	1 200	2 500
10~15	160×230	1 300	3 000
15~30	220×300	1 400	4 000
30~50	280×350	1 500	5 000
50~80	320×400	1 600	5 000

表 6-4　滚杠技术规格

滚杠钢管规格/mm	$\phi 89 \times 4.5$	$\phi 98 \times 6$	$\phi 114 \times 8$	$\phi 114 \times 10$	$\phi 114 \times 12$	$\phi 114 \times 14$
滚杠材料	10 钢	10 钢	10 钢	20 钢	35 钢	35 钢
每根滚杠承受压力/kN	20	40	65	10.9	160	250
每根滚杠长度/mm	2 000	2 000	2 300	2 300	2 500	2 500

滚杠运输方法如图 6-24 所示。根据设备重量准备相应的钢丝绳、滑车组、绞车和地锚。绞车可用绞磨或电动卷扬机。钢丝绳牵引位置不宜太高，以免设备倾覆。使用滚杠的安全注意事项如下：

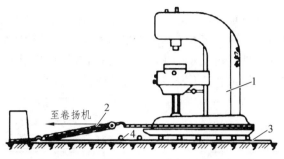

1—设备；2—滑车组；3—垫板；4—滚杠。

图6-24　设备的滚杠运搬法

（1）使用滚杠的数量和间距应根据设备或重物的重量来决定。选用的滚杠要粗细一样，长短一致。

（2）选取的道路要平整、畅通，坑沟应填平，高垛要铲平。在松软泥土路上应垫以木板或枕木，路上的障碍物应清除掉。枕木的搭头应平放，以免滚杠掉在枕木间隙中。

（3）放置滚杠时，两端应伸出排子（或设备）外面300 mm左右，以免压伤手脚。

（4）搬运中发现滚杠不正时，应用大锤敲正，当需要转弯时，应将滚杠放置成扇形，使滚杠在外面一端间距增大，里面的一端间距缩小，并在转弯角度用大锤敲击调整。

（5）放置滚杠时应将四个指头放在管子的内孔，大拇指放在孔外面，以免压伤手指。操作人员不准戴手套工作。

（6）当搬运重大物件时，应用电动卷扬机和滑车配合使用。但必须由一人统一指挥，由专人放置滚杠。

（7）牵线物件的绳索位置不要高，为避免搬运高大物件的摇晃或倾倒，可适当增加几根拖拉绳来增加物件的稳定性。

（8）搬运重物遇有上下斜坡时，要用拖拉绳牵制。

四、滑移法搬运

滑移法又称滑台轨道滑运法，是滑动摩擦搬运的简称，它是在适当的滑道上进行。滑道可以采用钢轨或者其他适当的型钢。物件一般不宜直接与钢轨接触而垫以铁制的滑板或滑台，以减少摩擦力，如图6-25所示。

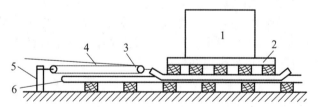

1—重型设备；2—滑台；3—滑车；4—钢丝绳拖拉绳；
5—地锚；6—栈桥（三根轨道）。

图6-25　滑台轨道滑运法

滑移运输法的步骤如下：

（1）根据物件的重量和占地面积，参见有关摩擦力计算公式算出启动摩擦力，选择适量的起重设备和工具、绳索、钢轨、枕木，制作好滑板或滑台，其结构如图6-26所示。在改变运输方向的转弯处，设置转盘，如图6-27所示，转盘由两块钢板组成，下板固定不动，上盘上部焊有三根重轨，轨距与轨道相一致，以便与轨道密切配合。

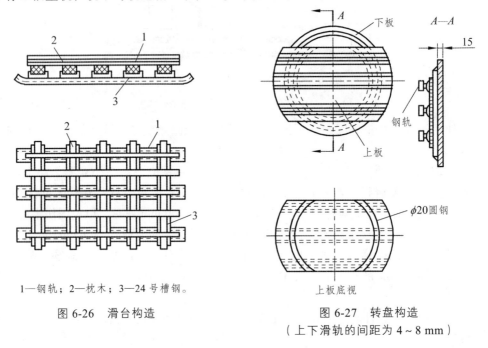

1—钢轨；2—枕木；3—24号槽钢。

图 6-26　滑台构造

图 6-27　转盘构造

（上下滑轨的间距为 4～8 mm）

（2）平整道路，铺设枕木和钢轨，钢轨铺设的条数应根据物件而定，一般情况铺设三条钢轨。铺轨时要求钢轨不能齐头接镶，须搭头平行铺设。

（3）利用起重设备将物件吊起或顶起按顺序串入枕木、滑轨、滑板或滑台，将物件落在滑板上。拴好拉滑的拉绳或滑车组。

（4）物件放在滑板或滑台上，由绞磨、卷扬机或拖拉机来拖引，直拖引到物件存放或安装地点，然后将物件吊起或顶起，抽走滑板或滑台、滑轨、枕木后将物件落下。

采用滑移法运输重大物件有下列优点：

（1）速度快，比滚移要快 10 倍以上；运得多，在滑道上能实现一列运输法，即好几个物件一个接一个串在一起，一起运送。

（2）采用滑道，只要制造一些有限的工具（如转盘、滑板）即可，虽然要动用大量的滑轨和枕木，但这些材料的消耗率都很少。因此，采用滑动运输消耗的工具、材料少，如果采用滚移，则需要消耗很长的木排、垫板和钢管等。

五、轻便轨道搬运

在厂房内安装中小型设备，用轻便轨道搬运，速度比滚杠要快，如图6-28所示。

这种方法是使用预制好的轻便轨道，长度应便于装卸，也可制成三轨、四轨，在其上面放多台小车，小车上放一块较大的联系台板，将设备放在台板上，靠抬板运搬。小车可用卷扬机进行牵引，速度较快。在转弯处，可装设转盘。利用轻便轨道搬运的优点是：可将设备运到任何一个地方；不用时，可堆放保存，很是方便。它可节省木板和滚杠，而且安全可靠。不足处是允许承载的质量较小。

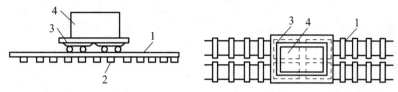

1—轻便轨道；2—滚杠；3—木板；4—设备。

图 6-28   轻便轨道搬运法

第七章

核电建造设备

吊装案例

● 第一节　EM1 环形吊车的吊装

● 第二节　应急柴油发电机组的吊装

● 第三节　CPR1000 核电项目 APG001/002RF 热交换器吊装

● 第四节　TEU003BA004BA 运输方案

● 第五节　EM7 大罐安装与吊装

第一节　EM1 环形吊车的吊装

一、工程概况

3#环吊吊装中，共包括 14 件设备，因环吊轨道梁对接工艺要求，先将 6 条轨道梁吊装至就位位置，经过对口测量后又将该 6 条轨道梁吊拆至地面进行某些部位的修正，最后重新将 6 条轨道梁吊至就位位置对口安装。吊装顺序依次为：吊装近侧轨道梁 3 条（近侧、远侧是相对主力吊车回转中心间距而言）→吊装远侧轨道梁 3 条→吊拆远侧轨道梁→吊拆近侧轨道梁 3 条→吊装近侧轨道梁→吊装远侧轨道梁→端梁（2 件）→吊装电气梁（1 件）→吊装非电气梁（1 件）→吊装运行小车（1 件）→吊装安装小车（1 件）→吊装中央拱架（1 件）→吊装自备检修拱架（1 件）。最重件电气梁的质量为 79 t，最轻件自备检修拱架的质量为 9.18 t，最大件的尺寸为 37 000 mm × 1 350 mm × 2 890 mm，最小件的尺寸为 18 000 mm × 3 000 mm × 800 mm，见表 7-1。

表 7-1　设备参数表

序号	名称	单重/t	尺寸/mm	就位标高/m
1	电气梁	79	35 291.2 × 1 800 × 3 120	+ 42
2	对应梁	67	35 291.2 × 1 800 × 2 890	+ 42
3	端部小车	33	11 000 × 4 000 × 1 000	+ 40.915
4	运行小车	56	11 000 × 6 000 × 1 000	+ 45.656
5	安装小车	45	10 300 × 4 700 × 4 500	+ 45.656
6	中央拱架	16.17		+ 45.656
7	轨道梁	19	18 000 × 3 000 × 800	+ 40

采用 4600S-4 RINGER S-3 环梁式起重机（简写为 4600RINGER），在 2#站位点吊装。其中环梁轨道 1501-5、1501-6、1501-7 为近侧轨道梁，采用 4600R 主臂 85.3 m 进行吊装，其他为远侧轨道梁，采用 4600R 吊机 85.3 m 主臂 + 36 m 副臂工况进行吊装，其余设备采用 4600R 吊机 85 m 主臂工况进行吊装，工况具体参数见各吊装立面图。

二、编制依据

（1）大件吊装施工进度计划。
（2）46008-4 RINGER S-3 说明书。
（3）环吊图纸资料。

三、施工准备

（1）4600RINGER 组装工况详见各吊装立面图。

（2）场地要求：

① 设备起吊位置应满足设备摆放要求，其中环吊中央拱架抬吊翻身时需有 10 m×15 m 的场地用于抬尾吊机站位。

② 塔吊如吊装平面图中所示位置锁定。

③ 吊装大梁时要求风力在四级以下。

（3）吊装机具要求见表 7-2。

表 7-2　吊装机具

名　称	单位	数量	名　称	单位	数量
600S-4 RINGER@S-3	台	1	TR-250M/25t 轮胎吊	台	1
6×37＋FC-36.5-1770（单吊的质量为 28.2 t）20 m 钢丝绳	条	2	6×37＋FC-28-1770［单头条 6×37＋FC21.5-21.5-1770（单 2 吊的质量为 7.3 t）］20 m 钢丝绳	条	4
6×37＋FC-28-1770［单头条 6×37＋FC21.5-21.5-1770（单 2 吊的质量为 7.3 t）］20 m 钢丝绳	条	2	6×37＋FC-28-1770［单头条 6×37＋FC21.5-21.5-1770（单 2 吊的质量为 7.3 t）］20 m 钢丝绳	条	若干
吊装带 5 t×20 m	条	1	葫芦 5 t×6 m	个	2
35 t、25 t、17 t、12 t 卸扣	个	各 4	葫芦 5 t×3 m	个	1
7.45 t 卸扣	个	2	对讲机	部	4
包角	个	8	溜绳 60 m/条	条	2

注：其他专用工具首选使用上游设备供应商提供的吊装机索具。

（4）吊装组织机构见表 7-3。

表 7-3　组织机构

职　责	数　量	职　责	数　量
总指挥	1	起重指挥	1
质控人员	1	起重工	2
安检人员	1	吊机司机	1
技术人员	1	吊机监控	2

四、工作步骤

1．前期工作

（1）4600RINGER 吊机工况符合各吊装立面图中所示要求。

（2）由质控人员、吊装及机械项目工程师于吊装前对 4600S-4 RINGER S-3 做常规检查，机械项目工程师对检查结果出具书面记录。

（3）将环吊部件运至 4600RINGER 西南侧的环吊设备拼装/存放场地。

（4）检查吊点的设置是否符合有关图纸的要求。

（5）检查吊点的质量状况是否满足要求。

（6）在设备两侧设溜绳，并设专人拉绳，防止环吊部件吊装时空中旋转。

（7）解除设备的绑扎，并排除任何阻碍起吊的因素。

（8）准备好包角、麻布或麻包袋作垫物，避免钢丝绳与设备直接接触，防刮伤。

2．起吊操作

（1）质控、安监人员及吊装工程师对起吊条件予以确认，对吊机、钢丝绳及卸扣的安全状态予以确认。

（2）起重指挥人员指挥吊机回转，将钢丝绳按吊装立面图中的"吊挂示意图"挂于相应吊钩上。

（3）用卸扣将设备与吊钩上的钢丝绳连接在一起。

（4）起重指挥人员指挥吊机起钩使钢丝绳微受力。

（5）质控、安监人员及吊装工程师对吊点、钢丝绳挂法及起吊环境条件进行检查确认。

（6）参照 4600RINGER 风速仪，确认风力不超出安全范围。

（7）试吊，起重指挥人员指挥吊机动作，将环吊部件吊离运输架或地面约 100 mm，静止。同时对各受力部件进行外观检查，确认无变形后方可进行下一步工作。

（8）起重指挥人员指挥吊机动作，使吊物吊离平板车或地面约 1 m。

（9）平板车开离现场。

（10）对子轨道梁吊拆时，起吊前作业人员用木板在轨道接口处做好隔离措施，防止轨道吊起时产生刚性碰撞与摩擦，然后方由起重指挥人员指挥吊车动作;轨道梁吊至地面时应按照业主与 C23 的要求放置并做好保护措施。

（11）对于环吊主梁、端梁吊装时，需起至 C23 指定的高度，以便安装剩余设备。

（12）对中央拱架起吊时需进行抬吊操作。

3．就　　位

——4600RINGER 起钩的同时，TR-250M 轮胎吊配合落钩;

——4600RINGER 变幅，以保证两台吊机垂直起吊。

（1）质控、安监人员及吊装工程师确认设备已具备就位吊装条件。

（2）4600RINGER 起钩至设备底部高于相关障碍物约 2 m 水平处。

（3）回转，使设备位于就位位置上空。

（4）起重指挥人员于就位点附近继续指挥 4600RINGER 将设备吊至就位基础。

（5）在 C23 安装主管的确定就位点后，起重指挥人员指挥吊机将设备就位。

（6）在得到 C23 安装主管的确认和接收后，4600RINGER 完全松钩，解除卸扣，使 4600RINGER 脱离与设备的连接。

（7）吊机起钩，回转收车。

五、技术参数

（1）吊机负荷率计算：

$$\eta = \frac{Q_1 + Q_2}{Q} \times 100\%$$

式中　Q_1——所吊设备的质量（t），见表7-1；

　　　Q_2——吊钩、主钩绳、千斤绳、卸扣等吊索具的质量总和（t），根据吊装需要选取；

　　　Q——吊机额定起重量（t），查 Manitowoc 4600S-4 Ringer@ S-3 环梁式起重机副臂性能表获取。

各设备吊装时 4600Ringerer 吊机的最大负荷率见表7-4及相关吊装立面图。

（2）技术参数见表7-4。

表7-4　技术参数

序号	名　　称	最大吊装跨距/m	吊　　机	额定吊重/t	吊机负荷率
1	电气梁	66	4600RINGER	120	74.2%
2	对应梁	66	4600RINGER	120	64.2%
3	端部小车	66	4600RINGER	120	57.3%
4	运行小车	66	4600RINGER	120	55.0%
5	安装小车	66	4600RINGER	120	45.8%
6	中央拱架	85	4600RINGER	158	32.4%
7	远侧轨道梁1、5、6	85	4600RINGER	65	40.8%
8	近侧轨道梁2、3、4	85	4600RINGER	160	40.8%

注：吊索具选取见相关吊装立面图。

（3）吊装环境参数见表7-5。

表7-5　吊装环境参数

序　号	名　称	障碍物			塔吊锁定	
		名　称	距离/m	净间隙/m	2#	4#
1	电气梁	4RX	32	4.1	W-E	S-N
2	对应梁	4RX	32	4.1	W-E	S-N
3	端部小车	4RX	35	7.1	W-E	S-N
4	运行小车	4RX	32	5.4	W-E	S-N
5	安装小车	4RX	32	5.4	W-E	S-N
6	中央拱架	4RX	32	5.4	W-E	S-N
7	近侧轨道梁	4RX	32	8.7	W-E	S-N
8	远侧轨道梁	4RX	35	5.0	W-E	S-N

注：① 设备从拼装/存放场地起吊；

　　② 塔吊锁定中，W-E 代表塔吊配重端朝西、伸臂朝东。

六、组织和安全措施

（1）进入施工现场的施工人员，必须是合格人员。

（2）作业实施前，吊装工程师对全体参与人员进行技术交底和安全措施交底，使施工人员了解施工过程的内容、注意事项和准备工作。

（3）施工前应对参加施工的机具进行检查，确认其性能及状况，防止施工意外。

（4）做好设备保护，准备好麻布或麻包袋作垫物，避免钢丝绳或绑扎工具与设备直接接触，防刮伤。

（5）在重物起吊前应对吊物认真检查，吊点是否正确可靠、查吊运过程有无障碍物等。

（6）吊装过程由指定的起重指挥统一指挥。

（7）吊装过程的每个环节，都应有人监护，发现异常及时汇报并停止吊运，处理好后方可继续。

（8）六级及以上大风及其他恶劣天气，应停止一切吊装作业。

（9）在整个吊装工作过程中，2#、4#塔吊必须避让或停止工作。

（10）由于存在交叉作业，通知有关单位做好自身安全防护工作。

（11）吊装作业半径范围设置安全隔离区，非工作人员不得进入。

（12）吊装中吊物下方禁止站人。

（13）所有人员必须遵守核电施工现场规则。

七、环保措施

（1）遵循施工现场的环境方针，树立环保意识。

（2）产生的边、角、余料及时清理，并堆放到指定地点。

（3）施工过程中有可靠的预防漏油措施，液压系统漏油时应及时用碎布擦净或用容器接住，以防污染环境。

（4）施工区应保持工完场清，规划有序，做到文明施工。

第二节　应急柴油发电机组的吊装

一、工程概况

本节将介绍某公司 CPR1000 核电项目应急柴油发电机组的拖运及吊装方案。应急柴油发电机组是为了在外部断电的情况下能使核岛余热倒出系统继续工作，将一回路中的热量不间断地排出，以确保反应堆的安全。它是反应堆运行中的一项重大的安全设施。

某核电一期工程 DX 厂房应急柴油发电机组外形长为 11 107 mm，宽为 2 800 mm，高为 3 742 mm，总质量约为 85 t。机组中柴油机和发电机与机组底座整体到货。每个反应堆机组设置了功能完全相同，能够独立运行的两套应急发电机组，即 LHP 和 LHQ 系统。

二、工作条件

1．人力、机具和消耗材料

所需的人力、工机具和消耗材料见表 7-6。

表 7-6　人力、工机具及材料清单

类　　别	明细清单
人　　力	起重工（8 人）、钳工（10 人）、电工（1 人）、测量工（1 人）、机械安装工程师（1 人）、安全工程师（1）、机械质控工程师（1 人）
工机具	LTM1160/2 型汽车式起重机、KMK6200 型汽车式起重机、20 t 千斤顶（10 套）、平衡梁、扭力扳手、水准仪、百分表、塞尺、水平尺、钢直尺、钢卷尺、内径千分尺、游标卡尺、钳工全套工具、铅垂线、琴线、砂轮机、钢丝绳（Φ36.5，6 根）、卸扣（25 t，12 个）
消耗材料	麻袋、滚杠、枕木、碎布、木板、方木、20 mm 钢板、麻绳、砂轮片、标记笔、薄黄油、防雨帆布

2．技术先决条件

（1）任何可能妨碍安装工作实施的物体应从安装区清除；

（2）厂房前面道路平整，且地基满足吊车行走和吊装作业；

（3）控制标记点已在位；

（4）设备的基础已完成并验收合格；

（5）机组安装场地应在设备到达前予以清理。

三、吊装方案及计算

1．从仓库到现场的设备搬运

（1）设备运输前的检查：

① 检查作业人员资格，作业人员必须经考核合格才能进行作业；

② 检查被运输设备的状况；

③ 检查吊装、绑扎工具；

④ 检查道路是否已平整，畅通无阻碍物；

⑤ 施工机械检查。

（2）运输道路及设备装卸区的先决条件：

① 确认装卸点的地面具有相应的能力，作业区内不能有任何影响装卸作业的物体。装卸点的地面如高低不平，需用沙石回填和压实。

② 确保运输道路上不存在任何影响运输作业的物体。

③ 根据现场情况制定好运输路线。

（3）装车：

① 将柴油机、发电机装到同一台平板车上，同时运到现场。

② 设备装车前，应拆下设备上连轴节中间节、管道法兰、指示计、仪表、探头等易损部件，做好标记继续存放在仓库，直到现场安装条件满足时才装这些附件。

③ 保持所有运输保护设施在位，直到设备永久地固定在其基础上为止。

④ 清理车板停放位置的杂物，将运输车停靠在设备便于装车的位置。

⑤ 在运输车上铺设好垫板或支承设备。

⑥ 卸车机械松钩，至设备全部重量由车板承受，停止松钩。

⑦ 检查设备底部的受力情况及设备装车情况。

⑧ 起重工对设备进行绑扎加固，绑扎时，绑扎工具（可能损坏设备部分）与设备接触处均需垫麻包袋。

（4）运输：

① 全面检查设备的装载和绑扎加固情况，由质控人员与安全人员监护。

② 运输车司机就位，启动拖头，平板车以 10 km/h 以下的速度行驶（设备在车板上时，要注意防雨）。

③ 按预先制定好的路线图将运输车开至安装现场。

④ 运输时安排专人监护。

2．设备起吊、组装、拖运

（1）平衡梁载荷试验。

在每台柴油发电机组首次吊装之前，对平衡梁进行 50 t 载荷试验，并形成记录。若两台柴油发电机组的吊装时间超过 4 个月，则需在吊装第二台柴油发电机组吊装之前，再次进行平衡梁载荷试验。

（2）设备吊装、拖运。

房间外吊装区域场地要求（见图 7-1 和图 7-2）：

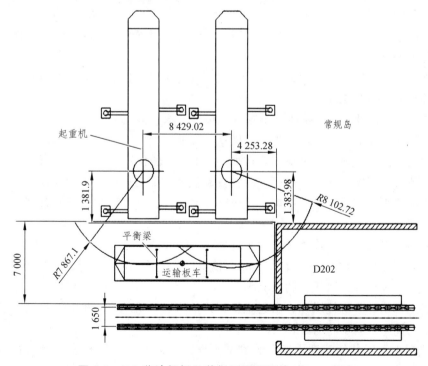

图 7-1　DA 柴油机组吊装托运平面图（1）——卸车

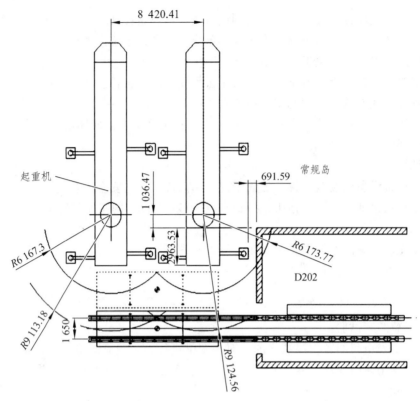

图 7-2　DA 柴油机组吊装托运平面图（2）——设备上滑道

场地 A：平整、压实、场地标高 + 0.00 m。该场地为起重机与运输平板车的开进道路，吊车站位基础的承载能力为 25 t/m²。

场地 B：平整、压实、场地标高 + 0.00 m。该场地用于铺设柴油发电机组拖运轨道，基础承载能力为 90 t。

场地 C：平整、压实、场地标高 + 0.00 m。该场地用于起重机起吊柴油发电机组，吊车站位基础的承载能力为 25 t/m²。

按图 7-3 所示在设备引入路线上布置好垫板、枕木、滚杠和保护板。

吊车开到吊装作业位置，站好位，如图 7-1 所示。

将运输柴油机、发电机的平板车停在如图 7-1 所示的位置。

对卸车位置和周围环境条件进行再次检查确认，不能有妨碍卸车的物件。

起重工解除绑扎工具，吊车松钩、挂 Φ36.5 钢丝绳，钢丝绳与设备接触部位加垫麻袋保护，钢丝绳双股起吊。

吊机起吊前进行试钩，检查吊车刹车性能。

吊车采用工况为：17.5 m 主臂，10 m 回转半径，配重 50 t，额定起重量为 51 t（每台柴油机组应根据实际情况选取适合的工况）。

在设备上四吊耳处绑揽风绳，由起重机将柴油机以及机组底座吊起，放到铺设好的拖运轨道上面，见图 7-1、图 7-2 和图 7-3。

将预埋板上下安装面清理干净后装到减振器上，此时不要松开减振器上的弹簧拉紧螺母，带齐并按力矩 500 N·m 紧固所有的锁紧盖形螺母。

通过手拉链条葫芦将组装好的柴油发电机组缓慢拖入设备基础上方。

将预埋地脚螺栓组件放置在地脚螺栓坑中，检查机组的位置，必要时调整机组的四个角的偏差，以确保机组的轴线与水泥基础的轴线一致，用8台20 t油压千斤顶将设备垂直提升，撤除房间内拖运轨道。

注：吊车工况、吊具参数仅供参考，应根据实际情况选用。

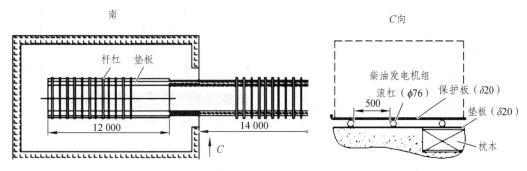

图7-3　DA柴油机组托运轨道布置

3. 设备就位与调整

（1）现场使用千斤顶（10个，承载20 t/个）将机组缓慢顶起（也可以使用公共底座上自带的M36桶状顶丝装置），顶起的高度能将滚杠从底座下抽出即可，如图7-4所示。

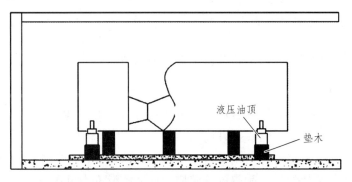

图7-4　设备就位示意图

（2）钢管抽出后，将机组缓慢放下直到预埋板下安装面与调整板距离较近时，再次检查机组的相对位置是否正确，必要时进行水平方向的对角调整。确认一切正常后将预埋地脚螺栓从地坑中提起带在预埋板上，同时卸掉千斤顶油压，将机组平稳放在调整板上。若现场千斤顶数量少于10个（每边5个）且调整时间过长时，必须在机组两端侧下方垫置枕木或垫板，以防机组两端悬臂过大过重而导致变形，也可使用千斤顶装置增加支撑数量。为使在提升或下降设备时达到同步、均匀，在提升点附近放置10把钢直尺作标杆，由1名指挥员指挥液压油顶的操作者同时操作，每提升或下降一定距离，检查钢直尺标杆位置是否一致。一旦标杆位置不一致应立即调整，待10把钢直尺标杆位置相同后再重新提升或下降，此要点必须在整个提升或下降过程中严格遵守执行。

（3）操作液压油顶缓慢提升设备，拆除拖运轨道，在设备底座下面加垫枕木。

（4）将设备落到枕木上，通过布置在房间的千斤顶及手拉链条葫芦调整设备纵横向安装位置到满足图纸要求。确认正常后将预埋地脚螺栓从地坑中提起带在预埋板上,同时卸掉油压千斤顶将机组平稳放在调整板上,地脚螺栓旋入预埋板的长度一致,如图 7-5 所示。

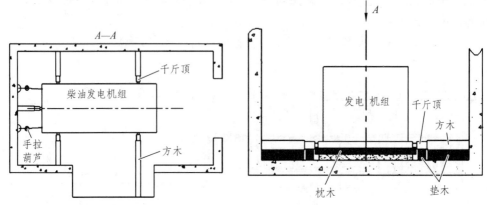

图 7-5　设备调整示意图

（5）机组完全落座在调整板上后,撤去千斤顶和其他支撑物,静止放置 0.5 h 后检查 16 个减振器减振弹簧的压缩高度。注意:此前须将弹簧拉紧螺母和螺栓彻底松掉。

（6）查机组水平方向轴线偏差,要求小于 3 mm。最终将预埋板与调整板多处点焊在一起。

四、组织与安全措施

成立安装组织机构,统一协调指挥设备的吊装、拖运。

1．危险源分析

（1）起重工机具使用前没有认真检查,致使吊装过程发生设备事故。

（2）下雨天吊装拖运,导致设备淋雨。

（3）机组组装时未准备应急防雨材料与措施,导致设备在厂房外受到雨水浸湿。

（4）拖运轨道铺设不牢固,导致设备倾倒、损坏,造成人员伤害。

（5）设备提升点、绑扎点不正确、不可靠,导致人身伤害及设备事故。

（6）钢丝绳与设备接触部位未加垫保护材料（如麻袋）,导致设备表面划痕。

（7）吊装过程中未绑揽风绳,导致设备就位困难、设备与其他物体发生碰撞。

（8）拖运过程中小坦克无人监护,导致设备事故。

（9）起重指挥信号不够明确引起误操作。

（10）风力超过 40 km/h 继续进行吊装作业,导致设备事故及作业人员人身伤害。

（11）千斤顶加长手柄使用,造成设备、机械事故。

（12）起重设备超载荷使用,导致设备坠落事故。

（13）操作人员无证上岗,造成设备、人员伤害。

（14）作业区无围栏标识,造成落物伤人。

（15）酒后进入施工现场,造成人身设备伤害。

（16）进入施工现场,不按规定穿戴劳动防护用品,导致人身伤害。

2．安全措施

（1）施工前做好技术交底工作，使施工人员了解施工过程的内容、注意事项和准备工作。

（2）施工前应对参加施工的机械、工机具进行认真检查，确认其性能及状况，防止施工意外。

（3）安装作业区域设明确的警示标识、安全警示带、围栏，无关人员不得入内。

（4）选择天晴时进行起吊、组装作业。

（5）机组组装现场配备足量防雨帆布，一旦有下雨的迹象，立即将设备盖好。盖帆布时顶部撑起一定高度，防止顶部积水。

（6）起吊设备时，在设备吊点处绑扎揽风绳，以控制设备在起吊过程中旋转，保持设备在空中的平稳性。

（7）机组底座与小坦克接触部位加垫钢板或木板进行保护。

（8）拖运过程中设专人监护小坦克。

（9）拖运过程的每个环节，都应有人监护，发现异常及时汇报并停止作业，处理好后方可继续。

（10）顶起设备时，四台油压千斤顶提升速度保持一致。

（11）提升设备过程中设专人监护设备及标杆。

（12）提升或下降设备过程的每个环节，都应有人监护，发现异常即停止作业并及时汇报，待问题处理好后方可继续。

（13）起重指挥由专人负责，信号应明确、清晰。

（14）风速超过 40 km/h 及其他恶劣天气停止吊装作业。

（15）雨天天气不得吊装设备。

（16）操作人员必须持证上岗。

第三节　CPR1000 核电项目 APG001/002RF 热交换器吊装

一、工程总体情况

某二期核电项目热交换器 3APG002RF 的吊装引入工作，需要在室内地面运输，然后通过预留吊装孔吊运至地下室，重量大，运输路线复杂，且房间狭窄，室内运输空间受限，无法直接使用吊车吊运，故需投入大量的人力、物力。

二、设备吊装相关的技术要求

1．吊装的基本参数

再生热交换器：3APG002RF；

设备的质量：11.42 t（实测）；

外形尺寸：9 200 mm × 805 mm × 2 200 mm（实测）。

2．所用的吊车

8NA601 房间：吊车 8NCD570c，型号 AS650-12 2/1 L2 FGUE；

8NCD570 房间：吊车 8NCD570c，型号 AS525-24 4/1 L2 FGUE；

3W515 房间：吊车 3W515b，型号 PL/FAS525-16 4/1 L3 FGKE。

3．先决条件

（1）现场的初始条件：

① 房间基础满足设备引入所要求的条件；

② 现场吊装运输道路安全畅通；

③ 8NA601 房间和 3W315 房间内倒链和吊装点布置完毕（具体见引入方案）；

④ 在吊装前，应对施工的区域设立安全警戒带，禁止无关人员进出。

（2）设备及工机具条件：

① EM10 吊车必须达到吊装设备 3APG002RF 的可用状态，并且保证吊车吊钩能起升到极限位置（此时吊钩到 NA601 房间地面的高度为 5 m）；

② 吊装所用倒链、吊装带及其他工机具必须经过严格检查，是安全、合格可用状态；

③ 在吊装前需确认没有其他载荷使用 EM10 吊车电源，防止电源跳闸。

三、吊装引入路径和方案

3APG002RF 引入方案，在引入 3APG002RF 过程中需对一些关键数据进行测量，以确保 3APG002RF 的引入万无一失。

引入路径：N 区通道口→570 大厅吊装孔→房间 8NA601→房间 8NCD570→房间 8NC570→房间 3W515→房间 3W315。

1．从 N 区通道口到吊装孔

从 N 区通道口一直到 3W515 房间，设备都按照图 7-6 所示的形式放置（俯视图）。

从 N 区通道口到吊装孔采取滚杠运输，先用吊车把设备放在自制的设备底盘上，底盘放在滚杠上，并用 5 t 卷扬机牵引，设备小头朝通道方向。滚杠布置如图 7-7 所示，选用 8×10 的滚杠，长约 3 m，平均每 300 mm 放置一根，与设备长度方向垂直布置。

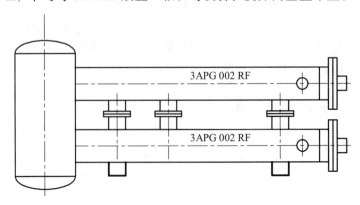

图 7-6　放置形式

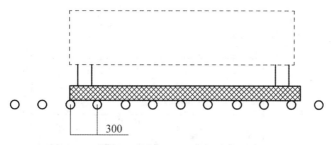

图 7-7　3APG001\002RF 滚杠布置示意图

自制设备底盘如图 7-8 所示。

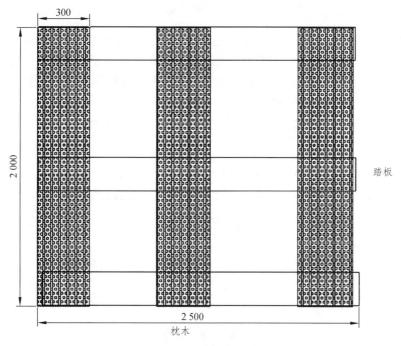

踏板

枕木

图 7-8　自制设备底盘

横向用 2.5 m 的跳板，纵向用 300 mm × 300 mm × 2 000 mm 枕木，跳板在下，枕木在上，并在枕木上钉上橡胶皮，使胶皮与设备接触，这样可以防止设备刮伤。在设备前后各放置一个，这样可以减小设备底座的体积，方便设备引入。

2．从吊装孔提升到 8NA601 房间

倒链绑定方案：先用吊装带绑紧在设备上，再用卸扣与倒链连接，在设备小头挂两个 8 m 长的 10 t 倒链，大头挂两个 12 m 长的 10 t 倒链，如图 7-9 所示。

注意：吊装带与设备接触部分用麻布包裹，每个倒链需配置两人，在吊装起升和下降时调整倒链。

吊装前载荷试验：当设备运达吊装孔下方以后，先用吊车 8NCD570c 把设备吊离地面，保持 10 ~ 20 min，检查吊车是否能承受设备载荷，检查吊装设备和索具是否存在异常，无异常情况时继续吊装，并且在设备吊装过程中要时刻关注吊车和索具的情况，一旦发现任何异常停止吊装，重新制定吊装方案。

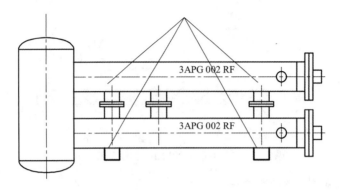

图 7-9　倒链绑定方案

先把吊车 8NCD570c 吊钩下放到 4 m 左右高度位置，四个倒链的长度在 3 m 左右。吊车慢慢提升，小头倒链慢慢拉紧，牵引小头先进入吊装孔，设备大头的两个倒链随着小头的上升慢慢放松。通过大头两个倒链控制设备大头，使设备整体倾斜着进入吊装孔，等设备全部进入吊装孔后，再用吊车 8NCD570c 把设备提升到房间 8NA601 内。

吊车分析：8NA601 房间 EM10 吊车 8NCD570c，其吊装如图 7-10 所示。

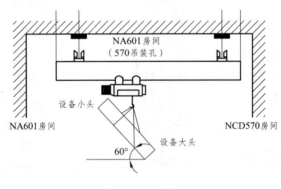

图 7-10　吊装

在此状态下，对于设备 3APG002RF，设备在吊装孔中允许的最小倾斜角度为 60°，此时吊车承受力约 120 kN，在吊车载荷范围内。

3．设备在 8NA601 房间进行调整

当设备小头到了 NA601 房间高度时，在吊装孔内全部支架和电缆托盘等清理后，吊钩到吊车上限位后，吊钩到 NA601 房间地面的距离为 5.0 m，从吊装孔靠 570 侧到 NA601 房间的最大尺寸是 10 m，而设备长 9.1 m，空间非常狭小，如图 7-11 所示。

利用吊车 8NCD570c 吊钩上的四个 10 t 倒链，先松动设备小头两个倒链，随着设备整体上升，使设备小头朝 NA601 房间倾斜，同时拉紧大头的两个倒链，使设备大头朝 570 房间提升，通过倒链的松紧调整，最后使设备整体成水平主放置。

吊车分析：设备翻身后，状态如图 7-12 所示。

如图 7-12 所示，对于设备 3APG002RF，每根倒链受力约 45 kN，吊车吊钩和单轨道梁承受力约 120 kN，在吊车载荷范围内。

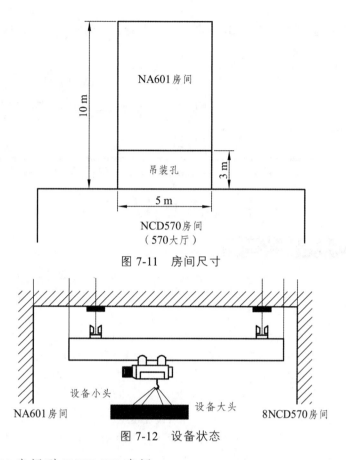

图 7-11　房间尺寸

图 7-12　设备状态

4．从 8NA601 房间到 8NCD570 房间

从 8NA601 房间，用吊车 8NCD570c 把设备吊至 8NCD570 房间，在房间 8NCD570（570 大厅）必须先把设备转向，使设备小头朝 W515 房间方向（见图 7-13）。然后用吊车 8NCD570c 低空吊运设备至 8Nc570 房间处。

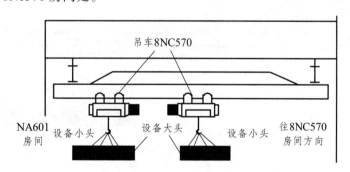

图 7-13　从 8NA601 房间到 8NCD570 房间

吊车分析：对于设备 3APG002RF，每根倒链受力约 45 kN，吊钩及吊梁承重量约为 120 kN，在吊车载荷范围内。

5．从 8NCD570 房间到 8NC570 房间

用吊车 8NCD570c 把设备吊装到房间 8NC570 时，把设备放置在房间内铺设好的自制设备底盘（底盘放置在滚杠上），通过卷扬机拉动，把设备牵引至吊车 3W515b 下，如图 7-14 所示。

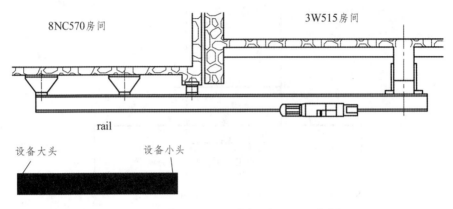

图 7-14　从 8NCD570 房间到 NC570 房间

6. 从 8NC570 房间到 3W515 房间

直接在吊车 3W515b 吊钩上挂四个 10 t 倒链，利用吊车慢慢牵引设备至 3W515 房间。

注意：设备在 570 吊装孔和房间 3W515 吊装孔提升和下放时，EM10 吊车必须保证：吊车始终控制在低速挡，要缓慢运行，不能急停急动，而且在松紧倒链时，要时刻检查吊车和索具的情况，一旦发现异常，须停止吊装工作。

由于 570 吊装孔的尺寸是 5 m×3 m，所以设备必须倾斜着进入吊装孔。

吊车分析：在如图 7-15 所示的状态下，对于设备 3APG002RF，每根倒链受力约 45 kN，吊车吊钩和单轨道梁承受力约 120 kN，在吊车载荷范围内。

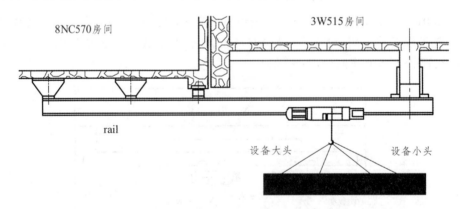

图 7-15　从 8NC570 房间到 3W515 房间

7. 从 3W515 房间到 3W315 房间

在设备往 W315 房间下放的同时，松动设备一侧的倒链，使设备成如图 7-16 所示的状态（俯视图）。

然后通过松动设备小头的倒链，使设备小头倾斜着进入吊装孔，进入 3W315 房间后，利用房间内的倒链牵引设备至基础上就位，如图 7-17 所示。

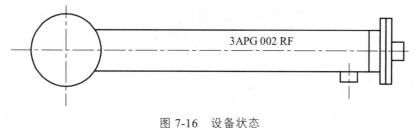

图 7-16 设备状态

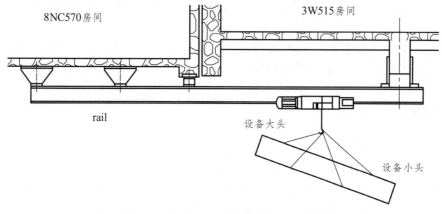

图 7-17 从 3W515 房间到 3W315 房间

四、保护措施

设备在用 8NCD570 吊车起吊设备时，先在吊梁上挂一个 12 m 长的 10 t 倒链，在设备起吊过程中，随着设备的上升，拉紧倒链；同样，在 3W515 房间吊车 3W515b 吊梁上也同样挂一个 12 m 长 10 t 倒链，随着设备的下落，放松倒链。

以上措施是为了保证设备在上升和下放过程中，吊车突然停电等紧急情况发生时，设备不至于会突然掉落造成设备损害等安全隐患。

注意：在设备吊装过程中，倒链需由专人进行维护调整。

五、安全技术措施

（1）施工现场所有施工人员均应服从指挥人员的调度指挥，不得违章操作。

（2）吊装现场设置禁区，禁止无关人员进入。

（3）施工人员无论在高空或地面作业，均需戴安全帽，高空作业人员必须系挂安全带。

（4）高空作业人员的工具应放在工具袋内，在高空作业时不得随意抛弃工具和材料。

（5）工作人员施工前不得饮酒，患高血压、心脏病者不得登高作业。

（6）吊车指挥人员负责指挥吊车位置，驾驶人员必须听从指挥，指挥人员发出信号必须明确；在设备吊装时，驾驶人员应能看到设备的运动情况，且起落及旋转速度要缓慢，防止设备与墙体、吊车及支架等碰撞。

（7）索具应仔细检查，连接方向正确可靠，每做一次连接都应有人检查验收，确保无误后再起吊。

（8）设备起吊前必须保证四个倒链都成拉紧状态，防止设备一端提升时，导致设备不稳定而与四周设施发生碰撞，甚至因为受力不均而造成倒链断裂，而使设备和人员造成损伤等情况发生。

（9）在设备吊装过程中必须用引绳牵引，防止设备大范围摆动，同时可以正确牵引设备吊装。

（10）在吊装前必须对吊装所用工机具和吊车进行检查，验收合格后方可进行使用和操作。

（11）指定安全负责人，统一指挥、统一行动，各司其职；保证信号畅通，对讲机使用专用频道。

（12）参加施工人员要正确佩戴使用劳动保护用品，严格执行操作规程，严禁违章指挥、违章作业，接受来自各个方面的安全监督。

六、吊装用工机具

（1）工机具计划见表 7-7。

表 7-7　工机具计划

序　号	名　称	规　格	数　量	单　位	备　注
1	吊车 8NCD570c	10 t	1	台	状态良好
2	吊车 8NCD570c	10 t	1	台	状态良好
3	吊车 3W515b	10 t	1	台	状态良好
4	倒链	10 t	5	个	需经检查合格
5	倒链	5 t	4	个	需经检查合格
6	吊装带	10 t	5	条	需经检查合格
7	卷扬机	5 t	1	台	需经检查合格
8	卸扣	10 t	5	副	需经检查合格
9	卸扣	5 t	4	副	需经检查合格
10	引绳	麻绳	3	条	需经检查合格
11	其他	（根据吊装实际添加需要使用的工机具）			

（2）人力计划：现场总指挥、安装负责人、安全监督（HSE）、技术负责、质量监督、起重负责、起重指挥、EM10 电气技术支持、EM10 机械技术支持、EM10 吊车司机、起重工（9人）、钳工（10人）。

第四节　TEU003BA004BA 运输方案

一、工程总体情况

某二期核电项目地面排水接收槽 8TEU003BA/004BA 在引入安装时，由于上游设计缺陷，设备引入时非常困难，需要切割设备，并凿掉一部分天花板，采用滑动摩擦进行牵引运输，才能满足安装要求，施工难度及投入成本较大。

地面排水接收槽 8TEU003BA/004BA 的质量为 3.6 t，外形尺寸为 3 250 mm × 3 350 mm × 3 960 mm（竣工图数据）。

二、工作条件

1．文件及技术条件

（1）事先通过澄清、FCR（现场变更申请）的方式对设备提出修改申请，切除部件号为 20 的排气管，等设备安装后再进行焊接（注意：如现场测量运输通道高度通过土建处理可能满足运输要求，则可以不用修改设备）。

（2）通过土建联系单要求土建单位对 NC240 房间与 N 区通道口之间的天花板进行处理（见图 7-20）。

（3）核实焊工及焊接工艺是否满足要求。

（4）开启质量计划。

2．现场的初始条件

（1）房间基础满足设备引入所要求的条件。

（2）现场吊装运输道路安全畅通。

（3）NC240 房间与 N 区通道口之间的天花板处理完成，满足设备运输尺寸要求。

（4）在吊装前，应对施工的区域设立安全警戒带，禁止无关人员进出。

3．设备及工机具条件

（1）钢板布置完成。

（2）N 区通道及 NC240 房间内滑轮组锚点及卷扬机布置完毕。

三、吊装引入方案

方案总体概述：

先清理运输通道，使其满足设备尺寸要求，割掉设备顶部排气管（部件号为 20），然后用 5 t 牵引力的卷扬机（配上 ϕ 19.5 的钢丝绳）作为动力牵引将设备滑动运输至安装房间。

安装前编制 8TEU003BA/004BA 引入方案时，必须对设备本体及引入路径尺寸进行测量核实，确保引入工作万无一失。

引入步骤：布置锚固点→铺设钢板→N 区通道引入→NC240 房间引入就位。

引入步骤详细描述：

1．锚固点布置

锚固点布置前需要对 N 区运输通道进行清理，清理时需要按该房间安装设备的最大宽度进行清理（8TEU001BA/002BA 设备宽度最大，为 4 310 mm，必须按通道的实际宽度 4 480 mm 进行清理），高度按 3 960 mm 进行清理，保证运输通道的畅通。清理完毕通道即可开始进行锚固点布置，布置完成后固定卷扬机，同时进行钢丝绳的穿绳，如图 7-18 所示。

2．钢板铺设

钢板铺设在设备引入前进行，钢板尺寸应满足设备运输要求，钢板尺寸参考长度必须大于设备直径（钢板需要准备 2 套，便于运输时向前传递，参考图 7-18），宽度为 200～500 mm 即可。由于厂房高度有限，特别是在 N 区通道与 NC240 房间交界处高度无法满足设备通过要求（需要凿掉部分天花板厚度），所以必须采用滑动摩擦运输设备，同时需要在设备底部固定几块钢板，使滑动接触面为钢板，避免损伤设备。完成钢板铺设需要在 N 区通道口与 NC240 房间交界处搭设枕木，使设备能平稳过渡。

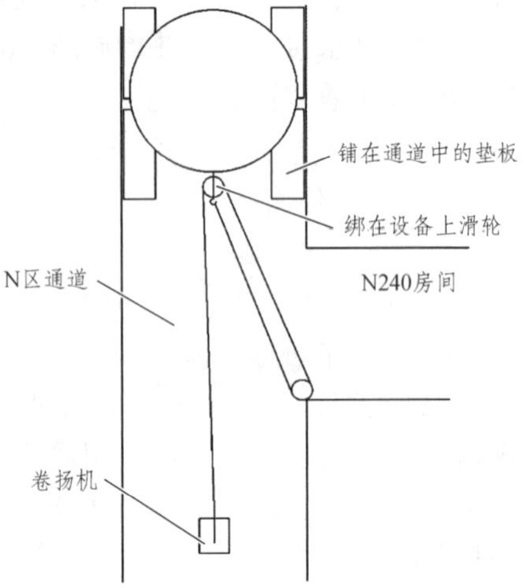

图 7-18　地面排水接收槽
运输锚固点布置

3．设备运输（参考图 7-19 和图 7-20）

设置好卷扬机和钢板即可开始设备运输工作，先将铺设的钢板涂上润滑脂减少摩擦，再使用 25 t 汽车吊将设备吊起，装好前面描述的钢板，然后将设备吊装至地面铺设的钢板上。使用 5 t 吊装带在设备裙座上绑设牵引点（牵引点不可设置过高，否则有倾翻的风险），用 5 t 卸扣与卷扬机吊钩相连。完成上述一系列设置后对全套运输装置进行检查，并再次确认运输通道的畅通，然后开始牵引，在整个牵引过程中必须缓慢，并有人员监督。

运输至与 NC240 房间交界处时停止牵引设备，重新设置锚固点，并再次确认 NC240 房间高度是否满足设备运输尺寸要求，确认完成后再次进行设备牵引，整个设备运输过程中，钢板间都需要涂抹润滑脂。

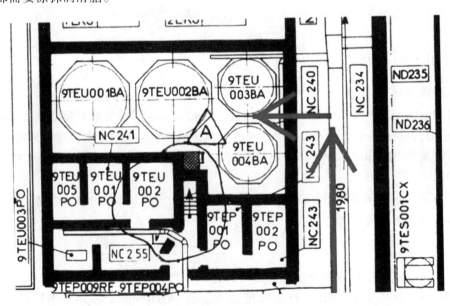

图 7-19　运输路线

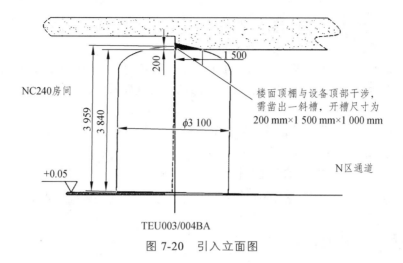

图 7-20　引入立面图

4．设备就位

当设备运输至基础上方时，停止牵引，将 4 个 5 t 千斤顶设置在设备基础地脚螺栓坑内，使用千斤顶将设备稍微顶起，撤掉设备下方钢板，开始进行设备位置调整。

四、相关计算

卷扬机牵引力校核：

$$F = k \mu F_N$$

式中　F——摩擦力；

　　　K——启动系数，取 2.5；

　　　μ——摩擦系数，钢板摩擦系数取 0.25；

　　　F_N——垂直作用在钢板上的重力，取设备重量为 36 kN。

则 $F = \mu F_N = 2.5 \times 0.25 \times 36 \text{ kN} = 22.5 \text{ kN} < 50 \text{ kN}$（卷扬机的拉力），可以满足要求。

钢丝绳：由于采用的 5 t 卷扬机的配套钢丝绳，不需要进行校核。

五、安全技术措施

（1）施工现场所有施工人员均应服从指挥人员的调度指挥，不得违章操作。

（2）吊装现场设置禁区，禁止无关人员进入。

（3）工作人员施工前不得饮酒，患高血压、心脏病者不得登高作业。

（4）吊车指挥负责指挥吊车位置，驾驶人员必须听从指挥，指挥人员发出信号必须明确；在设备吊装时，驾驶人员应能看到设备的运动情况，且起落及旋转速度要缓慢，防止设备与墙体、吊车及支架等碰撞。

（5）索具应仔细检查，连接方向正确可靠，每做一次连接都应有人检查验收，确保无误后再起吊。

（6）在设备牵引过程中必须设置专人监护设备运动情况，全程必须慢速进行。

（7）设备为不锈钢设备，做好设备保护，准备好包角、麻布或麻包作垫物，避免吊索具或捆绑工具与设备直接接触，避免污染，防止刮伤。

（8）在吊装前必须对吊装所用工机具和吊车进行检查，验收合格后方可进行使用和操作。

（9）指定安全负责人，统一指挥、统一行动，各司其职；保证信号畅通，对讲机使用专用频道。

（10）设备运输前需要将设备排气管割除，安装完成后焊接，注意对排气管的切割必须要有 CR 或者 FCR 等文件。

（11）参加施工人员要正确佩戴使用劳动保护用品，严格执行操作规程，严禁违章指挥、违章作业，接受来自各个方面的安全监督。

六、吊装用工机具

（1）工机具计划见表 7-8。

表 7-8　工机具计划

序　号	名　　称	规　格	数　量	单　位	备　注
1	汽车吊	25 t	1	台	状态良好
2	吊装带	5 t	2	条	需经检查合格
3	卷扬机	5 t	1	台	需经检查合格
4	试重块	5 t	1	块	固定卷扬机使用
5	卸扣	5 t	4	副	需经检查合格
6	千斤顶	5 t	4	个	
7	滑轮组	5 t	1	副	
8	其他	（根据吊装实际添加需要使用的工机具）			

（2）人力计划：现场总指挥、安装负责人、安全监督（HSE）、技术负责、质量监督、起重负责、起重指挥、起重工（6人）、钳工（4人）。

第五节　EM7 大罐安装与吊装

一、拱顶贮罐群抱杆倒装工作原理

采用群抱杆倒装法吊装贮罐，其倒装工艺的工作原理是：通过水平拉杆将均布设立在贮罐筒壁内侧的数根起吊立柱和罐中心的抱杆紧固在壁板下口的胀圈、吊耳及手拉葫芦等连接在一起以形成吊装能力。使贮罐安装由顶层开始，依次向下进行安装，即先在罐底板上组装焊接第一节壁板，提升时用悬挂在起吊立柱上的手拉倒链来提升紧固在罐内壁上的胀圈，由于胀圈和壁板在整个圆周上被若干个组合"7"字吊钩连接在一起，所以当胀圈被提起时，壁板也随之被起吊起来，就这样罐壁板被一节节提起来，直到罐壁板全部吊装完成，如图7-21所示。

图 7-21　群抱杆吊装工艺

二、工程概述

某核电站 EM7 工作包现场制作贮罐共有 17 台，其中 PTR（反应堆和废料池冷却及处理系统）贮罐共 2 台，分别安装在 W211 和 W251 房间，罐外径为 11.8 m，高度为 17.95 m，主体材料为 Z3CN18-10，最大吊装质量为 78.6 t。ASG（蒸发器辅助给水系统）贮罐共 2 台，分别安装在 W232 和 W272 房间，罐外径为 9.7 m，高度为 13.096 m，主体材料为 P265GH，最大吊装质量为 28.5 t。TEP（硼在循环系统）贮罐共 3 台，均安装在 NE204 房间，罐外径为 6.5 m，高度为 12.355 m，主体材料为 Z3CN18-10，最大吊装质量为 11.5 t。REA（反应堆硼和水补给系统）贮罐共 2 台，均安装在 NF203 房间，其结构为圆筒式浮顶罐，罐内径为 6 m，高度为 13.2 m，主体材料为 Z3CN18-10，最大吊装质量为 11.6 t。TER（废液排放系统）贮罐共 3 台，安装在 QA202 厂房，罐外径为 8 m，高度为 11.922 m，主体材料为 P265GH，最大吊装质量为 18 t。SEL 罐共 3 台，安装在 QB202 厂房（规格尺寸、材料质同 TER 罐）。

上述 17 台贮罐均采用群抱杆倒装法施工，安装 PTR 罐用 1 套 16 根立柱的群抱杆（$\Phi 219 \times 7$，#10 钢管制作）。3PTR 罐的抱杆的高度为 $L = 4\,500$ mm，在施工过程中发现施工人员进出不方便，焊接的焊线及施工人员的电源线进出及布置无法合理，施工现场无法满足安全文明施工的要求，特别是 NDE 的探伤设备及人员每次作业要从罐顶的中心进入，给作业带来安全隐患。所以 4PTR 贮罐在施工前对群抱杆进行了改进，抱杆的高度加长 500 mm，且在焊接的接头处用 63 mm × 63 mm × 6 mm 的角钢进行了加固。贮罐的壁板固定在壁板组装圆周线上每隔 1.5 m 左右放置一个由 $\Phi 219 \times 7$，$L = 4\,500$ mm 的有缝钢管及上下由 $\Delta = 20$ mm 的钢板制作的支墩上。ASG 罐用 1 套 8 根立柱的群抱杆（$\Phi 219 \times 7$，$L = 4\,500$ mm，#10 钢管制作）。装 TEP、REA、TEL、SEL 罐用 3 套 8 根立柱的群抱杆（$\Phi 159 \times 8$，$L = 5\,350$ mm，#10 钢管制作）。抱杆的高度是根据贮罐上部 2 层、3 层或 4 层的高度的和减去 200～300 mm 作为抱杆的高度。贮罐每层的高度是根据贮罐的排版图确定的。由于本工程有

17 台贮罐，所以其抱杆的高度需要综合考虑，TEP、REA 是根据贮罐的上部 4 层的高度确定的。

三、施工顺序

1．施工顺序

（1）检查先决条件。

（2）贮罐预制。

（3）贮罐基础检查验收。

（4）贮罐底板安装。

（5）划线（组装圆周线），短工字钢和定位板点焊组装。

（6）安装群抱杆吊具系统。

（7）安装一二层壁板和罐顶（接管和附件安装视具体情况进行安装）。

（8）安装余下各层壁板拆除短工字钢。

（9）组焊罐壁板与底板间环向角焊缝。

（10）拆除群抱杆及吊具系统。

（11）完成底板焊接。

（12）组焊罐顶中心的顶圆板（至此贮罐主体吊装完成）。

2．施工方法及工艺设施设置

（1）罐基础检验合格后，标示出安装轴线。

（2）铺设罐底板并用夹具或点焊方法临时固定。

（3）按图 7-22 和图 7-23 所示，将贮罐壁板组装圆周线划到罐底板上（组装圆周线长度为设计内径计算周长加壁板纵缝焊接收缩量），为便于安装和控制壁板安装尺寸及通风、进线（焊把线）之用，在壁板组装圆周线上，每隔 1.5 m 左右放置一短工字钢（工 14#，高度为 450 mm，以方便施工人员、NDE 人员及机具和焊线的进出）将壁板组装圆周线返到工字钢上，然后在返到工字钢上的壁板组装圆周线内侧焊一个定位止挡，止挡的定位尺寸必须准确，以确保罐的几何尺寸准确，如图 7-24 所示。

图 7-22　安装贮罐边缘板

图 7-23　安装贮罐中幅板

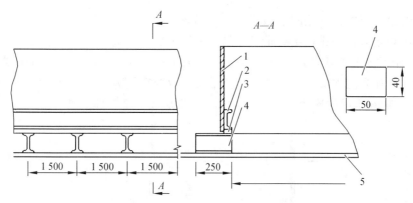

图 7-24　定位板、工字钢垫组装

（4）从距组装圆周线相应距离的位置上，根据贮罐提升参数的要求（即罐周长及总的最大提升量），通过计算等距对称设立若干起吊立柱，调整好垂直度后用斜撑 $63 \times 63 \times 6$ 的角钢进行固定。继而在连接柱与柱之间的平衡梁，在底板十字中心线上设立一根 $\Phi 219 \times 7$ 的中心平衡柱，找正后用三根角钢临时固定，另外用带紧线器（花篮螺栓）水平拉杆（钢丝绳）将起吊立柱与中心杆连接起来（带花篮螺栓水平拉杆可以用脚手杆替代），待调整平衡后在将 5 t（或 10 t）手拉倒链悬拉起吊立柱上（见图 7-25）。

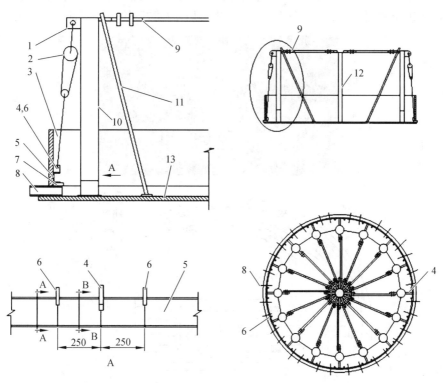

1—上吊耳；2—手拉倒链；3—壁板；4—下吊耳（焊牢到胀圈上）；5—（18#槽钢）胀圈；
6—卡板或称挡块（焊牢到壁板）；7—定位板；8—短工字钢垫（14#）；
9—平衡梁（采用卡扣和脚手杆进行连接）；10—起吊立柱；
11—脚手杆斜撑；12—中心平衡柱；13—底板。

图 7-25　群抱杆组装

（5）安装第一层壁板、胀圈及吊耳。

按施工图规定方位和排板图要求对号吊装组焊第一层壁板（由上往下数）。

① 用千斤顶将胀圈紧固到距第一层壁板下口约 50 mm 处的位置上，考虑到胀紧在罐壁上的槽钢胀圈，如果能连成一个整圈，会使吊装作业变得更为安全可靠，所以要求吊装壁板前应采用如图 7-26 所示的连接方法，使胀紧的胀圈形成一个整体。

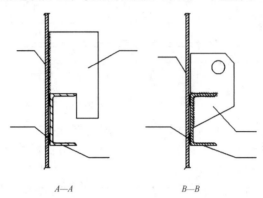

图 7-26　群抱杆（内立柱多点）倒装示意图

② 待胀圈组装完成后，当按图 7-27 所示在每个下吊耳两侧的胀圈上完成所有吊耳，就可以将胀圈和罐壁牢牢锁固到一起。胀圈是靠焊接在贮罐上的"7"钩与罐壁紧密连接在一起的。

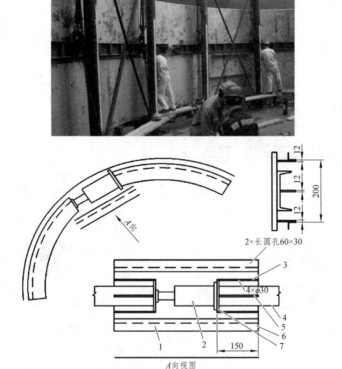

1—链接角钢；2—千斤顶；3—侧板；4—胀圈（16#槽钢）；
5—三角筋板；6—底衬板

图 7-27　胀圈安装

（6）围第二节壁板，同时在预留口处安装围板拉紧装置，如图7-28所示。

（7）为了确保罐体提升工作能够同步且平稳安全地进行，吊装前应在每根起吊立柱上，由下往上每间隔50 mm倒标出壁板高度，以作为提升罐体时的高度平衡标记，如图7-29所示。

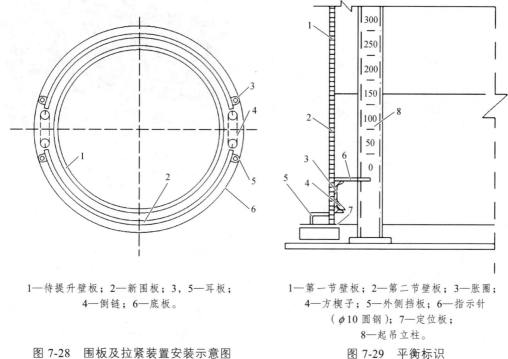

1—待提升壁板；2—新围板；3，5—耳板；
4—倒链；6—底板。

图7-28　围板及拉紧装置安装示意图

1—第一节壁板；2—第二节壁板；3—胀圈；
4—方楔子；5—外侧挡板；6—指示针
（ϕ10圆钢）；7—定位板；
8—起吊立柱。

图7-29　平衡标识

（8）由一人统一指挥同步提升第一节壁板到预定安装高度，等待与第二节壁板组装焊接。

（9）收紧第二节壁板处间隙板的楔具，使圈板直径缩小并就位到组装圆周线上后，点焊预留口处纵焊缝。

同步松放倒链，使第一节壁板连同吊钩一起缓缓下降并坐落到第二节壁板上（注意：此时所有倒链都必须带上劲）。随后完成预留口纵焊缝焊接工作。

（10）利用带隙板楔具调整错口，点焊并完成环形缝焊接。

（11）罐顶瓣片安装：

① 防止罐顶产生焊接变形，罐顶瓣片组装前应如图7-30所示点焊加强板，为控制瓣片组装尺寸，加强板也可兼作止挡用。罐顶瓣片安装前所有的加强板与罐顶瓣片先点焊完毕，以减小高空作业。

② 安装罐顶瓣片可利用群抱杆中心平衡柱上的环形支撑或设置在罐底中心的专用支撑架进行，如图7-31所示。

③ 借助设置在房间里的单轨吊或为了施工安装在房间的手拉葫芦吊装罐顶瓣片。安装时如图7-32所示，先对称吊装两块，然后再按箭头所示方向对称的吊装其余瓣片，调整点焊后，再按焊接顺序完成瓣片焊接。

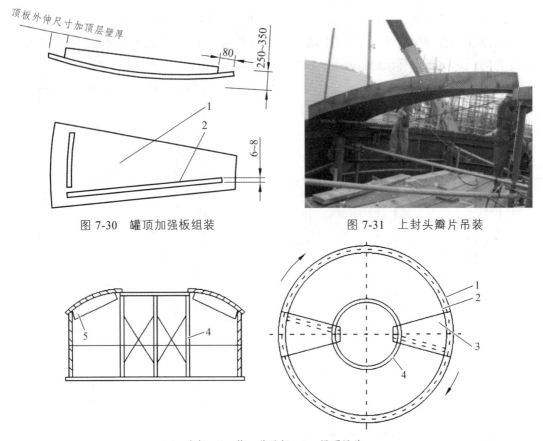

图 7-30　罐顶加强板组装　　　　　图 7-31　上封头瓣片吊装

1—底板；2—第一节壁板；3—罐顶瓣片；
4—专用支撑架；5—加强板。

图 7-32　罐顶瓣片组装示意图

（12）重复（5）~（10）步的工作，直到倒数第二层壁板组焊完成。

（13）围底层壁板。

（14）提升倒数第二层壁板到预定安装高度。

（15）收紧底层壁板预留口花篮螺栓，组对焊接预留口。

（16）放松倒链，落下倒数第二层壁板，连同吊钩一起坐落在低层壁板上口。

（17）焊接底层壁板纵缝，完成射线探伤。

（18）如图 7-33 所示，在底层壁板外侧的下端均布焊接 4~8 块支板，并在每块支板下装一台千斤顶，再将倒数第二层壁板提起约 20 mm 高，随后用千斤顶将底层壁板顶起约 10 mm 高，最后拆焊在底板周围的工字钢垫。这种方法增加了额外的工作，在 3PTR 以外的 16 台贮罐施工过程中没有采用此方法，而是最后两层壁板的环向焊缝焊接完毕后，利用群抱杆整体提高贮罐 20 mm 高，拆除焊在底板周围的工字钢垫，这样不但提高了工作效率，而且安全也得到了保障。

（19）松放千斤顶，落下底层壁板，找正后与底板进行焊接。

（20）松放倒链，落下倒数第二层壁板，点焊固定罐壁并进行焊接。

（21）拆除群抱杆吊具系统中的工装机具。

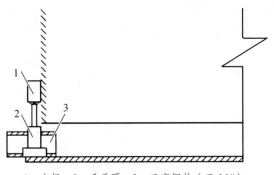

1—支板；2—千斤顶；3—工字钢垫（工 14#）。

图 7-33　拆除工字钢垫

（22）底板焊接：

① 焊接底层壁板与底板间环形角缝。

② 当底板带弓形边缘板时，接下来应焊接弓形边缘板与中幅板之间的搭接环缝（弓形边缘板中幅板在底板铺设时焊接工作已分别完成）。

③ 底板无弓形边缘板时，接下来应拆除中幅板焊接缝上的临时固定卡具，而后再按施焊顺序点焊并焊接中幅板。

（23）安装罐顶中心顶圆板、平台梯子及附件（至此贮罐吊装组焊工作完成）。为了防止罐顶中心顶圆板变形，在焊接前必须对罐顶中心顶圆板进行加固，并且在罐顶中心顶圆板焊接完毕后才能拆除加强板。

第八章

复杂环境下的设备吊装

● 第一节　窄小空间与设备拥挤的起吊运输

● 第二节　低空间设备的吊装

● 第三节　大坡度及地形特殊场所的起重运输

● 第四节　道路路面、基础不正常情况下的起重运输

第一节　窄小空间与设备拥挤的起吊运输

一、起重设备运行的空间位置受阻

发电设备中汽轮机冷凝器的安装受空间狭小的限制，起重设备的运行受阻的情况兼而有之。冷凝器自重 4～300 t 大小不等，大型电站所用冷凝器较大，是电站设备中较笨重、庞大的设备之一。一般的安放位置在汽轮机运转平台的下面，如图 8-1 所示。冷凝器与支架及运转平台之间的上下空隙较小，安装位置要求准确，不便于操作。为克服空间及位置上的限制，其安装操作工艺做如下的安排。

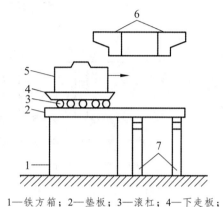

1—铁方箱；2—垫板；3—滚杠；4—下走板；
5—冷凝器；6—运转平台；7—支架。

图 8-1　冷凝器滚运示意图

1．较大冷凝器的安装

较大冷凝器一般都是在现场进行组装，组装完毕后可采用滚移就位。具体操作步骤：

（1）清理场地，使组装场地位置与安装位置一致。

（2）建立组装平台，如图 8-2 所示，使其高度与安装基础平台高度相同。

（3）铺设下走道及走道下的枕木，与此同时必须考虑冷凝器组装完成后的拖板及滚杆的放置问题，使用千斤顶时，底部应放置垫钢板。

（4）组装冷凝器本体。

（5）架设拖拉设备。

（6）放置拖板、滚杆、牵引绳等。

（7）拖运，卸下，就位，安装。

2．小型冷凝器的安装

由于其自重较轻，一般都利用厂房内现有起重设备，如桥式起重机。常用的吊装方法有以下两种。

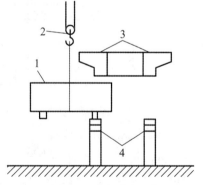

1—冷凝器；2—起重机吊钩；
3—汽轮机运转平台；
4—冷凝器支架。

图 8-2　平吊冷凝器示意图

（1）起重机小车运行方向与汽轮机运转平台方向相垂直时，冷凝器轴线方向与小车运行方向一致，故起重机上的主副钩可以利用。将主钩的千斤绳系挂在冷凝器中部起吊，使其高度超过冷凝器基础平面，并向支架方向移动到千斤绳与汽轮机运转平台接近为止。启动下降主钩，将冷凝器前端落到支架上面，如图 8-2 所示。

冷凝器后端用千斤绳系挂在起重机副钩上，起升副钩拉紧千斤绳，稳住冷凝器，放松主钩千斤绳，如图 8-3 所示。

松下主钩千斤绳，挂主钩千斤绳于汽轮机运转平台的内侧，抬吊起冷凝器本体，向前方支架方向慢行就位，如图8-4所示。

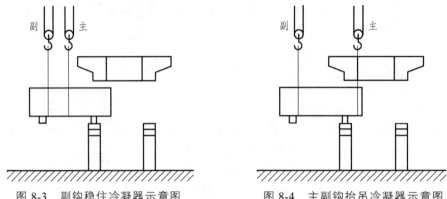

图 8-3　副钩稳住冷凝器示意图　　　　图 8-4　主副钩抬吊冷凝器示意图

当主钩或副钩的千斤绳接近汽轮机运转平台时，小车停止前进，主副钩同时保持冷凝器体水平降落在两支架上。由于主钩端在支架上接触面积小，需用垫木垛或链条葫芦、滑车组等方法稳住。放松主钩千斤绳向中间位置移动，撤除副钩千斤绳，起吊主钩，可以将冷凝器安装就位。但因为空间位置十分狭小，吊运过程中及整个操作过程必须十分小心，如图8-5和图8-6所示。

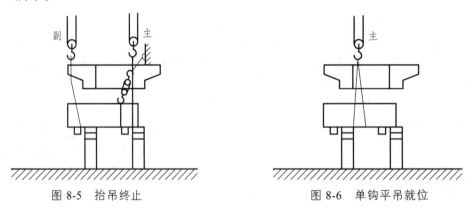

图 8-5　抬吊终止　　　　　　　　　　图 8-6　单钩平吊就位

（2）起重机小车运行方向与汽轮机运转平台轴线方向一致，此时冷凝器轴线方向与小车运行方向相垂直，此时桥式起重机副钩无法利用。此时除利用主钩外可用其他的起重工具（如链条葫芦、滑车组等辅助工具）进行安装。

二、被吊装的设备内部空间受阻

当被吊装的设备内部空间受到阻碍，无法直接吊装时，可采用辅助工具使其就位。图8-7为汽轮机后轴承座的吊装示意图。轴承座是汽轮机的主要部件之一，长 1.2 m，宽 0.5 m，质量为 200 kg，上下轴承水平中分面距地面高度为 1.5 m。由于结构上的原因，无法直接利用桥式起重机将上轴承盖吊装到下轴承座上。为此，可用 1.8 m 的普通工字钢做成简易横吊梁，一端吊上轴承盖，另一端吊配重，并用倒链调节平衡。横梁的支点应经过计算。

当上轴承盖就位后，应避免横梁失去平衡而造成事故。

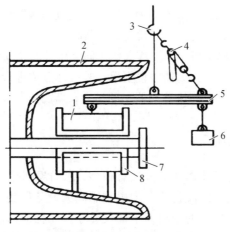

1—轴承座上盖；2—排气口；3—吊钩；4—葫芦；5—横吊梁；
6—配重物；7—转子；8—下轴承座。

图 8-7　轴承座上盖吊装示意图

三、在地方特别窄小且障碍物较多的场所

　　某厂高压车间有一台旧高压分防器需要拆除更换新的，其长为 5.35 m，直径为 1.2 m，质量为 38 t，此设备安装在厂房内操作平台钢框架里面，地方特别窄小，附近又有其他设备和管线，障碍物较多，所以在拆除或安装高压分离器时，必须将高压分离器吊到操作平台钢框架及其他设备和顶部以上一定距离。在整个吊装过程中需要平稳缓慢地进行，不得碰伤其他障碍物。在用桥式起重机将旧高压分离器拆除完后，还要用 45 t 桥式起重机和 45 t 轮胎起重机抬吊作业法，将旧高压分离器装在 45 t 桥式起重机和 45 t 大拖板车上，运出厂房放在指定地点。安装新的高压分离器刚开始时，采用 45 t 桥式起重机和 45 t 轮胎起重机抬吊作业法进行吊装。桥式起重机吊头部，轮胎起重机设置在大门口外部吊尾部，如图 8-8 所示。

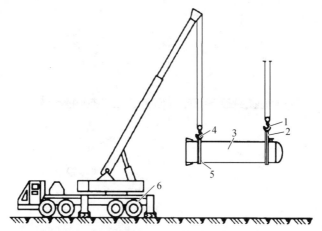

1—桥式起重机吊钩；2—绳扣；3—高压分离器；
4—轮胎液压起重机吊钩；5—绳扣；
6—轮胎液压起重机。

图 8-8　桥式起重机和轮胎液压起重机抬吊高压分离器示意图

当高压分离器吊装离开地面 1 m 左右时，桥式起重机吊钩继续向上起吊，等吊到垂直位置时，轮胎起重机脱钩。这时桥式起重机继续起吊，当高压分离器底部高度超过操作平台钢框架及其他设备和管线时，桥式起重机小车（或大车）向高压分离器安装位置运行。等到达安装位置后，桥式起重机吊钩吊着高压分离器缓慢下落，并找好方位进行就位，找好正，把紧地脚螺栓。最后桥式起重机脱钩，去掉高压分离器上的吊索，新高压分离器的安装工作就算完成。

四、在设备拥挤的场所

在设备拥挤的场所进行吊装作业的方法有很多，总的规则是：吊装前，应做好统筹安排，通常先吊高大设备，后吊较小的设备，并考虑利用高大设备吊装小设备的方法或两台设备同时吊装的方法，以解决设备拥挤的矛盾，下面仅介绍"一杆双吊法"。

一杆双吊法是巧妙地运用设备布局特点，用一根单桅杆同时对称起吊两台设备的方法。某工程有 2 台高 37m、质量为 34 t 的再生塔需整体吊装，基础中心距为 5 m。吊装时，在基础之间设置一格构式单桅杆，高度为 32 m，布置 8 根缆风绳。每塔配备 5 t 卷扬机 5 台，两塔共 10 台，其中每塔 2 台用于起吊，另外 2 台布置在塔两侧，用于旁溜，以免造成左右摆动，每塔还有 1 台布置在塔后部，起吊中逐步溜放。至塔身垂直时，以上 3 根溜绳和起重索从四个方向保持塔身平衡，如图 8-9 所示。

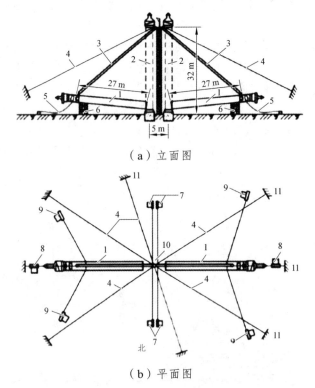

（a）立面图

（b）平面图

1—再生塔起吊位置；2—再生塔吊装就位；3—起重缆索；4—缆风绳；5—溜放绳索；
6—枕木墩；7—起吊主机（4 台）；8—中溜机（2 台）；
9—旁溜机（4 台）；10—桅杆；11—罐点。

图 8-9　一杆双吊示意图

牵引起重索的滑车组用5-5滑车组，一头从桅杆顶滑车组引出，通过地面导向滑车引入北面卷扬机；另一头从捆绑在再生塔27 m处的滑车组引出，经桅杆顶设置的导向滑车和地面导向滑车引入南面卷扬机。

五、在民房密集、施工现场十分狭窄的地段

某设备安装公司承建了在建筑楼顶4台ZXLR-260型直燃式溴化锂吸收式热水机组的安装任务。该地段为主商业区，民房密集，交通繁华，各种管道、高压电缆纵横交错，施工场地十分狭窄。

该设备外形尺寸为：5.83 m×3.3 m×3.3 m（长×宽×高），自重为27 t，安装在101 m高的顶层楼面上。

1．施工方法

采用楼体外高空整体吊装作业，如图8-10所示。

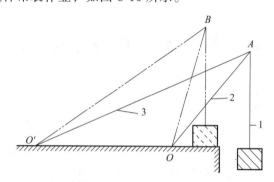

1—主吊机构；2—门式桅机；3—变幅机构。

图8-10　吊装作业简图

2．设备卸车

根据施工现场的环境条件，确定用50 t汽车式起重机将运至现场的空调制冷机组卸车，在卸车处至楼体外吊装处的路面上全部用枕木铺垫，用电动卷扬机和滚杠进行水平位移。

3．吊装方案

在楼顶层上安装一副门字形变幅桅杆，主桅杆用4 377 mm×12 mm无缝钢管，长度为3.5 m。

主滑车用H50×6D滑车组一套，主吊卷扬机用两台10 t慢速卷扬机。

变幅卷扬机用两台5 t慢速卷扬机。主吊钢丝绳用6×37+1（Φ21.5 mm）互捻钢丝绳。

4．设置起吊机具应注意的问题

（1）由于吊装中变幅会改变主吊横梁的受力方向，如用单工字钢，受力会影响吊装安全，为此，设计为45号双工字钢拼焊主梁，长度为1.6 m。

（2）主桅杆底座（楼顶层预埋）的连接为铰接，转动轴用Φ70 mm×200 mm销轴。立板选用30 mm厚钢板。

（3）根据主桅杆的受力情况，在两底座的下方用 Φ 426 mm×10 mm 无缝钢管支撑，以加大安全系数。

（4）主吊滑车穿绕采用顺穿双抽头，使工作平稳，避免由于两台卷扬机不等造成的误差，中间平衡轮要转动灵活。

（5）为防止吊装过程中因变幅机构的动作，可能造成的桅杆后倾覆事故，起吊设备应有相应的反倾覆措施。

5．吊装的安全措施

（1）确保吊装过程中正常供电。

（2）做好现场安全保卫工作，吊装场地应设警示标志。

（3）进行全面安全交底，做到指挥统一，步调一致。

（4）为防止机组与楼的外伸平台相碰，在地面上设置一台 5 t 慢速卷扬机来牵拉设备。

第二节　低空间设备的吊装

某安装公司在某中密度纤维板厂生产线安装时，由于厂房过低（高度仅 8 m），吊装受限；作业面又很狭窄，设备基础预留坑、槽高低不平，吊车占位困难等因素，使得大设备（质量为 36 t）用吊车难于起臂和伸杆；小吊车起重能力满足不了实际需要。在此情况下，安装公司为解决施工中的难题，根据实际情况采用多种有效的吊装方法，现介绍如下：

一、单机平衡梁吊装法

根据起吊设备的质量，采用工字钢或 H 形钢，作为吊装平衡梁。梁上焊接大孔吊耳板，吊钩可直接挂在板上，梁两端作吊耳，用卡环与设备中点相连。设备吊装可一次就位，如图 8-11（a）所示。对长宽型的设备吊装，可制作 H 形平衡梁，如图 8-11（b）所示。

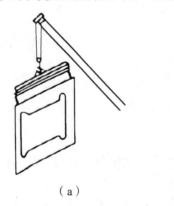

（a）　　　　　　　　　　　　　　　（b）

图 8-11　平衡梁吊装

二、双机平衡梁抬吊法

18 t 以上设备用 2 台吊车抬吊，吊车位置按现场情况确定。双机抬吊可同侧，如图 8-12（a）所示，也可对侧，如图 8-12（b）所示。

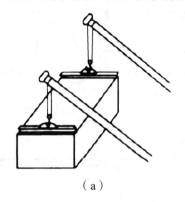

（a） （b）

图 8-12 双机抬吊

同时要考虑设备运输车辆的进出场位置，设备的就位方向以及吊车站位的先后顺序。

三、三机平衡抬吊法

用三机抬吊时，要变三吊点受力为两点受力，在双机抬吊的一侧，增加一平衡梁，使两吊点变为一个吊点。如用大小两台吊车，还要调节两台吊车的起吊质量，保持设备吊装平稳，使其就位安全可靠，如图 8-13 所示。

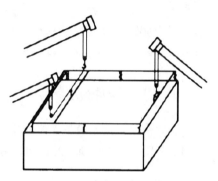

图 8-13 三机平衡梁抬吊

四、双桅杆滑移抬吊法

厂房内安装大型立罐，受空间限制，无法使用吊车而采用了双桅杆滑移法，如图 8-14 所示。

五、提升平移吊装法

在设备基础高出地面的情况下，设备不能直接运至基础上，又不可能使用吊车，应使基础上方有能承载的钢结构，或其他能承受载荷的着力点，来固定滑

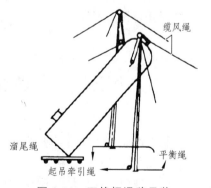

图 8-14 双桅杆滑移吊装

车和链式起重机。先将设备用排子和滚杠运到基础旁，用卷扬机牵引主吊滑车组，用一台相应链式起重机辅吊，再用一台链式起重机溜尾。主吊、辅吊、溜尾同时动作，协调一致，使设备起升，直至设备底部高于基础。然后，慢慢起升滑车组，同时缓缓松开两台链式起重机，靠设备重力，将其平移到基础上方，再把链式起重机全放出，设备缓慢下降就位，如图 8-15 所示。

六、侧墙贯入法吊装

钢结构平台上的设备，通常要等平台安装完毕才能进行设备安装。现在采用从厂房侧墙吊装贯入就位。室内利用平台上方的钢结构梁、柱，固定链式起重机和卷扬机牵引的滑车组。吊装前，设备前后两吊点各穿入两套吊装绳索，吊车用一套，另一套用来更换吊钩。吊装时，用一台吊车将设备吊起至预留孔高度，并将一端尽量送入室内。用链式起重机接住远端预留吊绳，使其张紧受力。用现场另一台吊车，吊住设备室外端的预留吊绳，第一台吊车松钩退出。室内端的滑车组，再挂上该端的吊绳，并用卷扬机缓慢张紧，牵引设备，同时链式起重机逐点松动。室外吊车也将设备缓慢向室内送入，直至滑车组完全承受本端设备质量时，松开链式起重机。当室外吊车将设备外端送至墙边时，用链式起重机，再次接住设备室外端，吊车缓慢松动钩、溜尾。卷扬机和链式起重机将设备全部牵入室内，安装就位，如图8-16所示。

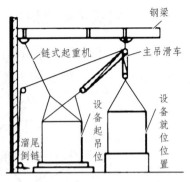

图 8-15　提升平移法吊装

七、顶升脱排法

当室内吊装重型设备无法使用吊车，也无结构承载点可用时，可用拖排、滚杠将设备运至基础上，用4个千斤顶顶升挂钩，将设备顶升到一定高度，拆除拖排和滚杠，使设备就位安装。

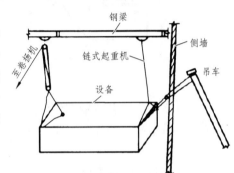

图 8-16　侧墙贯入法吊装

八、花门架起吊脱排法

在顶升脱排法不好实施时，可作龙门架，用链式起重机起吊设备，然后脱排就位。

第三节　大坡度及地形特殊场所的起重运输

在起重作业中经常遇到坡度较大的场所，一种情况是路面本身坡度较大，另一种情况是人为造成大坡度的场所以备利用，如用斜面装车、卸车等。利用斜面装卸车，可以不用将重物提离地面即可进行，斜度大小不同，所需牵引的力量大小也不一样，这正是我们可以利用的。

一、人为斜坡的利用

图8-17所示为利用架设的斜坡卸车示意图。卸车的方法与装车相反，并且多一台溜滑车组，用一台卷扬机控制。操作时，前方用牵引滑车牵引，后方用溜放滑车拖放，当重物进入斜坡路面区，牵引滑车逐渐不受力，此时重物靠自重下滑。为保证平衡下滑，后放的溜放滑

车应缓慢均匀放松，有时为防止滚杠下滑，两侧由专人负责摆正，观察滚杠工作情况，防止溜斜出事故。

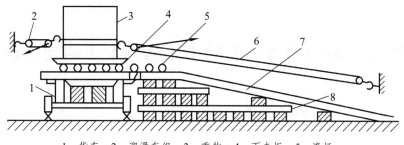

1—货车；2—溜滑车组；3—重物；4—下走板；5—滚杆；
6—牵引滑车组；7—斜坡道；8—枕木垛。

图 8-17　滚移卸车示意图

在重物滚移所经过的路面，都应铺设下走道，以保护路面，运输平稳。

在添放滚杠的操作中，操作人员应将大拇指放在滚杠外面，利于拨动滚杠，其他四指放在滚杠内。每次添加滚杠时，从侧面插入。枕木垛的架设应用扒钉固定，斜路面上枕木接头应相互错开，并且应达到路面平直。拖运过程中，钢丝绳两侧严禁行人逗留，以免钢丝绳断裂发生事故。

二、大坡度起重运输的注意事项

1．运输前的准备工作

（1）工作之前应对坡度路面全程探视一次，掌握特殊弯路、窄路、桥梁、山洞等具体情况。

（2）根据运输重量，校验牵引车、平板拖车的性能、制动、功率等情况。

（3）装车后重心位置的确定。

（4）捆绑情况的检查。

2．运输过程中的注意事项

（1）运输车辆前方派车探路，后方设有护卫车监视，并携带起重工具。

（2）平板车两旁有工作人员跟车步行，观察运输中的物体的动荡状况，必要时采取修正措施。

（3）运输车辆在松软或不能承受重压的管、沟地面上行驶时，必须采取有效的防护措施，以防压坏管、沟，或翻倒车辆，在没有防范措施情况下，不能在坑沟上运行。

（4）履带式起重机不能在斜坡上横向行驶，不允许朝斜坡下方转动起重臂，以防翻倒。必须转臂时，应先用木板将机身垫平，然后转臂。

（5）起重机在坑沟、河边工作时，应与河沿保持必要的距离（安全距离），以防塌方，造成事故，如图 8-18 所示。

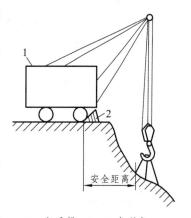

1—起重机；2—三角刹木。

图 8-18　安全距离示意图

综上所述，由于斜坡的存在，造成坡下方有一分力存在，斜度越大分力也越大，所以，通常规定斜角不超过 30°。在斜坡上作业时必须注意分力的增加将会造成事故的可能性。

第四节　道路路面、基础不正常情况下的起重运输

起重运输工作过程中，所经路面情况复杂，路面不正常对起重运输作业影响甚大，特别在山区或偏僻的地区，路面不正常更为常见，路面不正常的一般状况是：不平、面窄、坑沟多、土质松软、山坡、草地、树根、石块多。

一、路面修复

在起重运输工作之前，在探路工作之后，应对路面具体情况进行修整、夯实加固，有些路段尚需加垫枕木垛、钢板等物，以造成安全可行的临时运输路面。

二、铺设下走道

在路面不正常的情况下，铺设下走道是经常采用的方法之一，特别是在用滚移法运输货物时，铺设下走道可以使工作平稳，阻力减小。

三、架设路轨

有利于架设路轨的地方，可以通过路轨的架设达到平稳运送物件的目的。

四、架设走线滑车

运送的物件重量不是特别大，又需反复运送物件时，可以考虑走线滑车的应用。

走线滑车的架设克服了大段路面崎岖、河道阻隔所造成的运输困难。如在建造跨越河道的桥梁工程中，走线滑车仍然被广泛应用，它可以跨越百米以上的空间。

9

第九章

起重安全标志

● 第一节 起重安全标志
● 第二节 起重安全标志的制作

第一节　起重安全标志

一、定　义

（1）安全标志是由安全色、几何图形和图形符号构成，用以表达特定的安全信息。

（2）补充标志是安全标志的文字说明，它必须与安全标志同时使用。

二、常用安全标识

安全标志分为禁止标志、警告标志、指令标志、提示标志四类。

1．禁止标志

（1）含义：是不准或制止人们的某种行动。

（2）几何图形是带斜杠的圆环，如图9-1所示。

（3）图形的具体参数：

外径 $d_1 = 0.025L$；内径 $d_2 = 0.800d_1$；斜杠宽 $c = 0.080d_1$；斜杠与水平线的夹角 $\alpha = 45°$；L 为观察距离。

（4）图形的颜色见表9-1。

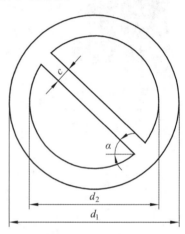

图 9-1　几何图形

表 9-1　图形颜色

部　位	颜　色
圆环和斜杠	红　色
图形符号	黑　色
背　景	白　色

（5）禁止标志有16个，其图形和含义如图9-2所示。

| 运转时禁止加油 | 禁止跨越 | 禁止乘车 | 禁止攀登 |

| 禁止饮用 | 禁止架梯 | 禁止入内 | 禁止停留 |

图 9-2　禁止标志

2．警告标志

（1）含义：是使人们注意可能发生的危险。

（2）几何图形是正三角形，如图 9-3 所示。

（3）图形的具体参数：

外边 $a_1 = 0.034L$；内边 $a_2 = 0.700a_1$；L 为观察距离。

图形的颜色见表 9-2。

（4）警告标志有 23 个，其图形和含义如图 9-4 所示。

图 9-3　几何图形

表 9-2　图形颜色

部　位	颜　色
背　景	黄　色
三角形的边框、图形符号	黑　色

| 注意安全 | 当心火灾 | 当心爆炸 | 当心腐蚀 |

| 当心有毒 | 当心触电 | 当心机械伤人 | 当心伤手 |

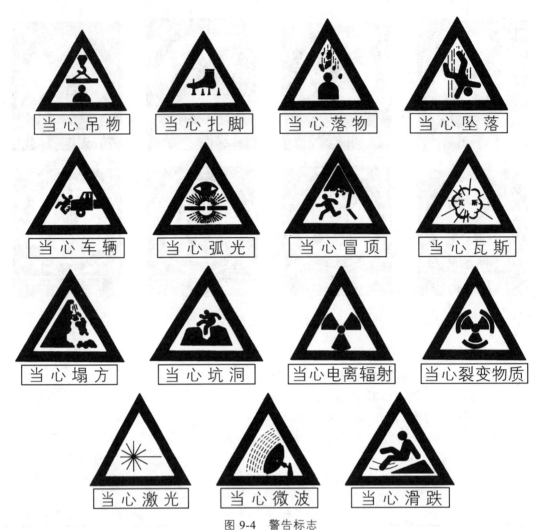

图 9-4　警告标志

3．指令标志

（1）含义：是必须要遵守的意思。

（2）几何图形是圆形，如图 9-5 所示。

（3）图形的具体参数：

直径 $d = 0.025L$；L 为观察距离。

图形的颜色见表 9-3。

图 9-5　几何图形

表 9-3　图形颜色

部　位	颜　色
背　景	蓝色
图形符号	白色

（4）指令标志有 8 个，其图形和含义如图 9-6 所示。

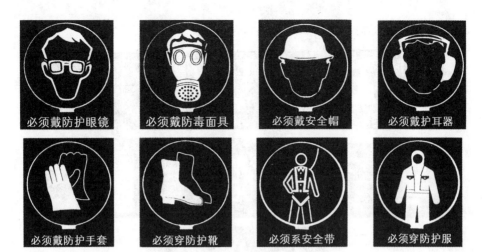

图 9-6　指令标志

4．提示标志

（1）含义：示意目标的方向。

（2）几何图形是长方形按长短边的比例不同，分一般提示标志和消防设备提示标志。

① 一般提示标志，图形的具体参数：短边 $b_1 = 0.014\ 14L$；长 $l_1 = 2.500b_1$；L 为观察距离，如图 9-7 所示。

② 消防设备提示标志，图形的具体参数如下：短边 $b_2 = 0.017\ 68L$；长边 $l_2 = 1.600b_2$；L 为观察距离，如图 9-8 所示。

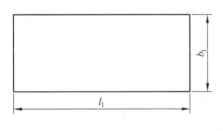

图 9-7　几何图形 1

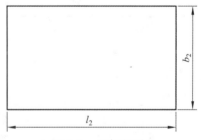

图 9-8　几何图形 2

（3）图形的颜色见表 9-4。

表 9-4　图形颜色

部　位	颜　色
背　景	绿　色
图形符号及文字	白　色

（4）一般提示标志有 2 个，其图形和含义如图 9-9 所示。

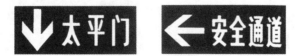

图 9-9　一般提示标志

（5）消防设备提示标志有7个，其图形和含义如图9-10所示。

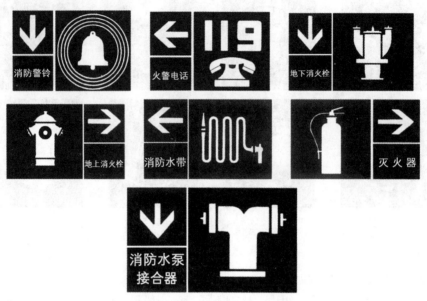

图 9-10　消防设备提示标志

5．补充标识

补充标识见表9-5。

表 9-5　补充标志

补充标志的写法	横　写	竖　写
背　景	禁止标志——红色 警告标志——白色 指令标志——蓝色	白色
文字颜色	禁止标志——白色 警告标志——黑色 指令标志——白色	黑色
字　体	粗等线体	粗等线体
部　位	在标志的下方，可以和标志连在一起，也可以分开	在标志杆的上部
形状、尺寸	长方形	长 500 mm

第二节　起重安全标志的制作

一、标示牌尺寸

安全标志的尺寸可按下式推算：

$$A \geqslant \frac{L^2}{2\ 000}$$

式中　A——安全标志的面积，m^2，指几何图形本身的面积；

　　　　L——最大观察距离，m。

安全标志的圆形直径最大不得超过 400 mm；三角形的边长最大不得超过 550 mm；长方形的短边最大不得超过 285 mm。

道路上用的标志，可按实际情况酌情放大。

二、衬底色

安全标志都应自带衬底色，用与安全标志颜色相应的对比色。其衬底的边宽，最小为 2 mm，最大为 6 mm。

三、安全标志牌的制作

（1）安全标志牌必须根据相关标准的制作图来制作。制作图举例如图 9-11 所示。

（2）安全标志牌应用坚固耐用的材料制作，如金属板、塑料板、木板等。也可直接画在墙壁或机具上。标志牌应无毛刺和洞孔。

（3）有触电危险场所的标志牌，应当使用绝缘材料制作。

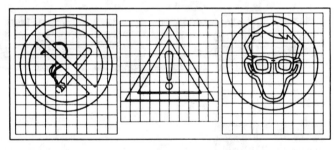

图 9-11　制作图（举例）

（4）销售的标志牌必须获得相关检验许可后方可生产、销售。

（5）标志杆的颜色应和安全标志相一致。

四、安全标识牌的设置位置

（1）安全标志牌应设在醒目与安全有关的地方，并使人们看到后有足够的时间来注意它所表示的内容。

（2）不宜设在门、窗、架等可移动的物体上，以免这些物体位置移动后看不见安全标志。

五、检查与维修

安全标志牌每年至少检查一次，如发现有变形、破损或图形符号脱落以及变色不符合安全色的范围，应及时修整或更换。

第十章

吊装工程施工管理

- 第一节 班组管理与成本核算
- 第二节 起重安全

第一节　班组管理与成本核算

一、班级管理

1. 班组管理的内容

（1）建立健全的规章制度，有效地组织生产。没有规矩，不成方圆。班组的所有工作都要以制度为准则，开展各项工作。为了加强科学管理，完成各项生产任务，班组应有以下基本制度：

① 岗位经济责任制。

② 运行事故分析制度。

③ 设备维护保养制度。

④ 班组考勤、奖金分配制度。

⑤ 员工培训制度。

⑥ 班前、班后会制度。

⑦ 仪器、仪表及工具保养、保管制度。

⑧ 文明生产管理制度

⑨ 技术档案、技术资料管理制度。

⑩ 劳动保护制度。

（2）落实经济责任制，提高经济效率，建立奖惩制度。如劳动纪律考核办法、安全责任制考核、文明生产考核制度和奖金分配制度。

（3）劳动保护。

（4）标准化工作。

标准化工作是指对技术标准和管理标准的制定、执行和管理工作。标准化工作分类如下：

① 从管理体制上可分为：国际标准、国家标准、行业标准和企业标准等。

② 从性质上可分为：技术标准、管理标准和工作标准。

③ 按在生产过程中的地位可分为：原材料标准、零部件标准、工艺装备标准、设备标准和维修标准等。

④ 按使用范围可分为：基础标准、产品标准、方法标准和卫生安全标准等。

（5）计量工作的内容：

① 配备计量人员，妥善存放保管计量器具。

② 建立健全计量标准，完善计量制度。

③ 科学使用计量器具，保证量值的准确与统一。

④ 严格贯彻计量工作责任制，严禁使用不合格的计量器具。

（6）劳动定额管理。

（7）班组经济核算。

（8）统计。

（9）信息工作。

（10）员工教育。

（11）设备管理。

① 按技术先进、经济合理的原则正确选购设备。

② 合理使用、精心维护，保证设备始终处于最佳技术状态。

③ 做好设备的挖潜、改造、更新。

④ 定期对设备维护和保养修理。

⑤ 做好设备的资产管理。

（12）HSE 管理内容包括：

① 认真执行各项 HSE 规章制度及安全技术操作的要求。

② 组织经常性的安全教育和安全技术操作规程的学习，不断地提高班组成员的自我保护能力，不违章作业，不冒险蛮干。

③ HSE 工作，做到班前有要求，班后有小结。

④ 经常检查班组作业现场安全生产状况，发现问题及时解决。

⑤ 认真做好新员工的岗前安全教育。

⑥ 服从 HSE 人员的监督指导，若发生事故，应按事故应急预案有关程序内容组织处理。

2．制订班组作业计划

（1）制订班组作业计划的方法。制订班组作业计划主要依据施工组织设计以及技术交底和施工任务书等技术文件。技术文件中规定的施工进度、质量、安全等要求是制订班组作业计划的目标，规定的施工程序和施工方法是制订班组作业计划的重要依据。制订班组作业计划时，应根据施工组织设计要求的施工程序分解具体工序，提出所用的机具、材料、劳动力安排。

（2）班组作业计划的内容：

① 制订进度计划；

② 劳动力安排；

③ 机械设备安排；

④ 一般机具和材料的安排；

⑤ 保证质量和安全的措施。

二、成本核算

经济核算是利用价值形式对在生产经营中的消耗和成果进行计划、核算和分析，力求达到以最少的人力、物力消耗，取得尽可能大的经济效益。成本分析核算主要依据劳动定额。企业内部的经济核算一般分为厂、车间、班组三级核算。

1．成本分析核算的意义

（1）促进班组经济活动；

（2）为搞好按劳分配提供依据；

（3）增强职工群众当家理财的意识；

（4）提高班组管理素质。

2．劳动定额

劳动定额是指在一定生产技术和组织条件下，预先规定的劳动者生产一定量合格产品或完成某一工作的劳动消耗标准。

劳动定额的分类：

（1）人员定额：是指规定为完成一定工作量或管理职能而确定的员工人数。

（2）产量定额：是指在规定的单位时间内必须完成的产量或工作量。

（3）时间定额：是指为完成规定单位产量或工作量所必需的时间。

（4）管理费用定额：企业管理费和车间经费方面所分配的支出限额。

3．成本分析核算的主要内容

（1）工程量：是指主要考核工程量指标和施工进度完成情况。

（2）工程质量：是指主要考核工程合格率、优良品率指标完成情况。

（3）材料、机具消耗：主要对材料、机具的实际消耗量与规定的消耗定额或限额进行对比。

（4）劳动生产率：指主要考核出勤率、工时利用率和劳动生产率指标完成情况。

（5）机械设备管理：是指主要考核机械设备完好率、利用率指标完成情况。

（6）安全管理：是指主要考核工伤事故频率、工伤死亡情况。

4．成本分析核算的主要方法

（1）技术经济指标统计核算法。

（2）材料费用消耗指标统计核算法。

（3）劳动质保统计核算法。

（4）其他费用指标统计核算法。

第二节　起重安全

"安全第一"是安全生产方针的基础。最先提出该口号的是美国 US 钢铁公司。1906 年，该公司董事长埃尔·凯利提出"安全第一、质量第二、生产第三"的经营方针，同时制定了一整套的管理方法，并认真贯彻实施，结果不但事故减少了，质量和产量提高了，公司也繁荣起来了。于是"安全第一"的口号就流行起来了。我国将"安全第一"列为生产企业的头等大事，在经济建设、科技研究、社会生活、财贸经营过程中，要求组织者、指挥者、管理者和直接参与生产劳动、社会实践的劳动者都必须牢固树立"安全第一"的思想，始终把安全放在首位，自觉地把贯彻安全生产方针当作应尽的职责和神圣的义务。当安全与生产发生矛盾时，必须首先解决安全问题，保证劳动者在安全的条件下进行生产劳动。以起重吊装工程为例大致做到以下几点：

（1）某一分项工程或某一工序开工前，首先要明确安全生产总负责人，以及各个工种、作业队安全负责人，责任到人。要有班长或技术人员对该工程及工序进行详细、有针对性的安全技术交底，操作人员明确交底内容并在交底书上签字后，方可开始施工。脚手架、安全网、机械设备以及临时用电设施在接到验收合格的通知后才能使用。

（2）认真了解工程概况及施工现场各种设备、设施的分布、料具码放等基本情况，以便熟知施工现场的危险区域和各项安全规定，增强自身安全防护意识。

（3）制定各项安全操作规程、危险品使用贮藏规程、消防安全操作规程。

（4）掌握"三宝"的正确使用方法，达到辅助预防的效果。"三宝"是指现场施工作业中必备的安全帽、安全带、安全网。

（5）注意施工现场"五临边"等重点防护部位的安全性及正确维护。施工现场的"五临边"是指沟、坑、槽、基础边、楼层边。施工现场的"五临边"是容易发生事故的部位，也是现场防护的重点，必须有可靠的安全防护设施。

一、现场安全知识

起重作业是由起重机械、起重工具和起重工手工劳动相互配合的工作，它需要一定的起重技术、起重工艺和一定的场地和空间。起重现场应有一定的安全条件和安全操作规程。作业者必须熟悉安全生产法则，熟练掌握起重作业的安全知识、安全用电知识、登高作业知识、消防基本知识等。

二、安全生产术语

（1）安全生产：消除或控制生产过程中的危险因素，保证生产的顺利进行。

（2）本质安全：通过设计等手段使生产设备或生产系统本身具有安全性，即使在误操作或发生故障的情况下也不会造成事故。

（3）职业安全：以防止职工在职业活动过程中发生各种伤亡事故为目的的工作领域及在法律、技术、设备、组织制度和教育等方面所采取的相应措施。

（4）安全管理：是为了在生产过程中保护劳动者的安全和健康，改善劳动条件，预防工伤事故和职业危害，实现劳逸结合，加强安全生产，使劳动者安全顺利地进行生产所采取的一系列法制措施、组织措施和技术措施。

（5）事故：职业活动过程中发生的意外突发性事件的总称，它通常会使正常活动中断，造成人员伤亡或财产损失。

（6）特种设备：由国家认定的，涉及生命安全、危险性较大的锅炉、压力容器、压力管道、电梯、起重机械、客运索道、大型游乐设施、场（厂）内机动车辆等。

（7）"三同时"原则：是指凡是我国境内新建、改建、扩建的基本建设项目、技术改造项目和引进的建设项目，其劳动安全卫生设施必须符合国家规定的标准，必须与主体工程同时设计、同时施工、同时投入生产和使用。

（8）"无同时"原则：是指企业的生产组织及领导者在计划、布置、检查、总结、评比生产的时候，同时计划、布置、检查、总结、评比安全工作。

（9）"四不放过"原则：是指在调查处理工伤事故时，必须坚持事故原因分析不清不放过，事故责任者和群众没有受到教育不放过，没有采取切实可行的防护措施不放过和事故责任者没有被处理不放过的原则。

（10）"三个同步"原则：是指安全生产与经济建设、企业深化改革、技术改造同步规划、同步发展、同步实施的原则。

三、起重作业中安全操作知识

在吊装和运输过程中，会涉及机具、人员、设备、环境等方面的安全问题。作业者必须具备一定的安全操作知识，才能在施工过程中不发生人身事故和工程事故，多快好省地完成施工任务。所以要求作业者必须具备下列本领和知识：

（1）起重作业人员必须身体健康，凡患有高血压、心脏病、癫痫病、手脚残疾、高度近视等病症者，不得从事起重作业。

（2）起重作业的指挥人员，要由技术熟练、施工经验丰富、懂起重工艺和起重机械性能、头脑清楚、有一定应变和判断能力的人担任。

（3）起重作业人员要服从指挥和调配，要分工明确，坚守岗位，尽职尽责，明确自己的任务，掌握现场可靠的安全技术措施。

（4）起重作业前，对各种起吊工具（钢丝绳、起重机械、千斤顶、滑轮、卡环等）认真检查，发现裂纹、破损、失灵等不符合安全使用要求的，一律不得使用，并在作业前穿戴个人防护用品。

（5）起重作业用的钢丝绳、链条、起重机械、吊钩、吊环等应符合标准的要求，不得超负荷使用。使用的三脚架应捆绑牢固，杆距相等，杆脚固定可靠。

（6）根据物体重量、体积、形状、种类，采用适当的吊装或搬运方法。对大中型设备的吊装要制定切实可行的施工组织方案，经批准后方可实施。

（7）设备在起吊前，要检查各捆绑点是否可靠，重心是否找准、找平稳，滑轮组的穿法是否符合要求，并在正式起吊前要进行试吊。

（8）机具受力后，要仔细检查桅杆、地锚、缆风绳、滑轮组、卷扬机等变化情况，发现异常，应立即停止起重作业。

（9）起重作业中要设置工作警戒标志，非作业人员不得进入作业区，防止发生伤亡事故。吊装、搬运大型物件或重要的缆风绳必须有明显的标志。

（10）作业场地必须有充足的照明。缆风绳跨越公路或其他障碍物时，距地面的高度要大于 6 m。缆风绳、吊臂、起吊设备与高压线的安全距离应符合规范要求（见表 10-1）。

表 10-1　安全距离

序号	电压/kV	垂直安全距离/m	水平安全距离/m
1	< 1	1.5	1.5
2	1～20	1.5	2
3	110	2.5	4
4	220	2.5	6
5	330	3	7.5

（11）起重作业应考虑对环境的保护，不破坏植被、不破坏水源、不破坏人文自然景观，不影响周边生物栖息环境。做到排污、噪声不超标。

四、安全用电知识

起重作业需要使用起重机械，夜间或昏暗处需要照明，这就不可避免需要安全用电。作业人员必须掌握下列安全用电知识：

（1）作业现场用电必须满足起重作业的用电负荷。

（2）现场施工用电必须严格按电气安全操作规程进行作业，非电气人员不得随意操作。

（3）设备运行时，要严格按规程进行。如切断电源时，应先断开负荷开关，然后再断开隔离开关；合上电源时，应先合上隔离开关，再合上负荷开关。

（4）要防止电气绝缘部分损坏和受潮，以免发生触电事故。不可用湿布去擦抹电气设备，更不能用潮湿的手去摸灯座、插头、开关等用电设备。

（5）设备必须有专门的接地点，使用金属外壳的电气装置，必须要有可靠的接地保护。

（6）不准用金属丝捆绑电线，不准在电线上悬挂物体。输电电缆摆放要避免与金属钢件相接触。

（7）国家规定在潮湿的工作环境中工作时，应采用安全电压供电。安全电压为 36 V 和 12 V。

（8）雷雨天进行起重作业时，应尽量避开高压电杆、避雷针、铁塔，作业位置至少与它们间隔 10 m，防止发生雷击触电。

（9）吊装、运输设备和机具时，首先要切断电源，严禁带电作业。

（10）施工现场堆放的设备和材料，应与带电设备和输电线路保持一定的距离。

（11）施工现场的各种用电设备、供电线路要定期检查，发现破损、老化现象时，要及时修理和更换。

五、登高作业

通常情况下，起重作业实现的是物体的上下垂直位移，许多吊装工程都需要作业人员登高作业，要能够在高空解决挂缆绳、接钩头、安装零配件工作。登高作业的性质要求作业者必须具有登高的身体素质、心理承受能力和工作技能，要能遵守高空作业的有关特别规定和特别措施，以及相应的劳动保护和生产区域的安全警戒。

高处作业存在着许多客观的不利因素，给起重作业带来诸多困难，所以在从事高处作业时，还必须具备下列知识：

（1）登高作业前，所有登高工具和安全用具，如安全帽、安全带、梯子、跳板、爬杆脚板、脚手架、安全网等都应仔细检查，若有不符合要求的应更换。

（2）登高作业，不论什么工种、什么地点、什么时间，不论是专业的，还是临时的，均应执行有关登高作业规程。

（3）登高作业操作，应使用安全带，戴安全帽，并遵守施工现场特定的安全操作规程。

（4）登高作业地点，应划出安全禁区，并设置明显标志，禁止无关人员入内。

（5）必须正确使用安全带，钩子应勾在牢固的物体上，无固定物体供挂钩时，应设置临时装置。

（6）使用梯子登高，中间不得缺层，并应牢固地支靠在固定体上。梯脚要有防滑措施，登到工作高度后，应用一腿勾入横档站稳后才能操作，梯子靠放斜度不应小于 30°，使用人字梯，必须挂牢挂钩。

（7）必须清理高空作业下方的场地，禁止堆放杂物。

（8）施工现场监护人员不得随便离开工作岗位，坚决制止违章、冒险作业。

（9）上下作业时，手中不应拿物件，工具应放在工具袋里，传递物件应用吊绳，严禁上下抛投工具或器材。

（10）执行高空焊接或气割时，必须先移开下方的易燃易爆物品。

（11）高空作业时，不应把工具、器材等放在脚手架或建筑物边缘，防止坠落伤人。

（12）高空作业站立在脚手板上工作时，不应站在脚手板两端，避免脚手板翘起，人从高空坠落。

（13）工作结束后，必须清点所带工具和安全用具，不得遗留在作业点上。

（14）遇有六级以上强风或大雨时，禁止露天登高作业，若因抢险抢修等需要，必须采取有效的安全措施。

（15）患有高血压、心脏病、癫痫病、手脚残疾、深度近视等病症者，禁止登高作业。

（16）登高作业前不准饮酒。

六、消防安全

起重作业在施工中需要用电，需要用乙炔割枪切割金属材料，大型设备吊装又均是露天作业，容易遭受雷击，由此有产生火灾的隐患和可能。所以，在起重作业中要做好消防灭火工作。施工现场应有消防制度和措施，火灾发生后要做好灭火、报警、逃生三步工作。

平时作业人员应具备下列知识：

（1）电工、焊工从事电气设备安装和电、气切割作业，要有操作证和动火证，动火前要清除附近易燃物，配备监火人和灭火用具。

（2）施工现场严禁吸烟。

（3）施工现场和生活区，未经保卫部门批准不得使用电加热器具。

（4）氧气瓶与乙炔瓶安全工作间距不小于 5 m，两瓶同时明火作业距离不小于 10 m。

（5）施工现场应建立防火检查制度，强化电气防火领导体制，建立应急防火队伍。

（6）一旦发生电气火灾，应迅速切断电源，以免事态扩大。切断电源时应戴绝缘手套，使用有绝缘柄的工具。应急剪断电线时，火线和零线应分开错位剪断，以免在钳口处造成短路，并防止电源线掉在地上造成短路使人员触电。

（7）当电源一时无法切断时，一方面派人去供电端拉闸，另一方面灭火时，人体的各部位与带电体应保持一定距离，并穿戴绝缘用品。

（8）扑灭电气火灾时要用绝缘性能好的灭火剂，如干粉灭火器、二氧化碳灭火器、1211灭火器或干燥砂子。严禁使用导电灭火剂进行扑救。

（9）为防止雷击火灾，起重机最上端必须设避雷针，并应将起重机钢架连接在接地装置上，接地装置应尽可能永久性接地系统。

（10）施工现场用桅杆和门式起重机顶端，应在其最高点处安装一个接闪器，并在它们的最下端设置接地线，同时应将卷扬机的金属外壳可靠接地。

（11）施工现场无法自我扑救的火灾，应及时报警，以免措施不力，造成更大的损失。

（12）当现场作业人员被围困在高处或浓烟笼罩处时，应采取正确防护方法等待救援，不得乱跑或跳楼逃生。

附　录

经验反馈

附录一 1RRA002RF 交换器引入碰撞漏气事件的经验反馈

1．事件概述

2010 年 5 月 6 日，某核电站在对设备余热排出热交换器（1RRA002RF）吊装过程中，由于起重指挥人员没有注意设备接口（K）的位置，在调整设备重心过程中将设备接口（K）封堵碰掉，造成设备内部氮气泄漏。

2．事件发生的主要原因分析

（1）起重指挥人员在吊装带捆绑后没有对设备整体全方位进行检查，对设备管口位置预测不足及没有采取保护措施，导致事件的发生。

（2）管理人员管理存在薄弱环节，安全检查不够仔细，对现场存在隐患及不安全行为没有及时发现和排除。

（3）HSE 人员监督检查力度不足，对现场吊装作业中存在严重隐患没有及时发现和制止，未能杜绝此次事件的发生。

3．改进措施

出现这次事件以后，重新对起重人员进行培训，对于设备翻身过程中，特别要注意设备管口位置，是否会在吊装过程中造成变形或者脱落，设备吊装位置必须满足安全要求，作业前必须进行风险分析和安全技术交底，起重吊装作业必须严格遵守吊装作业工作程序，吊装作业各项安全措施必须落实到位；同时要求 HSE 人员加强安全检查力度和监督，及时发现和排除各类事故隐患。

4．纠正行动

（1）生产班组长应该从此事件中吸取教训，切实端正态度，正视工作中存在的不足，实事求是，以身作则，贯彻执行"蓝色透明文化"，不断提升对核安全文化、质量的认知程度。

（2）生产部领导负责加大对一线施工班组人员核安全文化培训、复训工作，强化核安全文化氛围；加大对生产过程的质量控制工作，切实增强质量管理工作水平。

（3）通过本次事件，生产部全体人员不断学习程序、遵守程序、按程序工作是坚定不移的目标，深化开展核安全文化建设工作，积极宣传、倡导"蓝色透明"等核电建设文化，增强施工人员对核安全文化的认知，切实提高一线施工人员的质量意识，提高工作水平，最终确保核电施工工程质量。

附录二 EM1 吊车碰撞与挤压的经验反馈

1．事件概述

2009 年 12 月 14 日，某核电站环吊司机开启 1#环吊配合土建单位进行 142 平台构件的吊装，在工作小车行驶过程中（时间约9时28分），环吊司机突然听到小车上方有异响，司机立即停车并进行了初步检查，发现工作小车栏杆挤压到了喷淋管道，造成工作小车栏杆被不同程度挤弯，而喷淋管道无明显损伤，此时工作小车位置距离停车限位还有50 cm的距离。

2．原因分析

直接原因：

（1）工作小车运行时栏杆未放倒，造成工作小车位置距离停车限位还有50 cm时，栏杆撞到了喷淋管道发生变形；

（2）土建单位指定的吊车指挥人员只有起重司机资格，无司索指挥资格；

（3）现阶段环吊仍处于调试阶段，不完全具备实际吊装能力，相关操作人员对吊车的实际运行状况和作业状态条件不完全掌握。

深层原因：

（1）环吊的部分机构（如工作小车10 t起升机构）已试验完毕可用，但未及时组织成立吊车维护小组，造成土建单位指定的指挥人员资质无人进行审查把关；

（2）环吊运行的一些注意事项在上游程序AA042EOM001W10A45SS《环吊项目设备运行维护手册》中有具体的规定，但未将此程序分发至环吊司机（第1.2.2.4.6条：司机室操作台或遥控器的操作注意事项中要求工作小车正常运行情况下，小车盘栏杆必须倾斜放倒）；

（3）环吊司机在吊车操作前未按程序《EM1吊车的使用和协调管理》的要求进行相关的必要检查；

（4）各级协调人员、土建单位指挥人员和吊车司机没有切实履行各自职责，缺乏责任心。

3．后续改进措施

（1）吊车司机及指挥人员应明确吊车运行时的一切注意事项；

（2）吊车指挥人员和司机在工作前加强检查，及早发现可能对吊车运行产生影响的因素（运行环境和吊车本身），及时处理；

（3）应加强对吊车的管理，严格核查吊车司机及指挥的作业范围，及时掌握吊车状态变化并将信息传递到相关人员。

附录三　龙门架380 t吊车栏杆碰撞事件的经验反馈

1．事件概述

2010年6月3日下午，某项目施工队在380 t/70 t吊车EESR联检补漆时，由于380 t/70 t吊车同时启动了联锁，70 t吊车无法开出，当380 t吊车行走时，由于周围土建单位的脚手架障碍，导致380 t吊车栏杆与脚手架纵向钢管碰撞，栏杆碰撞变形，此时没有任何人发现该事件发生。2010年6月4日上午，吊车管理部门与施工队在对380 t吊车EESR联检时发现380 t吊车的护栏被碰撞变形。事件发现后，直至下午17:30项目部才得到报告。

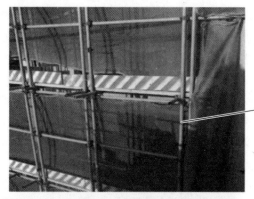

吊车护栏与此
架子管发生碰撞

吊车护栏被撞处

附图1

2．原因分析

380 t吊车的核岛侧运行限位离核岛辅壁间距较小，核岛辅壁上搭设着脚手架，而且吊车本身还有一定的宽度，因此，吊车在往核岛侧运行过程中存在着与核岛辅壁碰撞的风险。在此事件中，首先，吊车在运行时并没有派专人在吊车旁对吊车进行监护，以保证与吊车司机随时取得联系，如有异常情况，立即停车，同时，施工班组长对吊车在运行过程中的风险估计不足；其次，吊车在停止使用后，施工班组长并没有派人对吊车进行检查，导致碰撞事件在发生的第二天才被发现，并没有将此事件及时地发现、上报及解决，从而加大了此事件的影响，这违背了核电的"蓝色透明文化"；最后，技术管理人员对班组长在施工过程中的技术交底不够彻底，没有起到提醒、监督的作用。

在此事件中，施工班组长负有大部分的失职责任，技术管理人员负有一定的管理、监督责任。

3．纠正措施

开出安装类NCR，在厂家代表的指导下，将护栏进行修复。

4．预防措施

在吊车运行过程中，应注意以下几点：

（1）在吊车运行前，应对现场周边的环境进行严格的检查，对可能与吊车干涉或者影响吊车运行的障碍进行排除，以保证吊车正常顺利运行；

（2）应派有专人对吊车运行进行全程跟踪，并保证对讲机的电量充足，以保证吊车的监督人员与吊车司机随时保持联系，如有异常情况，监督人员应立即通知吊车司机停车；

（3）在吊车运行完毕后，应对吊车进行一次全面的检查，确定吊车是否存在着异常情况，以保证吊车的完好，若存在着异常情况，应及时向上级汇报及解决问题，将影响降到最低，认真履行核电的"蓝色透明文化"。

附录四　吊装带断裂事件的经验反馈

1．事件概述

2009 年 8 月 18 日 13:30 左右，某施工队起重班作业人员在 9N 区室外指挥土建塔吊和汽车吊吊装翻转 RCV002BA 容积控制箱设备（设备的质量为 3.3 t），吊装翻转方法由土建塔吊吊运设备上部，汽车吊配合吊运底部，当设备翻转到 70° 左右，汽车吊起设备底部离开地面大约 5 cm 时，捆绑在设备后裙座的吊装带突然断裂。事件发生没有造成人员伤害，事件后经组织检查设备底部板有少量油漆脱落，其他无损伤。

附图 2

2．原因分析

（1）设备翻转至 70° 左右时，吊装带发生向上滑动，吊装前所垫破布未起到保护作用，工作人员由于疏忽未采取进一步措施进行保护，致使吊带直接与设备棱角发生摩擦，产生断裂。

（2）起重工责任心不强，对可能发生的危险认识不清，麻痹大意；起重指挥人员没有认真对吊装带捆绑后裙座设备位置进行检查，对吊装带有可能被设备的棱角发生摩擦被剪切预测不足及没有采取保护措施，导致事件的发生。

（3）施工队管理人员管理存在薄弱环节，安全检查不够仔细，对现场存在隐患及不安全行为没有及时发现和排除。

（4）HSE 人员监督检查力度不足，对现场吊装作业中存在严重隐患没有发出"停工令"责令停止作业，未能及时杜绝此次事件的发生。

3．事件责任分析

（1）起重施工班组起重作业安全措施没有落实到位，导致该起事件的发生，起重作业施工班长、指挥人员负事件的直接责任；

（2）施工队经理安全管理存在薄弱环节，对此起事件负有领导管理责任；

（3）HSE 人员起重作业存在安全监督不到位，HSE 负责人负有监督不到位的领导责任。

4．应吸取的教训

（1）禁止使用塔吊翻转设备。

原因：如果使用塔吊翻转设备，一旦发生吊装带断裂，塔吊极易发生倾倒。当时正值下午的上班时间，一旦发生塔吊倾倒的情况，必将造成大量人员伤亡和财产损失，后果不堪设想。此次吊带断裂，未造成人员伤害，而且对设备也未造成大的损伤，是不幸中的万幸。但是，我们一定要从这次事件中吸取教训，禁止再次使用塔吊翻转设备。

（2）现场所有操作人员一定要从这次事件中吸取教训，在今后的工作中认真负责，严格按照相关文件要求进行作业；

（3）管理人员和质量检查人员要认真履行职责，仔细检查作业中是否有不符合要求的行为，一旦发现要立即制止和纠正。

5．纠正行动

（1）针对此次事件开启 NCR。

（2）施工队作业人员配合 HSE 人员检查现场使用中的吊装带，共检查了吊装带和 U 形卸扣 12.5 t 3 件，检查完，确认完好。

（3）模拟吊带断裂时的工况，对事件原因作进一步分析，制定防止类似事件发生的措施。

（4）施工队进行自检自纠，对现有全部吊索具进行全面检查。

（5）增设安全、质量防护屏障，各施工作业组增设一名工作监护人，其职责是对其作业组的安全、质量进行监护；起吊前由工作监护人对捆绑吊带进行检查、确认，无安全隐患方可起吊。对每次设备吊装引入，HSE 人员要做出安全作业分析单，并对作业班组进行安全交底。

（6）针对 EM3 包其他需要进行翻转作业的设备，编制单独的翻转方案并报 AAE 进行审核，审核通过后对方案进行技术交底。

（7）将此次事件纳入培训教材，并针对事件产生的原因和预防措施进行经验反馈和培训。

（8）规定后续作业前必须进行风险分析，进行安全技术交底，起重吊装作业必须严格遵守吊装作业程序，禁止使用塔吊翻身，吊装作业各项安全措施必须落实到位。

（9）吊装作业发生吊装带的事件在机械队所有施工班组进行经验反馈，反馈记录报送 HSE 存档。

（10）修改工作程序《EM3 辅助设备搬运》，增加以下内容：

① 明确吊装带的防切割措施；

② 禁止使用塔吊翻转设备；

③ 每次吊装前，必须对所使用的吊索具进行外观检查，挂绳和起吊过程中，仔细观察吊带（吊装索具）与设备的接触状态，确保设备以及吊装索具无受损的潜在风险；

④ 在翻转的过程中，要检查索具是否受力均匀，是否有可能与设备的棱角位置接触，如果有接触的可能，要用木板进行保护。

附录五　地面排水接收槽进水管碰撞事件的经验反馈

1．事件概述

2009 年 12 月 4 日 13:30，某施工队准备将 NC240 房间最后一台设备 9TEU003BA 从 N 区门口运往 NC240 房间，此台设备的运输过程与前 3 台设备一样：先用 4 台液压叉车将设备引到 240 房间门口，然后调整设备位置，使其能够顺利通过墙上与先开好的槽，利用预先铺好的钢板和倒链将设备引至就位位置。开槽的位置距离地面钢板高度为 4 010 mm，为开槽部分距离地面钢板 3 980 mm，设备最高点距离地面钢板高度为 3 970 mm，因此能够满足引入条件。

附图 3　9TEU003BA 设备在进行吊装作业和引入准备　　　附图 4　将设备放在液压叉车上

附图 5　派专人观察设备与棚顶的间隙　　　附图 6　将设备停放在房间门口，准备引入

14:15 引入工作开始，为了防止设备出现损伤还派专人观察设备与墙体的间隙（两人，一边一人）。当设备重心落在房间地面时，设备后部由于惯性向上翘起，导致设备顶部进水管与钢筋发生碰撞，产生变形。

附图 7　基础钢筋　　　附图 8　受损的进水管

2．原因分析

由于是最后一台设备引入，施工人员放松了警惕，防护措施不充分导致了事件的发生。反映出施工人员存在经验主义心理，对工作中的风险分析不足，质量安全意识还需要进一步加强。

3．纠正行动

（1）针对此次事件开启 NCR。

（2）将此次事件纳入 EM3 培训教材。

（3）针对此次事件进行经验反馈，避免类似情况再次发生。

（4）加强施工班组质保安全意识，高度重视每一台设备的引入工作，工作越是做到最后越是容易出现问题，越应提高重视程度。

附录六　柴油机罐运输过程中损伤的经验反馈

1．事件概述

2011 年 8 月 23 日，某公司负责将柴油机主贮油罐 1LHQ001BA 从大件堆场运输到现场的配送工作，在装车的过程中发生了两起设备损伤的事件。

柴油机主贮油罐二次运输的装车，采用两台 180 t 的吊机。其中，在起吊吊机支撑路基板时，基板与设备接触，在设备本体高 326 cm，中间爬梯右侧 157 cm 处，造成 8 cm×6 cm 和 3 cm×2 cm 两处油漆擦伤。另外，在起吊设备时，柴油机主贮油罐的中间梯在水平移动的过程中碰到了吊机支撑路基板而发生中间梯的左侧底脚断裂。

2．原因分析

（1）由于指挥人员没有仔细观察现场实际情况，吊机与设备距离较近，并且吊物上没有绑缆风绳控制方向，造成刮伤设备。

附图 9

（2）指挥人员指挥两吊车起钩动作，两台吊机实际载荷接近货物重量时，指挥吊车停止起钩动作，更换操作动作指挥吊车起杆动作；但是吊车司机未按照指挥人员的指令动作，而是误操作为起钩动作，因此导致货物在下面枕木上发生水平移动，同时操作人员忽视货物的受力状态，并且未拉紧固定货物的缆风绳，致使柴油机主贮油罐的中间梯在水平移动时碰到吊机的支撑路基板而发生中间梯的左侧底脚断裂。

（3）指挥人员和操作人员责任心不强，对可能发生的情况认识不清，麻痹大意；起重指挥人员没有对设备进行固定，控制吊装方向，对设备在吊装时可能碰到或阻碍设备的地方预测不足，也没有采取保护措施，导致事件的发生。

3．经验反馈和教训

（1）此次事件发生的原因为：人为过失。指挥人员与吊车司机之间没有完全配合好，加之司机在吊装过程中存在操作失误。

（2）指挥人员要对现场全部情况做到掌控。在每个节点的操作上，一定要注意货物、吊机、吊索和周围环境的情况。在起吊过程中，吊机的主臂会发生挠性变形，指挥人员要对吊机主臂的变形仔细观察，并与吊车司机及时沟通。指挥吊车动作时，要缓慢；增加起重量时，要缓慢增加。

（3）起重人员对现场情况要做到密切关注，并对货物和设备及周围情况的变化要第一时间通知指挥人员。

4．整改措施

（1）严格遵守核电现场施工的管理体系要求，对现场操作人员重新进行培训、考核，通过者方可进入现场作业，并将记录情况报送公司备案。

（2）严格遵守"十不吊"规定，并对操作人员进行起重作业规定的再培训。

（3）对指挥人员、起重人员和吊车司机进行严肃教育，在今后操作前要严格执行工作程序、技术交底会和班前会的要求，并提前对现场作业中可能会发生的风险作出报告，呈报给项目部安全管理人员。

（4）今后操作前，要严格控制作业区域，在工作程序和起重设备允许的情况下严格控制好安全距离，严禁在操作期间存在货物与设备发生干涉的潜在因素。

5．总结与培训

本次事件只是对物项本体造成伤害。针对此次事件，不仅需要对操作人员进行质保体系教育，同样需要对操作人员的安全意识进行进一步加强教育，并对本次事件造成的后果做出经验总结，并将总结的情况做成课件对员工做出培训教育。

内容如下：

（1）核电现场操作管理体系的学习。

（2）核电现场操作安全意识的培养。

（3）核电质保管理体系的学习。

（4）核电项目入场人员的安全、质量及现场操作体系的学习。

（5）吊装部门对现场吊装操作人员的技能、安全意识、操作流程等环节的培训。

参考文献

[1] 国家职业资格培训教材编委会. 起重工[M]. 北京：机械工业出版社，2013.

[2] 职业技能鉴定教材编委会. 安装起重工[M]. 北京：中国劳动社会保障出版社，2003.

[3] 文豪. 起重机械[M]. 北京：机械工业出版社，2013.、

[4] 全国建造师执业资格编委会. 机电工程管理与实务[M]. 北京：中国建筑工业出版社，2020.